JN438700

잃어버린 아버지를 찾아서

잃어버린 아버지를 찾아서

서덕현

수필과비평사

■ 머리말

칠순七旬의 나이, 소위 고희古稀를 맞으며 이제는 더 이상 미룰 수 없다는 절박감切迫感마저 드는 일이었다. 그래, 찾아 나서야지. 비록 먼 과거로의 여행이지만, 희미하기도 하고 또렷하기도 한 과거의 기억을 되살리며 '잃어버린 아버지'를 찾아 나섰다.

이 나이가 되기까지 나에게는 '아버지'는 엄밀하게 말해서 한 가족을 이루는 구성원의 가장으로서 자식을 낳아 키우는 사람, 즉 상징적인 의미로만 쓰이는 존재에 불과했다. 지금 내가 자식을 낳아 기르고 아버지 노릇을 하고 있지만, 이 글을 쓰기 전까지는 내 머릿속의 아버지는 여전히 그러했다. 진정 나의 '아버지'라는 개념이 내 뇌리에 존재하지 않았다. 간접적으로 아버지에 대한 이야기를 듣기도 하고 사진을 보기는 했어도, 내 마음에 들어와 살아 움직이는 아버지는 전혀 없었다. 그래서 내게 '아버지'라는 말은 실질적으로 한 번도 사용하여 보지 못한 어색한 단어였다. 지금까지 살아오는 동안 불러보지 못한 '아버지'였다. 요사이 연령층의 분별이 없이 쓰이고 있는 '아빠'라는 말은 더더욱 생소한 단어였다.

할아버지 슬하膝下에서 비교적 자유분방하게 산 어린 시절이라지만, 그 시절 나의 '정체성正體性의 결여缺如'는 나이를 먹어가면서 한 쪽이 텅 빈 가슴으로 남았다. 이것은 내가 성장하고 살아가는 데 이루 말할 수 없는 장애障礙가 되었다. 어찌, 그 세세한 것들을 다 열거하랴! 가령, 남은 곧바로 가는 길을 한참을 헤매며 우회迂廻해서 가야 했다. 다 내가 부족하고 모자라서 그런 것이니 어떻게든 내 스스로 참고 억누르고 삭이며 때론 후회하고 반성하며 해결하고 극복克復해야 했다.

나는 왜 아버지가 없느냐고 따지거나 슬퍼한 적이 없었다. 이는 아버지의 존재를 느끼지 못했기 때문이다. 그리고 남의 아버지에 대해서 내가 특별히 부러워 한 적도 없었다. 나는 아버지가 머릿속에 없으니까, 그럴 까닭이 없었을 것이다.

이 글은 사실에 바탕을 두고 썼다. 그러나 그 기억의 편린片鱗들이 희미하거나 아예 없거나 내가 경험할 수 없었던 것들은 우리 가족을 포함한 여러 경로를 통해서 그 시대 상황에서 얻을 수 있는 사실과 정보를 가지고 상상하거나 추정하여 재구성하여 써나갔다.

나와 같은 처지處地에 사는 사람들이 많이 있을 것이다. 이런 분들은 이 글을 읽으면서 상황과 그 정도는 다르더라도 각자 '잃어버린 아버지의 존재'를 찾아 과거로의 먼 여행을 하게 될 것이다. 또한 오늘날 아버지는 있어도 '아버지의 존재'를 잘 알지 못하는 사람들이 많이 있다. 그런 만큼 우리는 아버지를 상실喪失한 시대에 살고 있다고 말들 한다. 그래서 우리는 '나는 누구인가'라는 물음을 스스로에게 던지게 되고 그 답을 찾아서 어릴 적 안개 속에 숨은 자신의 정체성을 확실하게 하고 싶어 한다. 이런 분들도 이 글을 읽으면서 역시 각자 상황과 그 정도는 다르더라도 '잃어버린 아버지의 존재'를 찾아 과거로의 먼 여행을 떠나게 될 것이다.

나는 이 글을 쓰면서 '아버지'라는 개념이 머릿속에 어느 정도 형성이 되고 가족이라는 구성원의 관계를 분명하게 확인함으로써 어린 시절의 흐릿했던 나의 정체성을 비교적 선명하게 알게 되었다. 이제 일흔을 넘기면서 나에게 그렇게도 생소했던 '아버지'라는 말이 다른 사람 앞에서도 조금은 자연스럽게 입으로 나오게 되었다. 이런 점에서 이 글을 읽는 분들에게 이 글이 어느 정도 도움이 되고 위로慰勞가 되었으면 한다. 특별히 6 · 25전쟁 중에 아버지를 잃어버리고 동병상련의 심정에서 사시는 분들에게 다소나마 위안慰安이 되었으면 싶다.

그리고 8 · 15해방 이후 38선이 그어지고 나서 북한군의 수많은 도발과 침공 중에 대격전이었던 1949년 송악산 5 · 4전투와 1950년 6 · 25전쟁의 실상과 참상을 모르는 대한민국 젊은이들 특히 청소년들에게 이 글이 교육적으로 많이 활용되기를 바란다.

2017. 5. 31.　　서덕현

| 차례 |

1부

나라의 운명 앞에 순명順命한 청년

서두른 결혼

오늘도 걷는다마는 정처 없는 이 발길
지나온 자국마다 눈물 고였다
선창가 고동소리 옛 임이 그리워도
나그네 흐를 길은 한이 없어라

타관 땅 밟아서 돈지 십 년 넘어 반평생
사나이 가슴 속엔 한이 서린다
황혼이 찾아들면 고향도 그리워져
눈물로 꿈을 불러 찾아도 보네

낯익은 거리다마는 이국보다 차워라
가야할 지평선엔 태양도 없어
새벽별 찬 서리가 뼛속에 스미는데
어데로 흘러가랴 흘러갈쏘냐

휘영청 밝은 달빛이 유성기의 금속성 나발에 반짝인다. 코맹맹이 소리를 내는 유성기 주변 멍석에 웅크리고 앉아 백년설의 '나그네 설움'을 듣고 있는 외삼촌과 동네 총각 처녀들의 귀가 쫑긋하다. 더러는 마루에 걸터앉아 가사를 입속말로 따라 부르며 손으로 장단을 맞추기도 한다. 근처 모깃불의 쑥대 타는 냄새가 마당 가득하다. 저쪽의 외양간에서 되새김질하는 누렁소의 방울소리(워낭소리)가 간간 들려온다. 그 지붕에 핀 박꽃은 그늘에 더욱 희다.

이들은 노래 가사의 내용에는 그리 깊은 관심이 없다. 인간이나 인생이 그저 나그네요 나그네길인 것이다. 그 나그네는 타향에서 살다보면 고향이 그리워 눈물이 날 것이고 고통스러우며 서러울 때가 많은 것이다. 이런 노래가 그저 흥겨울 뿐이다.

일제강점말기에 음반으로 나온 이 '나그네 설움'은 시대적 배경과 연관하여 보면 다음과 같은 영상(映像, image)이 그려진다.

뱃고동 소리가 들리는 부산항, 목포항, 아니면 인천항 부둣가에 바바리코트를 입고 중절모를 쓴 한 중년 신사가 손에 가죽 가방을 들고 정박한 여객선 옆으로 비장한 표정을 지으며 멀리 수평선을 바라보고 있다. 아마도 나라 잃은 한을 품고 조국祖國을 떠나려는가 보다. 이제 이 바다를 건너가면 타관 땅 어딘가를 떠도는 나그네 되어 조국을 되찾기 위해 투쟁이라도 하리라. 그렇게 한 지 반평생 황혼이 질 때면 향수鄕愁에 젖어 눈물이 난다. 그러다가 이제 늙은 몸을 이끌고 조국의 고향이라고 돌아왔건만 일제의 탄압은 더욱 심하여 반겨주는 사람 없고 익숙했던 거리는 이국異國보다 더 어둡고 차갑구나. 아, 찬 서리를 맞고 새벽별을 보며 갈 곳 잃은 이 나그네의 앞길에는 희망은 없고 절망뿐이로다.

흥겨운 분위기임에도 불구하고 분향(어머니의 이름)이의 마음은 좀 어둡고 심란하다. 얼마 전 밤에 아버지와 엄니가 방에서 낮은 소리로 나누는 대화를 얼핏 들은 것이 못내 마음에 걸리는 것이다.

"만주나 남양군도로 보내기 위해 처녀공출을 헌더어."

"그럼, 우리 분행분향이는 어쩐대유우."

그랬다. 태평양 전쟁이 막바지에 다다르자 1944년 8월에는 여자정신대 근무령이 제정되어 12살 이상의 처녀들을 일본 및 한국 내 군수공장에 보내 사역시켰고, 이들 중에 상당수를 중국과 동남아시아의 침략 전선에 일본군 사기를 높이기 위해 위안부로 내몰았다. 그래서 처자가 있는 집에서는 좌불안석坐不安席이었다.

어머니는 그 당시 방년 16세였다. 동무들과 어울려 봄이면 개울가 밭 언덕에서 나물을 캐다가 찔레꽃이 핀 덤불 속에 돋아난 찔레 순을 꺾어 껍질을 벗겨 먹기도 하고, 여름이면 평상이나 정자나무 아래 모여앉아 질쌈질(길쌈질)도 하고 이리 몰리고 저리 몰려 놀며 시간 가는 줄 몰랐다.

그런 어머니는 국어(당시 일본어) 공부나 노래는 제법 잘 했으나 길쌈에서만은 항상 뒤처졌던가 보다. 외할아버지와 외할머니는 집에서 비교적 자유롭게 지내오시는 편이라고 해야 할까. 좀 헐겁고 여유가 있으셨던 분들로 판단된다. 그래서인지 딸년에게 그리 심하게 채근하지 않고 제 성질대로 지내게 한 것 같다. 추측컨대 어머니는 다른 처자들보다 좀 자유분방했던 모양이다. 그렇다고 하더라도 그 시절 동네 분위기가 한가롭게 지내도록 놓아두지는 않았다. 그때는 시집 잘 가는 조건 중의 하나가 길쌈 잘하기여서 처녀들에게는 은근한 경쟁심을 유발하기도 했다. 그러니까 어머니는 시집 잘 가는 것은 차치하고라도 어쩔 수 없이 동무들과 보조를 맞추기 위해 속으로 애를 많이 쓰셨을 게다. 그때는 시집가서 길쌈 잘하면 대우받고 일등 며느리라고 온 동네에 칭찬이 자자했다. 가령,

"아, 신동네(신동네) 시집온 서천댁 며느리 질쌈질 잘 헌다아."
"그려어? 그 집은 복 터졌네그려."

늘 이런 식이었다.

일제강점말기에는 먹을 것이 부족해서, 춘궁기에는 식량이 떨어져 초근목피草根木皮로 연명하는 사람들이 많았다. 사정이 그러하니 돈벌이 수단이 되는 길쌈 잘 하는 며느리 얻는 것은 복덩이 들여오는 것이나 다름없었다. 며느리가 길쌈질 한 베를 피륙으로 오일장(은산장, 논티장, 홍산장, 부여장 등)에 내다 팔면 큰 벌이가 되었던 것이다.

길쌈은 그 과정이 복잡하다. 모시밭에서 알맞게 자란 모시풀을 낫으로 베어다가 껍질을 벗기고 그 껍질의 겉껍질을 한 번 더 벗겨 낸 다음, 흰 섬유질의 속껍질을 취해 볕에 말린다. 이것이 태모시이다. 태모시를 일정량씩 물에 불려 시어머니 낭자머리보다 좀 크게 둘둘 말아서 왼손 엄지

손가락에 끼워 가지고 한 가닥씩 풀어서 입에다 대고 이빨로 가늘게 올로 쪼개는 것이다. 이것이 모시째기이다. 이렇게 해서 모시의 세사細絲가 되는 것이다. 동네 처녀들이 나무 그늘에 모여 앉아 하는 길쌈이 바로 모시의 속껍질을 잘게 쪼개는 일을 주로 하는 것이다. 모시째기의 숙련 정도와 태모시의 품질 정도가 모시 베(피륙)의 품질을 좌우한다. 다음으로 그 작업에서 얻은 세사 한 올 한 올을 잇는 과정이 소위 모시삼기인데 처녀들이 치마를 걷어 올리고 앉아서 쩐지(버팀목)에 모시째기를 마친 모시세사 묶음을 걸어놓고, 한 올씩 빼내어 양쪽 끝 부분을 무릎 위에 놓고 덧대어 손바닥에 침을 발라가며 문질러 비끈다. 이렇게 계속 연결하여 광주리에 일정한 길이가 될 때까지 차곡차곡 쌓아놓는다. 이것을 모시굿이라 한다. 이래서 모시의 긴 날실들이 만들어지는 것이다.

그런데 모시삼기를 할 때에는 불가피하게 여자의 무릎과 속살이 드러나게 되니 어떤 게으른 아낙은 때가 많아 거북스러운 경우도 있었다. 그리고 처자의 검은 치마 밖으로 드러난 뽀얀 속살에 지게를 지고 지나가는 동네 총각들의 곁눈질이 으레 있게 마련이었다.

어차피 길쌈에 관련된 것이니만치 여기서 나머지 그 과정을 대략적으로 소개하면서 가내수공업으로서 당시 주요 농가소득원이었던 길쌈질이 우리 부녀자들에게 얼마나 힘든 일인가를 잠시 더듬어보기로 한다. 8·15해방 전후 농촌 상황을 이해하기에 도움이 되겠다.

모시삼기가 끝나면 모시짜기에 앞서 모시 새(피륙의 날을 세는 단위)수 정하기를 한다. 그런 후 여러 개의 모시굿에서 모시 베 한필의 길이에 맞추어서 날실의 길이로 날고 새수에 맞게 날실의 올수를 맞춘다. 이렇게 해서 날실이 일정한 새로 유지될 수 있도록 하는 과정이 바디끼우기이다.

바디에 대한 내 어린 시절의 기억에는 당시에 고을마다 다니는 늙은 여자 보따리 바디 장수가 있었다. 우리집에서 더러 하룻밤 할머니와 정담을 나누며 묵어가기도 했다.

바디는 베올의 가늘고 굵기에 따라 대략 7~9새에서 18새까지 그 종류가 모두 다르다고 한다. 새수에 맞는 바디끼우기가 끝나면 뒤이어 콩가루와 소금을 물에 풀어 벳솔에 묻혀 바디에 끼워진 날실에 골고루 먹이고 이음새를 매끄럽게 하여 도투마리(베 짜기를 위해 날실을 감아놓는 틀)에 감는 과정이 따르게 되는데 이것이 바로 모시매기이다. 모시매기에서 날실 밑에 피운 왕겻불로 콩물 먹은 그것을 천천히 말린다. 여름날 무더위에 불 곁에서 쪼그리고 앉아 하는 그 작업이 여간 힘든 게 아니다. 그러면서 베 씨줄을 만드는 과정으로 꾸리감기를 해야 하는 것이다. 모시짜기를 할 때 그 씨실 꾸리는 북(베틀에서 베틀신으로 베틀신대를 끌어당겼다 놓았다 할 때에 날실의 틈 사이로 왔다 갔다 하면서 씨실을 작은 구멍으로 풀어내는 기구로 배 모양으로 생김.)에 담아 사용한다. 베틀에서 그 북이 날실의 틈으로 왼쪽과 오른쪽으로 왔다 갔다 할 때에 바디집을 당기어 치느라고 찰칵찰칵 베 짜는 소리가 담 너머까지 들린다.

삼복더위에 해가 저물어가는 줄도 모르고 서산에 소쩍새가 울어대는 밤이 되어서야 저녁 먹을 준비를 하러 베틀에서 내려오는데 며느리의 입은 주먹만 한 것이다. 애들이 배고프다고 칭얼대면 시어머니가 눈을 곱게 뜰 리 없다. 시어머니는 고사하고 시집 못간 시누이라도 저녁을 해 놓으면 심신이 다소 덜 부대끼련만 저녁밥 짓기가 미상불未嘗不 아득하다. 어디

요새 같이 정미精米한 쌀이며 전기밥솥이라도 있으면야 한층 수월하겠지만, 보통의 집에서는 타작한 보리를 도구통(절구통)에 넣고 도굿대(절굿공이)로 찧어 껍질(겨)을 벗기고 아궁이에 불을 지펴 가마솥에 삶아 퍼지게 한 다음, 콩을 넣는다든지 시아버지나 시어머니를 의식해서 움 쌀을 한 움큼 아니면 반 움큼 넣고 그 보리쌀로 다시 밥을 하는 것이다. 이때 풋고추나 가지, 애호박 같은 것이 있으면 함께 넣고 쪄서 갖은 양념을 하여 무쳐 반찬으로 삼음은 물론이다. 밥하는 과정이 이러하니 그 무더운 여름날 저녁 모기를 쫓으며 도굿대질(절구질)을 하고 불을 때는 일이 베틀에 앉았던 며느리로서 감당하기가 그리 쉬운 일이겠는가. 땀에 흠뻑 젖은 몸으로 차린 늦은 저녁상이지만 온 식구가 모여 앉아 먹는 모습이 평화롭기만 하다. 때마다 손주는 할아버지 턱밑에 앉아 쌀이 섞인 흰밥을 떠 먹여주기를 눈으로 간절히 말하곤 한다. 그럴 때는 애를 부르는 며느리의 눈이 곱지가 않다. 시집살이라는 것이 그토록 어려웠던 것이다.

지금처럼 당시에도 모르면 모를까 알면서 그런 끔직한 시집살이가 좋아 시집가는 처녀들은 없었을 것이다. 혼사라는 게 여러 조건을 이모저모 따져보고 우선 당자의 의사에 따라 결정되는 것이지 삼자의 우격으로 될 일은 아니다. 그러나 시대적인 운명의 장난이랄까. 어머니에게 아닌 밤중에 홍두깨 격으로 어느 날 갑자기 결혼 얘기가 오간 것이었다.

외할아버지는 외양간의 소처럼 눈망울이 크고 과묵하며 마음이 넓으셨다. 조그만 일에 시시콜콜 따지는 분이 아니었다. 그러나 세심한 배려도 하시는 분으로 기억한다. 내가 어렸을 때 외할아버지가 거처하는 사랑방에 가서 당신 품에 안겨 잘 때에 새벽녘쯤 되면 군것질하고 싶은 생각이 간절해서 몸을 뒤척였다. 그럴 때면 어둠속에 외할아버지가 슬그머니 일어나시어 아랫목 벽장문을 열고 은산장에서 사다 넣어둔 팥이 든 두루마리 빵 두세 조각을 꺼내어 주시곤 했다. 지금도 그 맛을 못 잊어 가끔은 편으로 썬 그 두루마리 팥빵을 사 먹으며, 그 빵 속에 살짝 입힌 단팥 맛 같은 외할아버지의 외손주에 대한 애정을 음미하곤 한다.

외할아버지는 일제강점기에 말(아마 노새였을 것으로 추정됨.)을 타고 출입을 하셨다고 한다. 들 건너 산 너머 저수지 근처에 외할아버지의 작은집, 작은 할머니네라고 하여 내가 어렸을 때 어머니와 한번 들렀던 적이 있었다. 그때 그 할머니는 돌아가신 뒤인 것 같고, 어머니의 오빠라는 사람이 여러 가지 도구가 있는 방에서 틀니를 만들었던가. 기억이 희미하다. 다만 집 앞 반산 저수지에서 가져 온 검은 마름 열매를 삶아 내어와 흰 속을 파 핥아 먹었던 일은 지금도 또렷하다. 그 당시 외할아버지는 어린 내가 모르는 호방한 삶을 사셨던 것 같다. 근동에는 없는 유성기留聲機를 사서 집 식구들과 동네 사람들이 즐겨 듣게 한 것이나 약주를 좋아하시고 내가 어렸을 당시(해방 후 근 10년 전후로 추정됨.)에도 시조를 하러 시조꾼들과 어울렸을 것으로 보면 가히 짐작이 간다. 그리고 국민하교 근처 시냇가에서 물레방앗간도 운영하였다. 공부가 끝나면 나는 냇가에서 놀다가 더러 들러 기역자 모양의 절굿공이가 절구에다 쿵덕쿵덕 방아 찧는 모습을 물끄러미 바라보곤 했었다.

외할아버지와 관련된 시조꾼들 얘기가 나왔으니 한 동네(내지리)이지만 외갓집에서 좀 떨어진 골 안터 할아버지의 시조 이야기를 미리 조금 하고 넘어간다. 내가 어렸을 때, 나이가 지긋한 분들이 의관을 정제하고 오늘은

이 골로 다음 달에는 저 골로 돌아가며 몰려 앉아 시조도 하고 상을 놓고 골패로 쩍찌기('쩍쩌기'의 충청도 사투리로 노름의 한 가지임.)도 했다. 아마 이런 노인들의 놀이는 오래 전부터 내려온 이 지역의 풍습이었던 게다. 지금도 어린 시절 시조꾼들의 모습이 한 폭의 수채화처럼 아련히 떠오른다. 파아란 하늘 아래 종다리가 지지배배 우짖는 오월, 흰 모시두루마기를 입고 검은 말총갓을 쓴 한량 노인들이 멀리 들판의 파아란 밀밭 길을 주~ 욱 지나 안터 동네 입구로 방향을 잡는가 하면 어느새 사립문 앞에 당도해 서 주사(할아버지를 그렇게 부름.)를 찾곤 했다. 그때는 사립문 밖 마당 주변으로도 어른 허리 이상 자란 참밀이 바람에 출렁이었다. 하늘과 대지가 온통 파란색 일색이었다.

우리집 사랑방에는 그렇게 종종 시조꾼들로 북적거렸다. 그분들은 문종이에 붓으로 그린 악보를 펴놓고 시조창을 배우기도 하고 서로 부르며 한껏 즐겼다. 할아버지는 시조와 술을 좋아하셨다. 그만큼 사교적이었다고나 할까. 그런 날이면 할머니와 어머니는 바빠지는 날이었다. 술상을 차리랴 식사를 준비하랴 몹시 분주했다. 술이 떨어지는 때가 별로 없지만, 간혹 빚은 술 바탱이가 바닥이 난다 싶으면 벌뜸(들 가운데 마을) 주막으로 술을 받으러 내려가는 것은 내 몫일 때가 많았다. 어린 것이 막걸리를 가득 담은 주전자를 들고 들길을 걸어오는 것은 무척 힘든 일이었다. 가느다란 손이 바들바들 떨려도 그렇게 싫지는 않았던 것 같다. 어쩌면 그 어린 소견에도 할아버지 친구들을 위하는 일이니까 의무감이 더했을지 모른다.

외할아버지와 할아버지는 야산을 끼고 산을 넘든가 아니면 돌아서 내왕이 되는 거리에 각각 사셨다. 두 분이 자주 회동한 것 같지는 않아도, 같은 또래의 모임에서 더러 만나 술잔이 오가고 교분交分을 쌓으며 시조도 더러 했을 것으로 보인다. 할아버지는 시조를 참 좋아하셔서 벽에다 노끈 뭉치를 대롱대롱 매달아 놓고 모시로 노를 꼬면서까지 어린 나에게 시조를 한 구절씩 가르쳐주시곤 했다. 그러나 내 어릴 적에 외할아버지가 시조하는 소리는 들은 기억이 없다. 어쨌든 술좌석에서 그 두 분이 자식들의 장래에 대해 어떤 공모共謀가 이루어진 게 아닌가 한다. 할아버지는 동래東萊 정鄭씨 가문의 차녀(막내딸)에 대해 나이를 제외하곤 다른 조건은 거부감이 없었을 것이고, 외할아버지는 달성達成 서徐씨 가문의 장남이 근동에서 듬직한 청년으로 알려진 터이고, 시대적으로 여유를 가질 만한 상황이 아닌지라 호감이 갔을 것이다. 사실 할아버지는 15년 연하의 할머니와 결혼한 처지이고 보면, 며느리 감의 나이가 그리 문제가 된다고 생각하지는 않았을 것이다. 게다가 외갓집 동네에 할아버지 여동생, 대고모님이 사셨기에 외할아버지의 가정에 대한 소식은 익히 들어왔을 것이다. 딸 가진 죄인이랬던가. 술기운에 오고간 말이지만 할아버지의 싫지 않은 반응에, 외할아버지로서는 한숨을 더는 순간일 수도 있을 터였다.

날이 갈수록 외할머니의 근심은 커져만 갔다. 면사무소에서 개똥모자(헌팅캡, 충청남도 우리 동네에서는 그렇게 불렀음.)를 쓰고 각반을 친 담당 서기가 언제 들이닥칠지 모르는 상황이었다. 불안하고 초조한 나머지 외할아버지께

"분행이 어쩐대유우."

“남양군도로 갈 수 없잖아유.”

“...............”

“답답혀 죽겄네유. 말좀 해봐유우.”

하고 밤낮으로 보채는 일이 잦았다.

하루는 외할아버지가 약주를 거나하게 드시고 밤늦게 돌아와 잠자리에 들기 전에,

“저어, 안터 서 주사 아들 ‘규선’이 어뜬가아.”

하고 넌지시 외할머니에게 건네는 것이었다.

이렇게 시작이 돼서 그 후 혼담이 오고가고 얼마 안 있어 추석 무렵, 번갯불에 콩 볶아 먹듯 아버지와 어머니가 결혼하게 되었다.

가마를 타고 벼가 익어가는 들길을 지나 시집가는 분향이의 마음 어머니의 심중이 어땠을까 짐작해 본다.

물론 혼수도 변변히 갖추지 못하고 시집왔다고 한다. 달랑 궤짝 같은 반닫이장 하나였다. 어머니한테 들은 얘기지만 부모로서 그렇게 보내기가 서운했던지 산모퉁이 돌아 옆 동네로 가는데 종중 시사차례를 돌보는 산지기 아내를 시녀 삼아 가마에 딸려 보내는 딸에 대한 최소한의 정성을 보였다는 것이다.

어머니는 늦은 밤 마루에 나와 휘영청 밝은 달을 쳐다보며 갑자기 변한 신세에 그저 어안이 벙벙했다. 이팔청춘에 동네 총각들에 관한 정보는

어느 정도 들어서 규선이라는 총각에게 호감이 갔다 하더라도 은산장날 쇠전의 소처럼 억지로 끌려온 기분이랄까. 왠지 분한 마음과 더불어 새 환경에 대한 두려움 등 착잡한 마음에 눈물이 저절로 흘러내렸다.

유품遺品 속에 들어있는 누렇게 바랜 흑백사진 한 장이 어머니와 아버지의 결혼 후 모습과 생활을 어느 정도 가늠하게 한다.

우선 위 사진에서 가장 두드러지게 눈에 띄는 것은 한 쌍의 부부가 서로 떨어져서 그것도 남자가 앉고 여자가 서서 사진을 찍었다는 사실이다.

그 당시 사진사가 충청도 양반이라는 전통적 윤리의식이 있어서 그랬는지는 모르겠지만 요새 같으면 일반적으로 피사체被寫體에 대한 모양이나 자세 등을 교정하고 사진을 찍는다. 피사체가 부부라면 더욱 그렇게 할 것이다. 그것이 아니라면 조선조의 유교에서 형성된 여필종부女必從夫와 삼강오륜三綱五倫의 부부유별夫婦有別이 그 두 청춘 남녀에게 자연스럽게 그런 자세를 취하게 만든 것이리라. 현대에는 가족사진이나 부부 사진을 보면 보통 부부가 같이 앉거나 아내가 앉고 남편이 서서 아내를 감싸는 모양새를 취한다. 그러니까 나쁘게 생각하면 어쩔 수 없이 한 결혼이기에 정情이 있을 리 없고 부부의 연緣을 맺었다는 의무감에 마지못해 그랬을 수도 있다. 그러나 비록 10대의 남편과 아내라지만 요사이 청소년들에게서는 느낄 수 없는 안정감을 준다. 게다가 공손한 자세로 엄숙한 분위기를 자아내어 나이가 든 부부와 같다. 70대인 내가 지금 보아도 유치한 부모의 사진이 아니다. 같은 연령대라고 해도 옛날 젊은이들이 조숙했다는 말은 할머니한테서 더러 들으며 자랐다.

"네 애비는 너 만한 때 그러지 않았어. 이 철부지야."

뒤에 밝히겠지만 아버지가 군대에 가서 집에 부친 편지를 보면 그것이 사실이라는 것이 확인된다.

아버지는 결혼하기 전후로 동네 서당을 다니기도 하고 그 전에는 집에서 십여 리 떨어진 구룡면에 있는 구룡 공립 심상소학교(일제는 1938년 제3차 조선교육령에서 종전의 보통학교를 심상소학교로 개칭하여 사용하다가 1941년에 국민학교로 다시 개칭하였다. 1945년 8 · 15광복 이후에도 이것을 계속 사용하다가 1996년 민족정기회복차원에서 그 명칭을 초등학교로 변경함.)에 다니셨다고 한다. 내가 어릴 적에 낡은 책상 서랍에서 해어지고 누르스름한 표지에 한자로 '孟子(맹자)'라고 검게 쓰인 책자와 빛바랜 통신부(성적표)를 본 적이 있다. 이제 아버지의 유품을 넣어둔 함을 열어 그 통신부를 자세히 본 바는 다음과 같다.

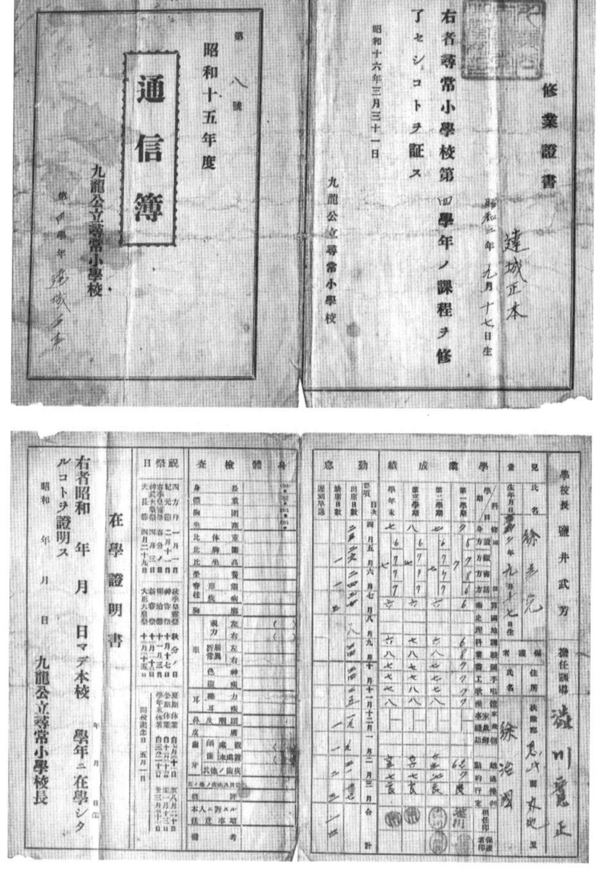
第 八 號

昭和十五年度

通信簿

九龍公立尋常小學校

修業證書

右者尋常小學校第四學年ノ課程ヲ修了セシコトヲ證ス

昭和十六年三月三十一日

九龍公立尋常小學校

在學證明書

右者昭和 年 月 日マデ本校 學年ニ在學シタルコトヲ證明ス

昭和 年 月 日

九龍公立尋常小學校長

소화昭和 15년도 그러니까 서기 1940년도 4학년 통신부이다. 통신부 내용은 4학기로 되어 있다. 기말 학기 수료일이 소화 16년(서기 1941년) 3월 31일이다. 교장과 담임이 각각 한자 4자로 쓰인 일본인이다. 첫 번째 과목은 국어이다. 이것은 물론 일본어이다. 국어처럼 성적이 기재되어 있는 과목(체육이나 기술 등)도 있지만 국사처럼 공란의 과목도 있다. 하단에 조선어 과목이 있는데 역시 빈 난欄이다. 그러니까 조선어朝鮮語 교육은 실시하지 않은 것이다.

여기서 당시 시대적인 상황을 간단하게 잠시 더듬어보고 넘어가기로 한다. 1937년에 일제는 중일전쟁을 일으키고 나서 식민지 교육정책의 일환으로 1938년에 제3차 조선교육령을 내린다. 우리 민족 말살 정책에 따라 동화주의 교육을 강화하고 조선어 과목을 정과正課에서 수의과(隨意課, 선택과목)로 지정하여 사실상 한국어를 못 쓰게 한 것이다. 그러고 나서 2차 세계대전 중인 1940년에 내선일체론(內鮮一體論, 일제는 이미 1936년에 한 친일 민간단체를 통해 내선일체론을 홍보하기 시작했음.)을 한국인에게 주입시키거나 확산시키기 위해, 친일일문잡지 '내선일체內鮮一體'를 창간(1940. 1. 1)까지 하며 우리 민족의 문화를 말살하려 하였다. 이 잡지는 일본의 한반도 침략 전쟁을 적극적으로 찬양하고 우리 민족문화의 말살을 꾀하며 일본문화를 우리 민족에게 주입시키는 역할을 한 대표적인 반민족지이다.

이런 상황에 조선어가 수의과목이니만치 구룡 심상소학교 일인 교장日人校長이 그것을 선택해서 장차 나의 아버지가 될 그 규선圭先이 소년에게 식민지의 민족어인 조선어를 배울 기회를 갖게 하리라는 것은 도저히 상상도 할 수 없는 일이다. 사실 일제는 1943년 제4차 조선교육령에서 조선어와 조선사 과목을 폐지했다.

어머니와 아버지는 결혼한 지 얼마 되지 않아 일제의 강제 징집에 8·15해방 전까지 불안에 떨며 지내야 했다.

일제는 중일전쟁을 시작으로 부족한 병력을 보충하기 위해 조선인의 지원이 필요했다. 충청남도지(충청남도지편찬위원회)의 ⑨일제강점기 편을 보면 "일본 육군성은 이미 1938년 1월 15일 조선인의 육군 지원을 발표하였고 일본정부도 같은 해 2월 18일 조선 지원병 제도를 각의결정 하여 칙령 95호로써 「육군특별지원병령」을 공포하였다. 그 주요 내용은 호적법戶籍法의 지원을 받지 않은 연령 18세 이상의 제국신민帝國臣民인 조선인에 대해 육군의 병역에 복무하는 것을 지원할 수 있도록 하였다."라고 밝힌다. 그러니까 그 이후부터 여러 조선인 지원병제도(소년지원병, 학도지원병 등)가 실시되어 오다가 패전의 암운이 드리우게 되자 미리 준비한 총독부 각의 결정(1942년)에 따라 지원병제를 1944년에 징병제로 전환한 것이다. 그 해 4월 징병제가 실시되면서 조선인 청년들은 대거 전선의 총알받이로 내몰리게 되었다. 1944년~1945년 강제 징집된 조선인 청년의 수는 이십여 만 명에 달한다고 한다. 만 20세 이상에 해당하는 조선인 젊은이들은 모두 징병대상이 되었다고 하나 현실은 꼭 그렇게 지켜진 것 같지 않다.

나는 어렸을 적부터 장성하여 어머니가 돌아가실 때가지 어머니와 옛이야기나 어머니와 아버지의 결혼 전후의 이야기를 정감 있고 자세하게 듣지를 못했다. 한 마디로 사는 데 더 많은 신경을 썼다. 다행히 둘째 아들 용원이가 어렸을 때 할머니 옆에 누워 할머니의 친정 얘기, 결혼할 때 얘기, 할아버지와 살던 얘기 등을 비교적 소상하게 듣고 기억한 것을 이 글을 쓰고 있는 중에 우연히 전해주었다. 단편적으로 내가 들었던 것과 일치하는 것도 있으나 징병 기피에 대해서는 처음 듣는 것이었다. 나는 8·15해방 후 경비대 시절 입대 상황에 대해서만 조금 들었을 뿐이다. 어머니는 누구에게도 털어내지 못한 까마득히 먼 과거의 일을 어린 손자 앞에 풀어내며 추억 속에 잠겨 한을 달래고 살아오셨던 것이다.

아버지는 결혼 후 그다음 해방이 되던 해(1945년)에 집의 나이로 19세이다. 호적상의 나이로는 1927년 9월 17일생이니까 만 18세가 채 되지 않은 연령이다. 물론 실제 생년월일은 그보다 훨씬 전일 것이다. 그런데 과거 지원병제志願兵制의 최소 나이가 호적법戶籍法과는 관계가 없는 18세이고 보면, 아버지의 19세는 지원병에는 지원 자격이 있는 연령이다. 그런데 그런 나이에 해당하는 젊은이들에게조차 징병으로 동원했어야 했나 하는 의구심이 들기는 한다. 태평양 전쟁이 막바지에 이르자 일제는 확대된 각 전선에 병력이 절대적으로 부족했다. 그래서 법령에도 없는 20세 미만의 조선인 젊은이들에게까지 강제로 징집할 수밖에 없었던 게 아닐까 한다. 징병제 전의 지원병제도도 사실은 자발적인 지원보다 관청에서 강제로 종용한 지원이었다는 것이다.

아무튼 누런 옷을 입은 사람들이 잡으러 오면 할아버지와 할머니는 산 속으로 피하기도 하고 다급할 때에는 다락에 숨기도 했다는 것이다. 현실에 밝지 못한 농촌에서 강제로 끌려간 청년들도 있었겠지만, 누구인들 죽으려고 전쟁터에 가고 싶었겠는가. 그밖에 할머니는 손주에게 일본 앞잽이들('앞잡이'의 충청도 사투리)의 극성에 소나무의 송진을 긁으러 다닌 일, 놋쇠

그릇을 공출당한 일 등 여러 가지 수탈당한 이야기를 들려주었다고 한다.

일제는 1938년에 국가총동원법을 제정하고 국민징용령(1939년)을 공포하여 부족한 인적 자원을 동원하였다. 그래서 조선인들은 탄광이나 군수품 공장 등으로 끌려가야만 했다. 사실 우리 동네에도 징용 갔다 온 사람이 있었는데 해방 후 내가 어렸을 때에 밤에 몰래 자기집 소를 끌고나갈 정도로 투전(노름)에 미쳐 살기도 했다(그때는 참 노름꾼들도 많았다.). 그리고 그 전부터 여러 전선에 걸쳐 '일본군'을 위안하기 위해, 조선 처녀들은 거짓말에 속아서 수시로 끌려가곤 했다. 또한 전쟁에 부족한 물자를 약탈하는 공출제供出制가 시행되었다. 처음에는 양곡 공출로부터 시작하여 1940년대 들어와서는 일반 물자로 확대되었다. 제2차 세계대전이 막바지로 치달으면서 일제는 턱없이 부족한 전쟁 물자를 조달하는 데 더욱 혈안이 되었던 것이다.

할머니는 옛 이야기 하듯이 그와 같은 체험적인 역사의 한 토막을 어린 손자 용원이에게 자연스럽게 가르친 것이다. 한데 그와 같은 구전口傳 교육이 지금은 잘 되지 않고 있다. 내가 늙어서 노파심老婆心이 생기나 본데 차제에 한 마디 덧붙여 말하고 싶다. 현재 우리 청소년들은 숨이 막힐 정도로 입시 지옥에 내몰리고 있다. 이런 현상이 20세기 후반을 넘어서 21세기에도 여전하다. 너무나 안타깝기만 하다. 부모와 자식, 조부모와 손자·손녀의 관계가 자연스럽고 여유로워진다면 얼마나 좋을까. 어쩌다가 고희古稀를 맞게 된 내 삶을 돌아봐도 대부분 그렇지 못한 삶을 살았다. 내 어린 시절은 자유롭고 비교적 세대 간 대화가 있었으나 나이가 들수록 빈틈이 없어지고 쫓기듯이 바쁘게 살다 보니까, 부모와 자식 간에 제대로 정담이 오가지를 못했다. 태양이 작열하는 유월 어느 오후 한 때 느티나무 그늘 아래 누워서 부채질을 하는 할머니의 옛날 삶의 이야기를 이제는 정녕 들을 수 없단 말인가. 지금도 그렇지만, 앞으로 더욱 격심激甚한 세대 단절을 예감하자니 세상이 더욱더 삭막하고 무서워진다. 미래에는 어떤 삶이 전개될 것인가. '너는 너, 나는 나' 과연 그렇게 고립무원孤立無援으로 살게 되는 세상일까. 도대체 우리는 어디로 가고 있는 것인가. 이런 생각이 잃어버린 아버지를 찾겠다고 먼 과거로 나선 내 마음을 아프도록 후비고 파내는 것이다.

결혼의 열매

내가 태어난 날은 8 · 15해방 2년 후 그해 동짓달 초여드렛날이었다. 그 날은 함박눈이 엄청 많이 왔다고 한다. 눈은 낮부터 계속 내려 천지가 하얀데 칠흑같이 어두운 밤 부엌의 아궁이에선 장작불이 턱탁거리며 활활 타고, 할아버지는 사랑방에서 장죽의 담뱃대에 담배를 담아 화롯불에 대고 빽빽 빨아대신다. 그러고도 앉아 있기가 좀이 쑤시는지 담뱃대를 들고 마당에 나와 눈을 맞으며 왔다 갔다 하신다. 그러다가 멋쩍은 듯 외양간의 소에게 여물을 준다. 아버지는 아궁이에 장작을 넣다가 연신 안방 마루 아래 층계와 부엌을 오고가며 안방의 상황에 귀를 기울인다. 산 너머 절에 계시다가 산기 소식을 전해 듣고 눈길을 넘어오신 대고모와 할머니는 안방에서 산통을 겪는 어머니 곁을 지키고 있다. 진통이 심한 듯 시끌벅적한 소리가 나더니 아기 울음이 문밖으로 흘러나온다. 곧이어 할머니가 삼신상에 놓인 미역과 쌀을 가지고 나오며,

"아들이다아!"

하고 환한 웃음을 띠고 부엌으로 들어간다.

늦은 저녁, 술시(戌時: 십이시의 열한째 시. 곧 오후 7시부터 9시까지의 동안) 즈음, 장딴지가 빠질 정도로 함박눈은 더욱 거세게 내려 소복소복 쌓여갔다.

다른 지역도 그렇겠지만 당시에는 충청도 양반 동네에 가문의 대를 잇고 상주喪主가 있어야 한다는 남아선호사상男兒選好思想이 깊게 뿌리 박혀 있었다. 그래서 오죽하면 딸이 많은 집에서는 막내딸을 '딸그만(이), 끝남(이), 종말終末(이), 종칠終七(이), 말자末子, 필녀畢女……' 등의 이름으로 부르기도 했다. 이제는 그런 이름을 가진 사람들이 법원에 개명신청을 하는 것을 보면 남녀가 평등한 시대가 되었다.

'아들'이라는 소리를 듣자마자, 할아버지는 곧바로 아버지를 불러 삼줄(충청남도 내 고향에서는 '금줄'을 그렇게 부른 것으로 기억됨.)을 꼬도록 지시한다. 잡귀가 들어와 집 안이 부정 타면 안 되는 것이다. 어떻게 얻은 손자인데, 먼저 깨끗한 짚을 추리게 한다. 아들놈이 애비는 되었으나 아직 어리니 금줄 만드는 방법을 알 턱이 없다.

"새끼는 왼쪽으로 꽈야 혀. 바른쪽으로 꼬면 부정 탄다."

그리고 고추와 아궁이에서 숯덩이를 여러 개 가져다 새끼에 끼우게 한다. 붉은 고추는 마귀를 쫓아내는 힘이 있고 남성을 상징하는 것으로 여겨왔다. 그리고 귀신도 사람처럼 매운 것을 좋아하지 않는 것이다. 숯은

귀신이 무서워하는 불로 상징되고 부패하지 않는 것으로 불멸의 속성이 있다고 보았다.

그러면 여자 아이를 출산할 경우에는 삼줄을 어떻게 만드는가. 그때는 숯과 청솔가지를 새끼에 끼우는데 푸른색은 붉은 색처럼 양색陽色으로 음陰을 구축驅逐하는 것으로 생각한다. 음양오행陰陽五行에 의하면 나무(木)는 방위로 동방을 나타내는데 동쪽은 해가 솟는 곳으로 소생, 창조, 신생 등을 상징한다. 이런 상징성이 있기 때문에 적색 고추와 같이 푸른 솔가지는 양의 기운을 가져오고 음기陰氣를 몰아내거나 억누를 수 있다고 여겨 왔다. 그리고 솔잎은 바늘 같아서 귀신이 찔릴까 보아 범접하기 어려운 것이다.

밤이 깊도록 눈은 내리고 천지는 고요하다. 안방에선 아기 울음소리가 나고 아버지는 들뜬 마음에 사립문 양 기둥에 삼줄을 걸어 맨다는 것이 어설프기만 하다. 눈을 맞으며 할아버지는 담뱃대를 연신 빨아대다가 "어허, 그렇게 매면 약하지."하고 삿대질을 하며, 아들 녀석이 하는 일이 영 믿음이 가질 않았는지 '쯧쯧' 혀를 차고, 단단히 묶게 한다.

금줄이 사립문에 걸리자, 그제야 할아버지는 안심이 되는 모양이다. 그 사이 누가 사립문으로 들어온다든지 역신疫神이 침범하면 큰일인 것이다. 금줄 밖과 안은 그것으로 해서 세속과 성역, 신성공간이 구분되는 것이다. 산가産家의 금줄은 탄생의 표시이면서 부정과 외인의 출입을 막는 역할을 하는 파수꾼이다. 금줄이 내걸리면 잡인들은 출입을 삼갔다. 세이레(삼칠일, 스무하루)가 지나야 금줄이 걷히며 친척들도 출입이 자유로웠다. 우리 조상들은 세이레가 지나야 금기가 해제되는 것으로 생각했다. 단군신화에 곰이

동굴에서 기도하여 사람이 되는 기간이 삼칠일(21일)인 것이다.

어떻게 얻은 손주인데. 곰곰이 생각하면 할수록 할아버지로서는 아들이 대견하다. 결혼하여 여러 해가 되어가는 데도 소식이 없으니 애비로서 걱정이 이만저만이 아니었다. 가문의 대를 잇는 일이 무엇보다도 중요한 것이다. 임 씨네는 벌써 아기를 낳았고, 누구도 손주를 봤다는데. 사실은 할머니가 더욱 안달이 났었다. 산 너머 고모, 시누가 있는 절에 자주 다니며 부처님, 칠성님께 빌고 또 빌었다. 젊은 시절 접신을 하여 영신(충청남도 우리 동네에서는 내 어린 시절 '무당'이라는 표현을 쓰지 않고 '영신'이라 부른 것으로 기억됨.)이 된 대고모(할아버지의 여동생)는 산 너머 오장장터(무슨 터인지는 모르나 동네사람들은 산속의 그곳을 그렇게 불렀음.)에 초가 오두막 절을 지어주어, 거기서 주로 기거하며 마을을 오고가곤 했다. 그 절의 방에는 어린 눈에는 좀 무서운 탱화가 벽에 붙어있고 그 앞에 작은 금부처가 모셔져 있었다. 절 옆쪽 뒤편으로 좀 떨어진 곳에 오두막집만큼이나 큰 바위가 솟아 있고 주위에 크고 작은 검은 바위들이 있는데 그 밑에 단을 세우고 빌기도 했다. 어린 시절 기억으로는 그 곳을 칠성당이라고 한 것 같다. 대고모님은 끼니가 어려울 때는 자식이 있는 함적골(어머니의 친정집 동네 명칭)로 내려가기보다 안터 오라버니 집으로 와서 여러 날을 지내다가 가시곤 했다. 오라버니의 눈치를 보면서도 자주 내려와 지낼 수 있었던 것은 집안 우애友愛는 안에서 난다고 나이는 아래라도 올케가 너그럽고 따듯하게 잘 대우해 주었기 때문이었다. 올케와 시누 사이가 자매처럼 아주 좋았다. 민며느리로 들어와 시집살이를 한 터라 할머니는 나이가 많은 시누이가 심적인 의지가 되었을 뿐만 아니라 시집가서는 과부로 산속에서 외롭게 지내는 고모에게 또한 동정이 갔을 것이다.

어릴 적 어느 때던가. 지금도 눈에 선하다. 한번은 고 어린 것이 밖에서 놀다가 사립문으로 들어오는데, 그것도 시집살이라고 어머니가 마룻가 기둥 옆에 쪼그리고 앉아 우시는 것을 보았다. 이 광경을 보고 참 심란하고 날씨만큼이나 스산했다. 이 늙은 나이에도 그 기억을 떠올리면 똑같은 감정을 느낀다. 얼마나 깊게 각인되었던지. 그때 안방에는 할머니(올케)와 대고모(시누이)가 도란거리고 있었다. 그 두 분은 그토록 단짝이었다.

그 당시(8 · 15해방 전후)에는 동네 사람들이 소원을 빌거나 특히 질병에 걸렸을 때는 산 너머 대고모가 있는 절에 불공드리러 갔다. 근동에는 절다운 절이 없었다. 부여에 고란사, 외산에 무량사 등이 있으나 너무 멀기도 하지만 그렇게 철저한 불교신자들도 아니어서 대체로 불상을 모시기는 하나 도교적인 색이 있고 무속적인 소규모 절을 찾거나 정쟁이('경쟁이'를 충청도에서 그렇게 불렀음.)를 불러다 정(경)을 읽는 정도로 위안을 삼았다. 6 · 25전쟁 후 내가 어렸던 시절에 우리 동네에서 큰 판을 벌이며 무당이 굿을 하는 것은 보지 못했다. 불공을 드리고도 병이 낫지 않으면 은산의 병원으로 갔다. 이것이 어려운 사람들은 만병통치약인 페니실린 주사기 한 대로 인심을 쓰는 근동(서편 망해)의 늙은 아저씨한테 의존하였다.

내가 어렸을 때 여러 날 아프면 대고모가 오셨다. 주발에 쌀을 담아 보로 싸서 엎어 가지고 아랫목에 누워 있는 나의 배지(복부 '배'를 내 어린 시절 동네에서 그렇게 부름.)를 문지르며 주문을 외웠다. 어렴풋한 기억이지만 한참 그러고서 보 안의 쌀을 손으로 조금 집어내어 상에다 놓고 낟알을 세었다. 그런 후 밖으로 나가 무슨 동토막인가를 했다. 동네 삼거리나 사거리에서 밤에 볏짚을 깔고 그 위에 떡이나 밥 같은 것을 놓고 빌기도 했다. 그 시절에는 한밤중에 무로 만든 종지에 기름불이 반짝거리는 것을 멀리서 보는 일이 종종 있었다. 이른 아침 지나가다 꽁꽁 언 밥이나 떡, 심지가 타다 꺼진 무종지 등이 널브러져 있는 것을 보게 되는데 누구네 집에서 밤에 거리제(동제 규모의 큰 것이 아니고 개인이 액땜하기 위해 하는 일종의 푸닥거리를 우리 동네에서는 그렇게 불렀음.)를 지냈다는 것을 알 수 있었다.

내가 아주 어려서부터 오른 쪽 눈에 백태가 끼어 심한 눈병을 앓았다. 아버지가 군에 있다가 편지를 보고 휴가를 올 때에 눈에 넣는 약을 구해 가지고 왔었다고 한다. 대고모가 있는 절에 가서 치성致誠도 드리고 별별 수단을 써서 덜하다 싶다가도 어떤 때는 심하여 온 가족이 걱정이 많았다고 한다. 내가 대여섯 살 되었을 무렵이었던가. 정쟁이를 불러다 정('경'의 사투리, 經은 점치는 일을 직업으로 삼는 소경, 판수나 박수무당들이 치병을 목적으로 독경할 때 외는 경문)을 읽은 적이 있다. 그때도 눈이 아파서 그랬다. 동토動土가 났다는 것이다. 그 당시는 마을이나 근동에 의원이 없어서 큰 병이 나면 동토맥이('동토막이'의 충청도 사투리)를 해야 한다며 정쟁이를 부르곤 했다. 경쟁이는 북을 가지고 다녔다. 밤중에 북을 치며 경을 읽으면 대나무 가지를 쌀그릇에 꽂고 대를 잡는 사람, 소위 대잽이('대잡이'의 우리 동네 사투리)가 그 앞에 앉아 있었다. 어린 나이에 보고 들은 대로 기억을 더듬어 보면 이렇다. 경쟁이는 경을 읽어 신과 교감을 하며 대잡이에게 강림하게 한다(경쟁이가 불러내는 신은 재앙을 주는 귀신이 아니고 당주堂主의 조상신이라는데, 대잡이에게 조상신이 내려 후손의 동토에 대한 질문에 응대를 한다는 것이다.). 신이 내리면 대잡이가 잡고 있는 대가 흔들리기 시작한다. 어떤 사람이 대를 잡으면 기가 너무 세서 대가 내리지 않는다고 하여 대잡이를 바꾸기도 했다. 아무나 대잡이를 할 수 있는 건 아닌가 보다. 심약한 사람이 잡으면 사나운 신기에 쓰러지기도 한다 하여 동네 구경꾼들 중에 건강한 남자가 잡았다. 그리고 몇 번의 시도 끝에 신이 내리면, 경쟁이는 당주 달성 서씨의 손주가 왜 아픈지 물었다. 쉽게 응답을 않는다. 그러면 땀을 흘리며 경을 읽다가 북을 탕 치며 또 묻는다. 그러자 감응이 오는가. 대가 조금 흔들리는가 싶더니 막 요동치고 대잡이가 벌떡 일어나 펄쩍펄쩍 뛴다. 그리고 대가 이끄는 대로 마당 옆쪽 굴뚝으로 간다. 그러더니 굴뚝을 대로 막 내리쳤다. 이 행위는 굴뚝 신을 노하게 하여 당주의 손주가 그것의 장난으로 눈병을 앓는다는 의미를 나타내는 것이리라. 그러니까 굴뚝에 문제가 생긴 것이다. 사실 그럴 만한 일이 두어 달 전에 있었다. 비가 오고 강풍이 불어 쌓은 굴뚝이 무너져 내려 할아버지가 흙과 돌로 다시 쌓았다. 그때 나는 그 옆에서 놀았었다. 추측하건데 흰무리, 시루떡을 해서 굴뚝 앞에 놓고 빌어 굴뚝 신을 달랬는지는 모르겠으나 내 눈병은 낫지 않았다.

그런 후 서편 망해에 가서 궁둥이를 까야만 했다. 늙은 아저씨가 손으로 찰싹 때리고 페니실린 주사기를 찌른다. 얼마나 두렵고 무서웠던지. 여러 날을 맞아도 차도가 없자, 결국 귀를 싸매고 추위에 떨며 시오리나 떨어진 은산 병원을 걸어서 다녀야 했다. 병원이래야 전문 안과가 아닌 외상치료 정도의 소규모 병원이었다. 일제강점기에 일인이 치료하며 운영하다가 쫓겨 가고 그 밑에서 일하던 사람이 해방 후에도 계속해서 면민들을 치료했다. 국민학교 다닐 때에 건강검진을 하러 은산에서 온 의사는 취학 전에 눈병 치료를 해주던 그 의사였다. 눈병 치료로 병원에서 하는 일이래야 조그마한 유리주전자의 맑은 물을 눈을 벌리고 무지막지하게 졸졸 들이 부었다. 그리고 튜브를 짜서 찐득찐득한 안약(연고)을 눈에 넣어주고 흰 안대를 씌운 다음에 팔뚝에 페닐실린 주사를 한 대 놓아주면 그뿐이었다. 지금도 그때 눈병치료에서 생긴 반흔(瘢痕, 흉터)이 각막에 있어서, 시력이 나오지 않고 어슴푸레하게 보인다. 이 나이에도 기운이 달리어 면역력이 떨어지면 수지성 각막염이 재발하여 두세 주 이상 치료를 받곤 한다.

늙어가면서도 눈병이 날 때면 무의식 세계에 잠재해 있던 한 기억(내가 어려서 눈병을 앓는다는 편지를 받고 아버지가 군에서 휴가 올 때 눈병 약을 가지고 오셨다는 이야기)이 어김없이 떠오르곤 했다. 어린 시절 눈병에 관한 수많은 이야기가 있을 텐데 유독 그 기억이 오래도록 남아 있다니 아버지에 대한 그리움이 나도 모르게 켜켜이 쌓였었던가.

징병徵兵과 아버지의 입대入隊

청소년 시절에 할머니나 어머니가 여러 이야기 가운데 지나가는 말로 더러 아버지에 대해 이런저런 말씀을 하시곤 했다. 그때는 진중하게 귀담아 듣지를 않았었다. 이제 칠순을 맞이한 내 머릿속에 그 중의 하나로 '경비대 시절(警備隊時節, 8 · 15해방 후 미군정기와 1948년 8 · 15정부수립 초기)' 이야기가 희미하게나마 남아있다. 그리고 아버지의 입대 동기에 대하여 얼핏 말씀하셨던 것 같은데, 그 기억도 어렴풋하다.

아버지는 경비대 시절에 군대를 가셨다고 했다.

입대 전에 은산(면 소재지가 있고 5일장이 선다. 백제부흥장군의 영혼을 추모하는 별신제를 지내는 곳으로 '은산 별신굿'이 유명함.) 사진관에서 찍었을 것으로 보이는데 아버지의 사진 한 장이 유품 속에 들어있어서 당시의 청년青年 모습을 보게 된다.

연도 미상, 1949년 2월 초순, 입대 직전으로 추정됨.

그러면 경비대 시절은 어떤 사회였던가. 제2차 세계 대전이 끝나고 8 · 15 해방이 되자 한반도는 미국(민주주의)과 소련(공산주의)에 의해 38도선으로 나뉘게 되었다. 그런 연유로 우리 민족은 이념과 체제를 달리하며 대체로 양분되는 양상(남쪽의 민주주의와 북쪽의 공산주의)을 띠었다. 다음 쪽의 사진은 당시 개성 부근 38선 남쪽에서 경비를 서고 있는 미군의 모습이다.

미군과 해외참전용사 엮음 **『그들이 본 한국전쟁』**에서. 38선이 그어지고 난 후 그 근처에서 사고와 침범이 잦아지자 보초를 세움.

이 분단分斷에 대하여 우리 서민들은 어떤 생각과 감정을 가졌을까. 이것을 가장 잘 함축적으로 드러낸 것은 역시 그 당시 많은 사람들이 부른 가요가 아닐까 한다. 1947년에 남인수가 부른 '가거라 삼팔선'에 잘 드러나 있다. 남북이 가로막혀 마음대로 오고가기 힘든 시절 고향 땅을 가는 길이 38선에 의해 원한의 천리 길이 되자 그것이 없어지기를 간절히 바라며 분단으로 인한 민족의 비애와 안타까움 내지 좌절감을 이렇게 노래했다. 그 마지막 절만 밝힌다.

> 아아 어느 때나 터지려느냐
> 아아 아아아아아 어느 때나 없어지려느냐

삼팔선 세 글자를 누가 지어서
이다지 고개마다 눈물이더냐
손모아 비나이다 손모아 비나이다
삼팔선아 가거라

북한에서는 공산정권이 들어서면서 이 가요가 전면 금지되었다고 한다. 남한에서는 정부수립 이후에도 검열을 거쳐 계속해서 애창되었다.

그런데 그 양분의 결과 북쪽의 사회보다 비교적 자유로운 남쪽의 사회가 대립된 이데올로기(우익과 좌익)의 수렁에서 더욱 허우적거렸다.

8·15해방 후 우리 사회에 깊숙이 영향을 줘 파장을 일으킨 1920년대 초반에 우리 민족이 수용한 사회주의는 마르크스와 엥겔스의 '공산당 선언(1848년 발표)'에서 주장한 유물론唯物論에 입각한 새로운 사회주의(공산주의) 이론이라고 보는 것이 온당할 것 같다. 그 이유는 1917년 레닌이 주도한 러시아 혁명의 영향을 받았다고 보기 때문이다. 기존의 사회주의는 19세기에 산업사회가 되면서 편중된 부와 재화가 넘쳐나는 사회가 되자, 이런 자본들을 개인이 마음대로 쓰게 하지 말고 사회가 관리해야만 한다고 주장한다. 마르크스는 그것은 입만 앞세우는 공상적 사회주의라고 비판한다. 그리고 각종 혁명과 개혁을 통해 만들어진 사회주의의 마지막 형태로서 공산주의를 내세운다. 그는 "전 세계 노동자여, 단결하자."라고 민족과 국경을 초월한 국제주의적인 단결을 부르짖으며 '모든 지배 계급은 공산주의 앞에 떨게 하자'고 한다. 공산주의는 경제적 재화와 소유물이 인민들 사이에 평등하게 분배되는 것을 원칙으로 했다.

당시 이 이념의 수용에는 배경적으로 여러 가지 사회적, 역사적 조건들이 있었다. 그 중의 하나는 특히 일본 제국주의의 압박을 받는 민족으로서 대중들이 착취搾取를 당한다는 사실이었다. 그들(당시 지식인들)에게는 그것은 복음과 같은 소식이었다. 그리고 지배자支配者와 수탈收奪이 없어지고 무산자無産者와 생산자生産者 그리고 피지배자被支配者가 주인이 되는 새로운 시대가 도래到來하게 됨을 의미했다.

사실 일제강점기의 시대적 아픔은 지금도 우리들에게 잔존殘存하고 있다. 여러 해 전에 전주로 문상을 가기 위해 김제 평야 근처를 지나며, 지금은 고인이 된 대학 동창(김제가 고향인 이○○)에게 호남평야를 오게 되니까 왠지 가슴에서 슬픔이 북받쳐 오른다고 하자, 왜 그러냐고 물었다. 아마도 일제강점기의 우리 농민이 생각나서 그런가 보다고 했다. 그러니까 자기 할아버지(?)는 그 당시 마름이었다고 했다. 숨길 수도 있었는데 의외였다. 그래서 그때는 피압박민족으로 살자니 너와 나 가릴 것 없이 살기 위한 몸부림이 아니었겠느냐고 했다.

1925년 드디어 서울에서 조선공산당이 창당(김재봉 외 18인)되기에 이른다. 그때 식민지 조선의 사회주의 운동은 민족주의와 공존할 수 있었다고 한다. 그것은 우리 민족에게는 피압박민족으로서 민족독립民族獨立과 수탈收奪에 필요했기 때문이었다. 비록 불완전한 동거로 복잡한 과정을 밟아나가기는 했지만 민족해방民族解放이라는 당면 목표는 같을 수밖에 없었다.

8 · 15해방 후 남한에서는 공산주의 세력을 재정비하기 위하여 그 계열(남조선신민당, 조선인민당, 조선공산당)를 흡수 통합해서 남조선로동당(남로당)이 1946년 12월에 박헌영(1900~1956, 그는 공산주의 운동가로 1925년에 조선공산당

창립에 참가했으며 8·15해방 후 공산주의 활동을 하다가 미군정에 의해 불법화되자 월북함.)을 중심으로 결성된다. 그 남로당(허헌, 박헌영, 김삼룡, 이현상 등 외 다수)은 소위 사회주의 종주국인 소련 공산당과 은밀하게 관계했을 것으로 보이는데 그런 관계 속에서 좌익계左翼系를 이끌며 김일성이 주도하는 북한 공산당에서 남파되었거나 그것과 연계된 좌익분자들과 공조 내지는 합류하여 남한을 공산화하기 위해 사회 곳곳에서 선전·선동, 파업과 항쟁을 일삼으며 우익右翼과 충돌을 했다. 학원가, 특히 대학 사회에서 그리고 심지어 군대 내에서조차 이념을 달리하는 무리들로 분란이 끊이질 않았다. 이런 현상이 확대되어 큰 사건으로 비화하게 되니 남한 사회는 극심한 혼돈混沌에 빠지게 되었다.

정부수립 이전까지는 그러한 남한 사회의 치안治安은 미군정하美軍政下에 유지되고 있었다. 그 당시 미국은 한국군 창설은 아직 시기상조라고 보고 우선 시급한 문제는 치안을 위해 필요한 경찰의 보조 부대를 만들어 치안을 유지하는 능력을 증강하는 데 치중하는 것이 더 중요하다는 입장이었다. 그래서 창설된 게 소위 남조선국방경비대(南朝鮮國防警備隊, 대한민국 국군의 모체가 되었던 군사조직)이다. 미군정 당국은 경비대원들에게 과거 군사 경력(일본군 및 귀국한 광복군)과 복무성적에 따라 계급과 군번을 부여하였다. 그리고 그 지휘관들은 대부분 일본제국주의 군대에서 복무한 경력자들이 차지했다. 이들은 미군정이 설립한 군사영어학교(현 육군사관학교의 모태로, 국방경비대 기간요원만을 단기간에 양성할 목적으로 세웠다. 특히 미군정하에서 그들이 소통을 위한 영어구사능력을 갖추는 일은 필수적인 것이었음.)를 나와 국방경비대를 거쳐 남한 정부수립(1948. 8. 15) 후 그대로 국군의 조직에 주도적인 역할을 하고 각 부대를 이끌며 참모총장을 비롯한 요직을 담당하였다. 경비대 창설과 함께 실시해 오던 일본식 위병제도衛兵制度는 폐지하고 1946년 3월 6일부터는 미국식 위병제도를 채택하여 실시하였다(건군사, 국방부 군사편찬 연구소 참고).

이쯤에서 잠시 소위 해방공간(1945~1948)이라고 하는 기간에 남한 사회의 두 축을 이룬 좌익과 우익에 대하여 그 시대 상황을 이해하는 것이 후술後述할 이야기에 도움이 되겠기에 간단히 좀 더 살펴보도록 한다.

일제강점기를 지나 해방 이후 정부 수립 이전까지 좌익계左翼系에는 많은 자생적 공산주의자들이 있었고 이 이데올로기(ideology)의 유혹에 빠진 사람들은 대체로 지식층으로 당시 상당한 재산을 가진 사람들이었다. 물론 북한의 포섭에 넘어간 공산주의자들도 있었을 것이다. 그들 중 많은 코뮤니스트(communist)들이 남한(미군정하 및 정부수립 후)에서 견디지 못하고 이상향理想鄕을 꿈꾸며 자진 월북하였으나 끝내는 출신성분이 좋지 않다고 핍박을 받았다. 많은 것을 버리고 월북했지만, 정치적인 쓰임이 다하자 공산주의를 신봉한 이 남로당원들은 거개가 전향한 부르주아에 불과했다는 것이다. 예외는 있었겠지만, 남로당 당수 자격으로 내각부총리 겸 외무부장관이 된 박헌영조차도 김일성에 의해 결국 남로당 숙청 작업으로 체포되어 사형을 당했다.

자유민주주의를 수용한 우익계右翼系에는 그 기득권층에 일본제국주의에 부역한 소위 친일파들이 각 분야에 상당수 있었다. 그래서 역사적 정의正義를 바로 세우자고 그 청산淸算에 대한 논란이 끊임없이 제기되었다. 정부수립 이후인 1948년 9월 국회는 일제에 협력했던 친일파를 청산하기 위한 반민족행위처벌 법률을 제정했다. 그리고 그해 10월에 국회에 반민족행위특위가 구성되나 그 청산은 실효를 거두지 못하고 말았다. 사실 남한 정부수립에 친일파들의 협력이 없을 수 없었을 것이다. 해방공간에서 미군정美軍政은 이미 실무 경험이 있는 그들을 기용起用했었다.

경비대 시절에는 모병제募兵制로 자원하여 입대하였다. 김종필(전 국무총리)의 증언록 『소이부답笑以不答』〈18〉 '군인의 길 들어선 JP(중앙일보)'에서 보면 다음은 1948년 7월 초순의 한 토막 이야기이다. 그는 서울대학교 사범대학에 다니던 중에 생활고가 극심했던가 보다.

"…… 파고다공원(종로 3가의 탑골공원) 앞이었다. 공원 입구에 '조선경비대 보병 13연대 창설 요원 모집'이라는 입간판을 보았다. 내가 '입대원서 한 장 주시오.'하니 장교가 '대학생 같은데 입대하려고?'라고 물었다. …… 이튿날 오후 1시 용산역에서 신체검사를 받았다. 검사관이 '합격'이라고 해 '네'라고 답했다. …… 열차는 남쪽으로 …… 덜컹하고 천안역에 섰다. 13연대(연대장 김익렬 중령)는 온양국민학교 자리에 있었다. 군복이 아니라 반소매 작업복을 내줬다. 첫날 저녁부터 일본식 기합이었다. ……"

그 당시는 본인이 원한다면 간소한 절차만으로 얼마나 입대가 쉽게 이루어지는지 알 수 있다.

1948년 8월 15일 대한민국정부가 수립되고 경비대가 국군으로 다시 출발하면서 그해 12월 15일 국군조직법 3장 12조에 의하여 보병, 기병(이 기병騎兵의 병과는 미국에서는 1950년 완전히 없어지고, 전차가 주축이 된 기갑부대機甲部隊가 그 역할을 이어받음.), 포병, 공병, 항공병, 통신, 헌병 등 병과가 최초로 탄생하였다(건군사, 국방부 군사편찬연구소 참고).

한편 정부수립 후 그해 9월부터 미군 철수美軍撤收가 확실시 되자 이에 대비하기 위하여 미국의 주방위군처럼 지원제 예비군제도가 필요하였다고 한다. 왜냐하면 대한민국 육군 정규군 창설 이후에도 1949년이 되기 전까지는 지원병제(모병제)를 실시하고 있었기 때문이었다. 당연히 예비병력 확보 차원에서 소위 호국군(護國軍, 잠시 동안 존재하다가 1949. 8. 해체됨.)을 조직해야 했다.

병역법임시조치령(대통령령 제52호, 1949. 1. 20. 제정, 시행)에서 그것과 관련한 조문條文만을 뽑아보면 다음과 같다.

제1조 본령은 병역법을 시행할 때까지 병역제도의 임시조치에 관한 긴급사항을 목적으로 한다.

제2조 본령에 의한 국군편입은 지원에 의한 의용병제로써 한다. 지원은 개인으로서의 지원에 한한다.

제3조 본령에 의하여 응모된 병원兵源의 병역은 이를 좌와 같이 구분한다.

1. 현역
2. 호국병역

제5조 1. 현역의 복무연한은 2년으로 하고 현역병으로 모집된 자와 호국병으로 모집된 자가 이에 복한다.

2. 호국병은 자택통근을 원칙으로 한다.

제11조 국군소속병원은 입대일로부터 사령장辭令狀 없이 3등병을 피명被命한 것으로 간주한다.

이 병역법임시조치령에 따라 본인의 지원에 의해서 신검을 받은 후, 합격자 중에서 본인의 희망에 따라 현역으로 갈 것이냐 호국군(땡보, 군대 용어로 상대적으로 다른 군인들에 비해 복무하기가 쉽고 편하다고 해서 붙여진 속칭)로 갈 것이냐를 결정했다고 한다. 입영자는 바로 3등병이 되는 것이 이등병부터 시작하는 오늘의 군 계급과 다르다. 이 법령이 시행되어 모병하기까지는 시일이 걸렸을 것이므로 늦어도 1949년 3월 초 전후, 겨울 끝자락, 초봄부터는 전국 각 지역에서 청년들에게 모집공고 아니 모집통보를 하였을 것이다.

그런데 법령은 모병제이지만, 실제 호국병 모집 과정은 본인의 자의自意가 크게 반영된 것 같지 않다. 그 당시 청·장년들은 대부분 결혼을 하여 부모와 처자식이 있었다. 그리고 그때 호국병이라는 말은 법령에나 있는 용어지 그들에게는 여전히 국방경비대를 가리키는 것으로 그것이 어떤 일을 하는지도 알고 있었다. 그 당시 남한 사회를 혼란케 한, 큰 사건만 예를 들어도 대구폭동 사건, 제주도 4·3사건, 여수·순천 반란 사건 등이 있고 38선에서의 경비와 분쟁, 태백산이나 지리산 같은 곳에서 빨치산(공산 게릴라)과의 전투 등이 있다. 이런 진압 작전이나 토벌에 투입되는 순사(경찰)나 경비대들의 사상자(死傷者)가 적지 않았기에 그런 소문만으로도 경비대 입대는 온 동네 사람들에게는 공포의 대상이었을 것이다. 그래서 그런지 많은 사람들이 피신을 하기 위해 산속에 숨거나 급하면 골방, 헛간 등에 은신하기도 했다는 것이다. 아버지도 2·3일 인근의 처갓집에 가 있다가 이렇게 살 일이 아니라고 하며 고민 끝에 입대入隊를 결심하셨다고 한다.

어느 부모나 아내가 그 위험한 경비대를 가야 한다고 말했겠는가. 아버지는 생각이 많았을 것이다. 근동의 대부분 동료 청년들이 기피하여 숨어 지내는데 나 혼자 가겠다고 부모에게 말하기가 쉽지 않았을 것이다. 거기에다 아내는 둘째 치고 정해년(丁亥年, 1947) 동짓달 눈이 펑펑 내리던 날 저녁에 태어난 세 살배기, 눈에 넣어도 아프지 않을 것 같은 작은 생명체, 고 귀여운 고사리 손의 덕현德鉉이가 눈에 아른거린다. 이런데도 입대를 결심하게 된 것은 아마 그분의 성품性品이 아니었겠나 생각한다.

여기서 잠시 정부수립 이후 징병제徵兵制가 언제부터 실시되었는지 확인할 필요가 있다. 이 일은 아버지의 입대 당시 상황을 좀 더 이해하는 데 도움을 준다.

징병제는 1949년 8월 6일 병역법(법률 제41호)의 공포를 통해서 제정되었다. 이 법에 따라 1949년 12월에 징병제가 처음으로 실시됨으로써 징병검사가 각 지역 국민학교에서 전국적으로 행하여졌다.

그러나 이 첫 번째 징병검사를 마지막으로 징병제는 폐지되었다. 당시 미국은 국군의 정원을 10만 명으로 동결凍結하고 있었다. 이는 미국이 만일 이승만에게 국경경비와 국가치안유지에 필요한 최소한의 병력 이외에 더 많은 병력을 쥐어줄 경우, 이북에 대한 군사행동을 취할지 모른다는 우려 때문이었다고 한다. 미국으로부터의 군사원조軍事援助가 없이는 군대를 유지할 길이 없었던 이승만은 미국의 군 정원 동결정책 때문에 1950년

『**국방부 국군50년사 화보집**』에서. 한자 '**경 징병제 실시 축**'이라는 문구가 보인다.

봄에 징병제를 폐지할 수밖에 없었다는 것이다. 약소민족, 약소국가로서 참으로 안타까운 일이 아닐 수 없다. 이를 어쩌랴. 그러나 바로 그 뒤에 국가의 운명이 풍전등화風前燈火인 것을 누가 알았으리요. 21세기에 들어와 아직도 미국의 우산 속에 사는 대한민국은 그런 역사적 사실을 반면교사反面教師로 삼아 미국에 철저히 주지시키고, 북한의 남침에 만반의 준비를 해야 할 것이다.

1950년 6월 25일 38선에서 전면적인 남침이 시작되고 우리 군이 본격적인 전시동원체제를 갖추기 시작한 것은 1950년 9월 15일 인천상륙작전 이후였다. 당시 정부는 병역법과 임시 법령조치에 따라 제2국민병을 소집

召集했다. 그러나 국가가 존망의 위기에 처해 있음에도 불구하고 정상적인 소집이 이루어지지 않자 어쩔 수 없이 가두모집이나 가택수색 등을 통해 부족한 병력을 보충하였다. 가두모집이란 말이 모집이지 실제로 길거리에서 젊은이들의 입대지원을 받는 경우도 있지만 길 가는 젊은이들을 군대로 잡아가는 것이고, 가택수색이란 말 그대로 집에 있는 사람들을 수색하여 잡아가는 것이었다고 한다. 그러니까 강제소집이나 징집이 이루어진 것이다. 그 뒤 국민방위군 설치법(1950. 12. 21. 법률 제172호)을 제정하여 청년층을 대대적으로 동원한다.

그러니까 명실상부한 징병제 실시는 6·25전쟁 중에 있었다고 봐야 한다. 전시의 모병이 강제성을 띠지 않을 수 없었던 것처럼 1949년 미국의 감시하에 있던 정부에서도 지역방위의 병력이 필요는 했겠지만 미군 철수와 맞물려 무엇보다도 우선 38선 경비 방어가 절실한 나머지, 호국병 모집이라는 미명하에 부족한 현역을 보충하기 위하여 반강제적으로 지원하게 하지 않았겠나 생각한다.

그래서 기피자들이 생겨나고 사실상의 징집(징병)에 의한 신검을 받고 합격판정을 받은 청년들은 현역 입대가 되었다고 보는 것이 온당하다. 우리 동네에서 호국병역으로 생업에 종사하며 거주지에 주둔하는 연대에 소속되어 자택통근을 했다는 사람이 있었다는 소리는 들어본 적이 없다. 사실 우리 동네 근거리에 연대는 없었다. 그러니까 아버지는 모병募兵이 아니고 사실상 징집徵集, 징병徵兵이 되어 나라를 지키기 위해 군에 가셨던 것이다. 때는 1949년 초, 겨울의 끝자락인 2월이 아니었겠나 싶다. 아버지의 유품遺品들 중 다음 장에 제시할 첫 번째 편지를 보면 입대 시점이 좀 더 명확해진다.

> '歲月(세월)이 여류하야 日時(일시)를 재촉하는 時節(시절)이로소이다. 小子(소자)는 집을 떠난 후로 …… 그리고 二月十四日 父親(부친) 생신날 백부 회갑이라 하고 팔구일 압서 전보를 치면 집에 갈 수가 잇사오니 ……'

위의 구절에서 '일시'란 시간과 때를 말하는 것이니 이것을 재촉하는 시절은 만물이 소생하는 계절, 봄이 임박했음을 말한다. 그런데 거기에서 2월 14일은 할아버지 생신일로 음력陰曆이다. 그렇다면 양력陽曆으로는 대략 3월 중순쯤 될 것이다. 그러니까 입대한 지 한두 주 지난 2월 하순쯤 공일날 서울 신병新兵 동무 집에 놀러가서 이 편지를 써 부친 것으로 추정된다. 따라서 아버지의 입대는 1949년 2월 초순경이나 늦어도 중순경이 아니었을까 생각한다.

『포병의 발자취』를 보면 1949년 1월 1일 '잠정 포병사령부(야전포병단 및 대전차포병단)'가 창설된다. 동년 1월 17일 제1차 기간 장교基幹將校 양성에 착수하고 동년 2월 10일부터는 영등포에서 장교들에 대한 특기별 보수 교육이 실시되었으며 이와 때를 같이하여 신병新兵을 모집하여 교육을 완료시킨다. 그리고 야전포병단 산하에 6개 대대를 완전 편성하였다. 이 부대들이 오늘날 대한포병의 골간을 이룬 부대들인 것이다. 그 당시 아버지가 소속된 제6대대는 대대장으로 노재현 중위(대위)가 맡았다. 중위 계급이 대대장을 맡을 정도이니 국군 및 포병 창설 당시 얼마나 지휘관이 부족했는지를 알 수 있다. 또한 그때는 장교나 신병이 함께 처음으로 포병

교육을 받지 않을 수 없었던 것이다.

그러니까 1948년 8월 15일 정부가 수립된 후 정식으로 포병부대가 창설되고 우리나라 포병의 최초 신병 모집이 1949년 2월 10일이라고 한 것으로 보면 그 시기가 아버지가 호국병 현역으로 징집된 그것과 일치한다. 아버지는 신병으로 영등포 포병학교에서 포병교육을 받으며 제6대대에 소속되어 있었다. 영광스럽게도 아버지는 대한민국 최초 1기 포병병사砲兵兵士가 되었던 것이다.

육군포병학교 『**포병의 발자취**』에서. 영등포 잠정 야전포병단내
야전포병학교 전경과 당시 고문관 피-터 소령

1949년 4월 5일로부터 1주일간에 걸쳐 경기도 광주 실탄사격장에서 한국 최초 포병실탄사격이 실시되었다. 이때 사용된 대포는 M-3 105㎜ 곡사포였다.

국방부 『**국군50년사 화보집**』에서. 미 고문관의 지도 아래 사격 훈련을 하는 포병병사들

아버지도 포병 1기 훈련 신병으로 그곳에 참가하였을 것이다. 그 사격은 이승만 대통령을 포함한 정부 고위관계자와 주한 외교사절까지 참관할 정도로 지대한 관심을 모았다고 한다.

아버지의 편지便紙와 인품人品

아버지의 유품 중에 군에서 부친 편지便紙가 세 통이 있다. 비록 겉봉투는 없고 누렇게 색이 바랜 편지이지만 글씨는 알아볼 정도로 선명하다. 내가 아버지를 간접적으로나마 대면하고 아버지의 마음을 읽을 수 있는 것은 사진寫眞하고 이 편지들뿐이다. 하기사 큰외삼촌이 서당 다닐 적에 물려받았다는 손바닥만 한 작은 벼룻돌이 있기는 하다. 그것은 내가 장성했을 때 아버지(매부)가 쓰시던 거라며 내게 건네준 것이었다. 얼마나 먹을 갈아댔는지 가운데가 움푹 파이고 모서리가 군데군데 닳고 좀 훼손된 낡은 벼룻돌이었다. 내 물건을 아끼고 소중히 하며 남(처남)을 배려하는 아버지의 마음을 읽을 수 있을 것 같다. 다음은 아버지가 군에 입대하여 처음으로 보낸 편지이다.

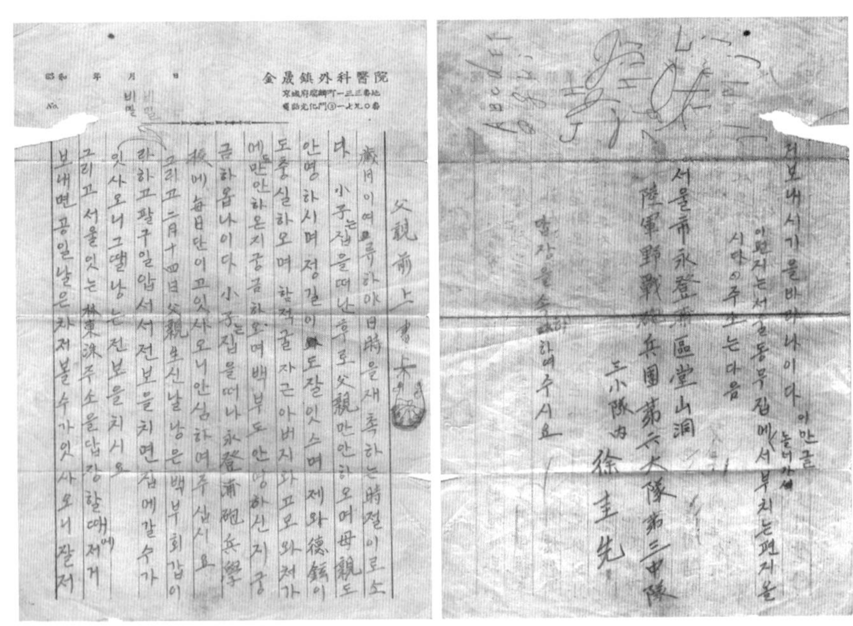

金晟鎭外科醫院
京城府瑞麟町一三三番地
電話光化門③一七九0番
昭和 年 月 日
No.

父親前上書

歲月이如流하야日時을재촉하는時節이로소
다 小子는집을떠난후로父親만안하오며母親도
안영하시며정길이도잘잇스며제와德鉉이
도충실하오며할적굴자근아버지와고모와처가
에만안하온지궁금하오며백부도안영하신지궁
금하옵나이다 小子는집을떠나永登浦砲兵學
校에每日단이고잇사오니안심하여주십시요
그리고二月十四日父親보신날낭은백부회갑이
라하고팔구일압서서전보을치면집에갈수가
잇사오니그댈낭는전보을치시요
그리고서울잇는林東洙주소을답장할때에저거
보내면공일날은차저볼수가잇사오니잘저
어보내시기을바라나이다 이만글
이편지는서울동무집에놀너가서부치는편지올
시다 주소는다음
서울市永登浦區堂山洞
陸軍野戰砲兵團第六大隊第三中隊
三小隊內 徐圭先
답장을속히하여주시요

편지지가 일반 용지는 아니다. 상단 가장 자리에 昭和(소화) 年 月 日과 金晟鎭外科醫院(김성진 외과의원) 京城府瑞麟町(경성부 서린정)一三三番地(133번지) 電話光化門(전화 광화문)③一七九0番(1790번)이라고 인쇄되어 있다. 이 편지가 서울 동무 집에 놀러가 부친다고 쓰였으니 그 동무가 아버지와 함께 입대한 신병 교육생일 것이다. 그리고 아버지는 공일날 광화문 근처에 있는 그의 집 김성진 외과병원에 가서 편지를 썼다고 봐야 할 것 같다. 그러니까 아버지가 사용한 편지지는 일제강점기에 사용한 병원용 기록 내지 편지 종이로 해방 후 1949년에도 계속 사용하고 있음을 알 수 있다. 편지의 인쇄된 경성부는 1945년 서울시로 또한 서린정은 1946년 서린동으로 바뀌게 된다. 입대하여 서울 영등포 포병학교에서 훈련과 교육을 받고 있다는 것으로 보아 아버지는 휴일에 비교적 여유롭게 서울 시내를 구경도 하였을 것이다.

편지에 인쇄된 인물 김성진 원장은 일제강점기에 외과병원을 차릴 정도면 보통 인물은 아닐 것 같다. 그래서 검색을 해본 바, 그는 1905년 충청남도 부여 출생으로 1936년 경성제국대학 의학부를 졸업하고 경성제대 출신 한국인 최초 의학박사가 되었다. 의대를 졸업하고 1936년 이후 서린정(당시 광화문 동아일보사와 종로 보신각 사거리 사이의 지역)에 김성진 외과병원을 개원했다. 그리고 그는 8·15해방 후 교수와 장관, 국회의원 등을 지내며 의사이면서 의학자요 정치인으로 큰 역할을 하며 살았다. 슬하에 1남 4녀를 두었다고 하니 아마도 편지 속의 동무가 바로 김성진 씨의 권속이 아니었을까 짐작해 본다. 그의 아들은 서울대 의대를 졸업하고 미국에서 아버지의 의업을 이었다고 한다.

호국군 현역 동기로 충청도 청년과 서울의 세련된 학생이 영등포 포병학교에서 만나 사귀었을 것으로 보이는데 이 동무의 병원장(김성진) 고향이 충청도 부여이니까 그분과 동향인 우리 아버지에게 그는 다른 동료 신병들보다 더 애정을 느꼈을 것이다. 그래서 휴일이면 같이 광화문 근처 서린동 병원에 가서 놀았던 게 아닐까 한다. 멍청도(충청도를 얕잡아 부르는 말) 양반, 시골 촌놈으로 아마도 많은 것을 보고 듣고 느꼈을 줄 안다. 그리고 훈련병으로서 군사교육을 받은 영향도 있었겠지만 학식이 많은 동무가 부럽기도 하고 청년으로서 야망野望도 있었을 것이기에 내심 신분 상승욕구가 불같이 타올랐을 것이다.

그러한 것을 표현하는 그림이 편지에 낙서 같이 그려져 있다. 위 편지

제목 '父親前上書' 바로 밑에 '上'자를 쓰고 그 밑에 그림을 그렸는데 두 사람이 서서 권투를 하는 것 같고 그 발치에 부채꼴 모양으로 여러 사람이 쓰러져 있다. 그 그림 위로 수직 화살표(↑)를 그려 '上' 자를 가리키고 있다. 단순한 낙서로 보기에는 의미意味가 범상치 않다. 그것도 정중한 표현을 하는 첫 편지에 뒷면도 아니고 제목 밑에다가. 한자 위상 자 '上'과 화살표 '↑'는 분명한 의지意志의 심리적 표현이다. 세상은 그처럼 경쟁競爭에서 싸워 이겨야 위로 올라가고, 그래서 보다 나은 삶을 살 수 있겠다는 청년 나름대로의 인생철학(삶의 방향과 삶의 방식)을 상징적으로 나타낸 것이라고 볼 수밖에 달리 해석할 길이 없다. 무엇보다도 한 가정의 가장家長으로서 어린 아들, 덕현德鉉이의 장래將來를 생각하며 남부럽지 않게 서울 사람들처럼 잘 살아보겠다는 생각이 그동안 어둠 속에서 살아 왔던 젊은 청년의 마음을 흔들어 놓은 게 아닐까 한다. 아직은 두어 주 짧은 기간의 부대 생활과 서울 생활이지만 아버지의 눈에는 벌써 앞으로 어떻게 살아야 할 것인가에 대한 의문의 답을 그렇게 정하였던 것이다.

편지 뒷면의 상단 여백에는 알파벳 'a, b, c, d……'를 연필로 쓴 낙서가 있다. 영어를 배우고 있는 중이었던가 보다. 포병학교에서 미군과의 소통과 미군이 남긴 대포나 중화기(기관총, 박격포 등)를 다루는 기술 교육을 받기 위해 필요한 영어를 배우고 있거나 동무가 상급학교를 다니다가 휴학 중이었을 것이므로, 미래의 삶을 위해 그에게서 영어의 필요성을 알게 되어 그것을 배우고 있다는 것을 간접적으로 드러낸 게 아닌가 한다. 어쨌거나 편지지에 영어의 글자를 썼다는 것은 심심해서가 아니고 앞으로의 삶을 생각하며 공부하겠다는 강한 의지를 반영한 것이라고 생각한다.

편지는 잉크로 쓴 펜글씨가 아니고 연필로 썼다. 아마도 놀러가서 편의적으로 쓴 것이리라. 뒤에서 제시할 그 후 두 통의 편지는 편지지가 동일하고 부대 내에서 쓴 것이라 푸른 잉크의 펜글씨이다. 두 번째 편지(1950. 2. 20)까지는 옛 글처럼 오른쪽으로부터 써 나가고 세로글씨를 썼다. 그러나 마지막 편지(1950. 3. 중순경)는 가로글씨를 썼다. 충청도 서당식 옛글 서식書式에서 벗어나 서양식 현대의 서식을 따른 것은 아마도 군 생활 일 년쯤 지나면서 눈이 신식新式에 익숙해지자, 과거 생활에 젖었던 구식舊式을 자연스럽게 바꾼 것이리라. 아버지는 좁고 어두운 세계에서 살다가 대처大處로 나와 몸과 마음이 그 만큼 현실 환경에 적응된 것이다.

편지에 쓰인 용어들을 살펴보면, 한자와 한글로 섞어 썼는데 편지제목, 소자, 부친, 모친, 아들 이름(덕현) 부대명(영등포 포병학교), 부대주소, 한문투의 구절 등 중요한 말들은 한자漢字를 사용했다. 한자는 오늘날 아버지 또래의 대학생들이 쓰는 솜씨와 비교하면 달필達筆이다. 그만큼 아버지는 서당에서 한문 공부를 열심히 했다고 보인다. 경어법도 그 시대를 잘 드러내는 충청도의 말씨를 사용한다. 그 중에 몇 가지 예를 들어 본다. '小子는 집을 떠난 후로'의 '소자小子', '불효자(不孝子, 뒤에 제시된 세 번째 편지에 쓰임.)', '제와 德鉉이도 충실하오며'의 '제(아내를 나와 동일시하여 낮추어 이름)', '엄친(嚴親, 세 번째 편지에 쓰임.)' 등과 '하오며', '하시오-', '-사오니', '-소서' · '-소이다' · '하시겟슴니가(세 번째 편지에 쓰임.)', '-십시요', '백부도 안영하신지 궁금하옵나이다'의 '-하옵나이다' 등으로 부모에 대해 극존칭(아주높임)을 사용하고 있다. 아버지는 충청도 양반으로서 전통적이고 깍듯한 예절의식을 지니고 지내셨다는 것을 알 수 있다. 오늘날 청년들과는 격세지감

隔世之感이 있다.

그런 전통은 면면히 후대로 이어져 가야 하는데, 어법語法을 간편하게만 사용하고자 하여 경어법을 소홀히 하는 경향이 있다. 이대로 흘러가게 두어야만 한단 말인지. 경어법은 인간의 윤리의식과 불가분의 관계에 있고 사회질서를 바로잡는 데 큰 기여를 한다. 노파심에서 하는 군더더기 말이지만, 경어법은 한국어의 특성 중의 하나로 그런 교육이 일면 우리말, 우리나라, 우리민족을 지키는 일이기도 하다. 후대들은 남의 나라가 무한처럼 생각되지만 남의 나라 그 맛을 아직 모른다. 오늘날 전 세계에 배를 타고 떠다니거나 유랑하는 난민들이 얼마나 많은가. 아버지의 경어법 사용을 보고 잠시 딴 생각을 해본 것이다.

편지의 말미에 쓰인 '이 편지는 서울 동무 집에 놀러가서 부치는 편지올시다'에서 사용한 용어로 오늘날 쓰는 '친구'라는 단어를 '동무'라는 말로 썼다는 사실이다. 내 어린 시절 1950년대에도 '동무'는 친한 사이에 사용했다. '동무 동무 씨동무 보리가 나도록 씨동무'라고 하는 동요를 책에서 읽은 기억이 난다. 1970년대 초던가 '어깨동무'라는 표제의 어린이 잡지가 있었으나 그 뒤로는 '동무'가 자취를 감추고 '친구'라는 말이 널리 현재까지 쓰이고 있다. 6·25전쟁 중 북한 인민군이 '동무'라는 말을 쓰게 되자, 이념을 달리하는 남한 사회에서는 빨갱이를 상징하는 말로 인식이 되어 금기시했다. 노랫말도 한때는 사상 검열로 '동무'를 못 쓰고 다른 말로 바꾸어 불렀다. 예를 들면 백난아의 찔레꽃의 1절 '…눈물 흘리며 이별가를 불러주던 못 잊을 사람아', 2절 '…… 삼년 전에 모여 앉아 노래하던 동창생 ……'의 '사람아', '동창생'이 그러하다. 지금은 자연스럽게 원가사의 '동무야',

'세 동무'로 방송에서나 모임에서 부르고 있다. 그런 연유로 1970년대 박상규의 '친구야 친구', 1980년대 조용필의 '친구여' 등에서처럼 이제는 여러 노래의 가사에서 '친구'가 쓰이고 있다. 아직도 일상생활에서 '동무'라는 말은 여전히 쓰기를 꺼려들 한다. 언어에까지도 전쟁에 의해서 수난당한, 슬프고 아픈 역사의 한 흔적을 21세기에 들어와서도 발견하게 된다.

그밖에 세 번째 편지 서두에 쓰인 '孟陽之節도 去하고 初春 春殷之節을 當하와 ……發揚之節에…'에서 아버지는 한문 세대로서 꽤 유식하다는 것을 알 수 있다. 내가 지식이 짧아서 그런지는 몰라도 '맹양孟陽'은 음력 정월(양력으로는 2월쯤 됨.)이라지만 '춘은(春殷, 봄 소리)'이나 '발양(發揚, 기운을 떨쳐 일으킴.)' 등은 서당에서 배운 한문책에 쓰인 말이 아니라면 자의字義를 모아 만든 말로 보이는데 좀 식자연識者然한 아버지의 태도가 엿보인다. 이밖에도 그 편지에 어려운 한자어들이 줄줄이 이어진다. '家內諸節도 다 均迪하시오며'에서 '가내제절(家內諸節, 집안의 손윗사람들의 기거동작을 높여 이르는 말. 남의 집안에 대해서는 宅內諸節을 씀.)', '균적(均迪, 국어사전에 없는 말로 '고르게 편안함'을 뜻함.)', '…願聞이로소이다'의 '원문(願聞, 듣고 싶음.)', '…不孝子는…客地眼食이 여전하오며…'의 '안식(眼食, '먹고 자고 하는 일'을 뜻하는 것으로 보이는데, 가령 '환절기에 眼食이 여전하시온지 궁금하옵니다.'로 더러 사용하기도 함.)', 그리고 '餘는 初春 日氣가 甚히 怪宜하온데 氣體候萬安 하압심을 祝伏하노이다'에서 '여(餘, 이 한자는 '나머지'의 뜻으로 쓰이는 경우에 余와 仝字로 대명사 '나'를 문어적으로 이를 때 쓰이는 '余/予'를 '餘'로 표기한 것임.)', '괴의(怪宜, 宜는 疑로 표기해야 할 것으로 보이나 아버지가 쓰신 그대로 해석하자면 '정말 보통과 다름' 즉 '정말(혹은 과연) 이상야릇하여 정상적이 아님' 정도로 풀이할 수 있을 것 같음.)', '축복(祝伏,

엎드려 빔.)' 등이 그러하다.

그 편지의 다른 구절 "…嚴親의 片紙을 잘 讀書하였읍니다… 山所 앞편에 暗葬하였다는 것도 알었읍니다… 너무나 不安히 生覺('생각'은 순 우리말임. 과거에 한자로 그렇게들 썼음.)마옵소서 그러나 젊은 血氣로는 一時에라도 歸家하야 해결하겄읍니다마는 一片 軍人에 몸으로서… 不孝子息이라도 다음 休暇에 가서…"에는 아버지가 얼마나 효심孝心이 있고 가정에 대한 책임감責任感이 있는지에 대한 내용이 들어 있다. 충남 서천에 있는 선영 아래 암장한 묘를 걱정하는 아버지(할아버지)의 편지를 받고 너무 불안히 생각 마시라는 글로 아버지를 위로하며 휴가에 가서 해결하겠다는 답신을 보낸 것이다. 젊은 혈기로 다급한 마음이겠으나 군인의 몸으로서 나라에 대한 충성심忠誠心과 또한 책임감에 마음을 삭이는 아버지의 표정을 읽을 수 있다.

그런데 참 신기한 일은 할아버지와 아버지가 한글을 사용했다는 사실이다. 물론 어머니도 한글을 아시기는 한다. 한문은 서당에서 배웠다 치고, 할아버지는 어디서 배웠는지 아래아자 '·'가 들어간 한글로 인쇄되고 띄어쓰기가 안 된 누렇게 빛바래고 하도 봐서 표지가 떨어진 삼국지 책 여러 권을 눈이 오는 밤이면 사랑방에 누워 돋보기를 쓰시고 유비와 관우 그리고 장비가 어쩌구 재갈량이 저쩌고 하면서 구성지게 리듬을 타서 좔좔 읽어 내려가시곤 했다. 비교적 유식한 편이어서 해방 전인가에는 동네일도 보셨다고 한다. 내가 취학한 후에 수년 동안 합수국민학교 육성회인지 운영위원회인지 아무튼 위원으로 위촉되어 학교에서 내편에 보내드리는 누런 봉투를 보시고 회의에 참석하시곤 했다.

아버지는 일제강점기에 소학교 교육에서 제대로 한글 배우기가 어려웠던 점을 감안하면 야학을 통해 배웠거나 어깨너머로 익혔을 터이다. 편지의 글씨가 한자는 자신 있게 썼으나 한글은 받침이나 띄어쓰기 등이 현재의 어문 규정과 좀 다르고 사투리 등을 써서 그렇지, 의사 전달에는 전혀 무리가 없다. 최소한 의사소통을 위해 즉 낫 놓고 기역자 'ㄱ'도 모르는 무식한 사람이 되지 않기 위해 한걸음 더 나아가서 잘난 사람, 훌륭한 사람이 되기 위해서, 그 당시에 문자(한글과 한자)의 소중함을 알고 열심히 배운 덕에 그런 편지를 쓸 수 있었을 것이다.

편지 내용을 보면 아버지는 단순히 내 가족만이 아니고 권속 전체와 이웃으로까지 확대해서 자상仔詳하게 안부를 물었다. 부모, 동생 정길, 아내, 아들 德鉉(편지에 아들을 한글로 '덕현'이라고 쓰지 않고 굳이 무거운 한자로 썼다는 것은 아들이 그만큼 소중하고 사랑스럽다는 아버지의 마음을 나타낸 것임.), 함적굴(아버지가 '함적골'을 '함적굴'이라고 부르고 적었듯이, 아들인 나도 지금까지 외갓집 동네를 그렇게 불러왔음.)에 사는 작은아버지와 고모(영신으로 절에 있다가 함적골 아들집에 기거하기도 함.), 처가, 각대리에 사는 백부(큰아버지), 두 번째 편지의 이웃집 부모(영창이 부친과 자당), 세 번째 편지의 동네 사람 등에 두루 관심을 가지고 군대 생활을 하셨다.

그만큼 아버지의 마음에는 끈끈한 유대관계의 범위가 넓다는 것을 알 수 있다. 누구도 빼놓을 수가 없다. 그렇지 않으면 왠지 죄스럽고 미안한 마음이 들어 괴롭기까지 한 것이다. 글쎄, 휴가를 마치고 떠나올 때 이웃집 어른들께 인사를 드리지 못한 것이 못내 죄송스러워서 두 번째 편지에 그 미안한 말씀을 전해 줄 것을 부모님께 당부하는 것이다. 그게 바로 우리 아버지이다. 심지어 세 번째 편지에서는 동네 사람들에게까지 마음을 써 무고한지 안부하는 것이다. 그 당시 우리네 아버지들은 다 그랬을 것이다. 오늘날 핵가족의 자기중심적 관계에서는 생각하기 힘든 일이다.

사실 내가 어렸을 때만 해도 명절이나 제삿날이면 큰할아버지네 식구, 작은할아버지네 식구가 모두 우리집에 와서 제사를 지냈다. 설이면 차례를 지내고 어른들을 따라 부엉재골 선영에 성묘를 갔다 와서는 온 동네 어르신이 있는 집마다 동네 아이들과 떼를 지어 몰려다니면서 세배 드리고 차려내온 음식도 먹으며 하루를 보내곤 했다. 한집도 빼놓지 마라는 할아버지의 엄명嚴命이 있음은 물론이다. 그리고 할아버지는 사랑방에서 검은 말총갓, 흰 두루마기 등으로 의관을 정제한 후 세배꾼을 맞이하셨다. 그때(1950년대 중 · 후반)는 내 가족, 친척이 있고 이웃이 있었다. 이제는 아득히 먼 옛 이야기가 되고 말았다.

명절 이야기가 나왔으니, 나의 성격과 관련해서 아버지의 인품에 대해 하나 덧붙여 말하려 한다. 설날 차례를 지내고 떡국을 먹는데 내 수저가 아니라고 떡국을 안 먹겠다고 까탈을 부렸다. 할아버지는 아무 말씀이 없으신데 종조할아버지(작은할아버지)가 어린 나를 보고 꼴사나웠는지 '새끼를 버릇없이 키워서 되겠느냐'고 핀잔을 주웠다. 나이를 먹어가면서 그런 나의 성질과 비교하여 할머니나 어머니가 '네 애비(아버지)는 듬직하고 무척 과묵寡默하였다'고 하는 말을 들려준 적이 있었다.

편지의 여백에 '비밀'이라고 쓴 밑에 세 개의 세로줄을 묶음으로 표시하였다. 그 내용은 아버지(할아버지) 생신이 2월 14일(이 생신 월일은 음력이다. 당시는 음력으로 생일배기를 했음.)인데 휴가를 가려면 구실을 찾아야 하므로 백부 회갑을 핑계로 미리 전보를 치게 한 것이다. 계획대로 되었는지는 모르겠지만 신병으로서 시골 출신 치고는 주도면밀周到綿密한 성격의 소유자로 보인다. 그렇기는 하나 아버지의 순박성淳朴性을 감추기는 어렵다. 다른 지역도 그렇겠지만, 한 가정에서 아버지의 생일은 충청도 양반 사회에서는 가장 비중이 큰 날이다. 자식 된 도리로 그날만은 하던 일을 제치고 온 가족이 모여 생신 상을 차려 드려야 하는 것이다. 아버지의 의식 속에 효의 개념이 그렇게 박혀 있었던 것이다. 그뿐이랴 신병으로 집 생각에 특히 아들 덕현德鉉이가 눈에 아른거려 하루라도 빨리 휴가를 받아 집에 가고 싶은 마음이 굴뚝같았을 것이다. 이런 조급한 마음은 서울 林東洙(임동수)의 주소를 답장에 적어 속히 보내달라는 부탁에서도 나타난다.

이분은 고향에서 일찍이 상경하여 을지로에 자리를 잡고 살았다고 한다. 아버지보다는 조금 연상으로 6·25 때 피난 내려와 수년을 한 동네에 살았다. 그 집 큰아들과는 벌거숭이 동무로 함적굴 옆 시냇가 근처에 위치한 합수국민학교를 함께 다녔다.

아버지는 한 주의 포병 교육이 끝나고 일요일이면 동무 집에 가서 놀기도 하고 서울 구경도 하며 지냈을 것이다. 그래도 서울이라고 하는 물설고 낯설은 거대 도시에 지인知人이 거의 없으니 젊은 혈기에 무척 심심하고 외로웠을 것이다. 아마도 물속의 지푸라기라도 잡고 싶은 심정으로 고향의 임동수 씨가 생각났을 것이다. 두 번째 편지를 보면 문산(임진강변 인근에 위치한, 현재 경기도 파주시 문산읍)에 있는 부대(제6포병대대가 영등포 야전 포병단에서 후에 배치된 부대로 보임.)로 가기 전날 서울 동수 집에서 놀다 들어간다고 쓰여 있다. 그렇다면 영등포 부대에서 더러 한강을 건너올 때에는 동무 집이나 임동수 씨 집에 들렀을 것으로 추정된다. 아버지는 객지에서 그처럼 지인을 만들어서 왕래하며 부대 생활을 했던 것이다. 그러니까 외톨이로 살지만은 않은 것이다.

뒤에서 얘기가 되겠지만 우리 동네에서 임동수 씨는 서울양반으로 불리었다. 해방 전이나 후나 경성 서울이라는 곳은 아주 먼 곳으로 보통 사람이 가기가 힘든 곳이었다. 하기야 우리 어린 시절에는 십리 밖으로 나가는 것도 멀고 두려웠다. 또한 신작로(新作路, 새로 닦은 큰 길로 차가 다닐 수 있는 길을 그 당시에는 구어로 '신장노'라고 불렀음.)에 버스가 뿌연 먼지를 일으키며 지나가는 것만 보아도 구경거리였다.

그 시절은 반산 저수지 옆 합송 근처의 노화리에 사는 당고모 집에나 은산, 논티 같은 5일 장에 할머니를 따라 나가서야 자동차를 볼 수가 있었다. 국민학교를 다니면서 부여 낙화암으로 원족(遠足, 당시에는 '소풍'을 일제강점기처럼 그렇게 불렀음.)을 가게 되었는데 은산보다 더 큰 도회지 부여 읍내를 처음 보고는 어리둥절하고 주눅이 들었다. 그러니 그때는 서울에 갔다만 와도 출세한 사람처럼 느껴졌다. 하물며 거기에서 살거나 살았던 사람이라면 '서울양반'인 것이다. 사실 옆 동네 아무개가 서울에 가서 무엇을 했는지는 잘 모르겠지만, 몇 달 혹은 일 년쯤 머물다가 명절에 내려와서는 서툰 서울 말씨를 써대며 으스대던 일이 있었다. 그 모습이 희미하게나마 머릿속에 남아 있다.

내 어린 시절 한참 전 6·25전쟁 전의 서울이라는 곳은 더더욱 참 아무나 가기가 어려운 곳이었다. 최순애 작사, 박태준 작곡의 동요 '오빠 생각(1925)'의 가사 1절 '뜸북뜸북 뜸북새 논에서 울고, 뻐꾹뻐꾹 뻐꾹새 숲에서울 제, 우리 오빠 말 타고 서울 가시면, 비단 구두 사가지고 오신다더니' 에서처럼 오빠가 말 타고 가신 곳으로 아주 먼 동경의 세계가 서울이었던 것이다.

2부

송악산 전투에 쓰러진 전우여

아버지의 군대생활 경로經路

아버지가 본격적으로 군 생활을 하게 된 것은 아마도 첫째 편지에 쓰인 주소대로 '서울市 永登浦區 堂山洞 陸軍野戰砲兵團 第六大隊 第三中隊 三小隊'에서 포병학교를 다니며 교육을 받은 후일 것이다. 그러면 어디에서 어떻게 군 생활을 했는지 탐색하여 보기로 한다. 그 단서端緖를 유품 중 송악산 전투 기념사진(1949. 9. 뒤의 P.81쪽 '송악산 전투와 아버지'에 게재되어 있음.)과 두 번째 편지에서 찾을 수 있다.

송악산 전투 기념사진 속의 아버지는 의젓하고 늠름한 모습으로 포스(force)가 느껴진다. 권총을 차고 쌍안경을 목에 건 것은 지휘관의 모습이다. 저 유명한 인천 상륙 작전의 맥아더를 연상할 수 있을 것 같다. 여기서 분명하게 들어나는 것은 역시 아버지의 신분상승 욕구라는 것이다. 그 모습이 그것을 말해주고 있다. 그런데 입대 기간으로 보아 아직 권총을 휴대할 계급이 아닐 것으로 생각한다. 일개 사병이 권총을 차다니. 아버지 동료의 송악산 전투 기념사진(1949. 8. 뒤의 '송악산의 전투와 아버지'에 게재되어 있음.)에는 M1 소총을 메고 찍은 모습이다. 그렇다면 어떤 이유가 있겠는데 그 전투에서 혁혁한 공을 세웠을는지는 모를 일이다. 아니면 그 당시는 군 초창기였기에 전투에서 지휘관이 유고有故가 되자 장교 자원 부족에 포병소속 선임 병사인 아버지가 현지임관이 되었을는지도 모른다.

아버지의 사진에 '송악산 전투 기념 4282(기원紀元은 단군기원檀君紀元, 단기檀紀인데, 서력기원西曆紀元, 서기西紀로는 1949년임.) 9月'이라고 박인 것을 보면, 대체로 1949년 9월 이전 송악산 전투에서 아버지가 북한군과 싸웠다는 것을 말해준다. 송악산 전투는 1949년 5월 4일에 시작되었다. 뺏기고 뺏는 공방전이 6월에도 계속되었다. 송악산 전투 발발 경위에 대해서는 뒤에서 좀 더 구체적으로 밝히려 한다. 아버지는 1949년 5월 4일 이후부터 6월 말이나 늦어도 7월 사이의 전투에 참가한 것으로 여겨진다. 『6 · 25전쟁사 1(국방부 군사편찬연구소)』의 제4절 38도 선상 국지도발의 상황도(뒷장 사진)에서 5월 4일부터 개성지구 작전이 개성시 북쪽 38도 선상의 송악산, 292고지, UN고지, 비둘기고지 등에 있었음을 보여준다.

그리고 아버지의 유품 중에 전우의 사진이 한 장 있는데, 역시 송악산 전투 기념으로 박인 날짜가 4282년(1949년) 8월 17일이다. 아버지의 그것보다 달로는 한 달이 앞선다. 이런 근거들을 바탕으로 추정하여 보면, 아버지는 송악산 전투가 치열하게 벌어진 5월과 6월~7월의 작전에 투입되어 싸우다가 전투가 잦아들면서 9월에 본대인 영등포 포병 제6대대로 복귀하지 않았을까 한다. 뒤에서 밝히겠지만 **개성지구 38선 경계를 맡은 제11연대가 송악산 전투 작전 중에 아버지가 소속되어 있는 영등포의**

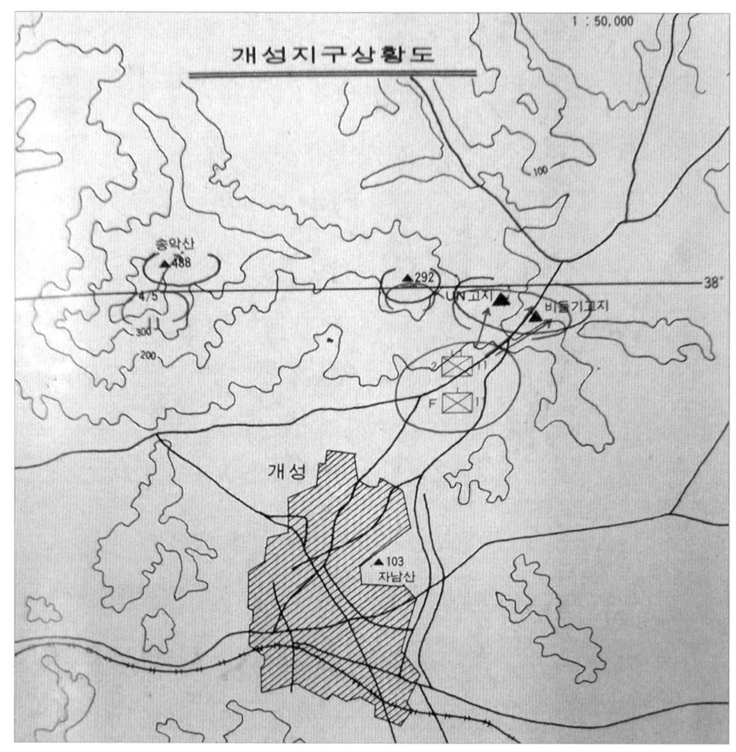

『육군본부 육군역사 사진집』 제1권에서. 38도 선상 주변에 반원형으로 개성시를 감제하는 송악산 고지, 292고지, UN고지, 그리고 비둘기 고지 등의 산세山勢를 알 수 있다.

야전포병단 제6대대의 화력 지원을 받는다.

정부수립 후 국군 창설 이래 미국의 무초 대사의 말처럼 38도 부근의 국지전 중 가장 심각한 위기상황의 격전이었기에 기념할 만한 전투였다.

그런데 영등포 포병학교 교육 후 아버지가 소속되어 있는 야전포병단 제6대대의 이동 경로가 우선 궁금한 것이다. 이것이 두 번째 편지에서 드러난다.

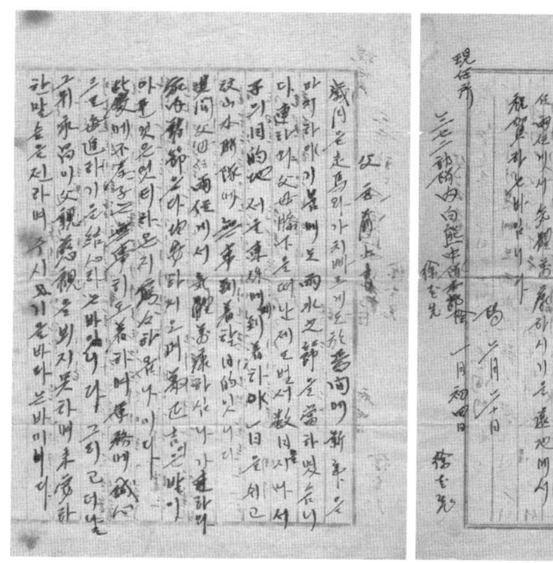
父母前上書

歲月은 走馬와 가치 빠르게도 於焉間에 新年을 마지하야 기분에도 雨水之節을 當하였습니다

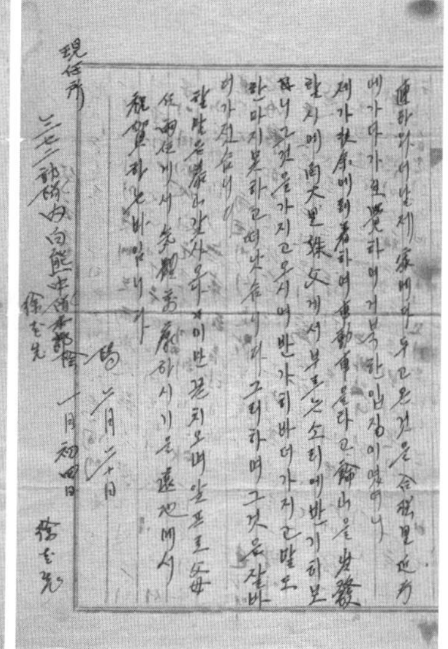

위의 편지에서 부친 날자가 陽(양력) 二月 二十日이고 陰(음력) 一 月 初四日(초사일)이다.

서두에 부모 슬하를 떠난 지도 벌써 數日(수일)이 지났다고 하였으니 집을 떠난 시기는 1949년 섣달그믐(음력 12월 말) 무렵일 것으로 추정된다. 그러니까 새해 음력설(1950. 1. 1.)은 서두 '歲月은 走馬와 가치 빠르게도 於焉間에 新年을 마지하야 기분에도 雨水之節을 當 하였습니다'의 표현대로 군에서 맞이한 것이다. 신년 음력설은 대개 대동강물이 풀리고 봄비가 내리는 雨水之節(우수지절)이 들어있는 정월 즉 양력 2월에 든다. 아버지도 그걸 느낀 것이다. 그리고 서울 東洙(동수)네 집에서 하루 쉬고 목적지인 汶山(문산은 경기도 파주 위쪽 임진강 근처에 위치함.) 本聯隊(본 연대)에 무사히 도착할 것이라고 한 것은 송악산 전투에 투입되어 작전 수행을 마치고 영등포 포병대에 돌아와 있다가 전속 명령을 받고 배속 부대(문산)로 가기 전에 서울에서 하루를 묵은 게 아닌가 한다. 뒤에서 밝히겠지만, 그 근거로 문산에 본부本部를 둔 11연대가 1949년 5월 4일에 벌어진 송악산 전투에 화력 지원을 받기 위해서 영등포 야전포병단에 요청을 하여 제6포병대대를 투입했다는 것으로 보아 그 개연성은 크다. 아버지는 포병 교육을 받은 후 영등포 포병단 제6대대에서 송악산 전투에 참가하여 작전수행을 마치고 귀대하고 있다가 그해 음력 12월에 고향에서 휴가를 보낸 게 아닌가 한다. 그리고 다음해 1950년 2월 20일, 음력으로는 1950년 1월 4일에 영등포 부대가 아닌 새로운 현주소를 그 편지에 써 넣었다는 것이 그것을 방증하는 것이다. 바로 이 '三七二部隊內 白熊中隊本部 徐圭先(372부대 내 백웅 중대 본부 서규선)'이라는 주소는 아버지가 영등포에서 문산으로 간 후 첫 편지에 써서 부친 것이다. 이 주소의 372부대는 문산의 11연대 예하부대라고 판단된다.

전투 경험(개성의 송악산 전투)을 한 후 그렇게 배속된 새 부대에서 부친 편지에 '此處(이곳)에 不孝子는 無事히 도(到)着하여 軍務에 誠心으로 每(邁)進하기로 結(決)心하는 바입니다'라고 써서 군인으로서 나라에 충성하겠다는 결심을 당당하게 밝힐 수 있음으로써 고향의 부모를 안심시키는 것이다. 당시 아버지의 마음에 책임감, 애국심, 그리고 효심으로 충만함을 읽을 수 있는 대목이다.

어머니가 생전에 아버지의 군번 이야기를 하신 적이 있다. 그 이야기가 두 번째 편지에 그대로 씌어 있다. 편지 속의 각대리(고향집 안터에서 약 2㎞ 떨어진 산속 동네) 매부(당고모부)는 큰할아버지 사위로 무슨 연유인지 모르나 얼마동안 우리집 뒤쪽에 딸린 골방에서 곁방살이를 하고 있었다고 한다. 처남이 휴가를 마치고 떠날 때에 미처 챙기지 못하고 놓고 간 군번을 갖다 주기 위해 그 추운 겨울 이른 아침에 자전거를 비벼 타고 규암 백마강 부교浮橋를 건너는데 버스가 백사장을 떠나려고 붕붕대더란다. 그때는 백사장이 종점도 되며 버스가 장항, 홍산, 논티를 지나 서울이나 논산으로 가기 위해 규암 수북정 아래 백마강을 배로 건너 안착하는 경유지이기도 했다. 가까스로 논산으로 향하는 버스 차창으로 군번을 주고서야 길섶에 쓰러졌다는 것이다.

아버지는 규암면 송당('합송리'의 옛 자연부락 중 한 이름인데, 내 어린 시절에도 '합송'을 '송당'이라고 불렀음.) 근방에 가다가 갑자기 군번 생각이 나서 목에 군번을 걸지 않은 것을 깨닫고 몹시 당황이 되었을 것이다. 다시 되돌아가기에는 너무 멀고 어중간한 거리여서 좀 불편한 심정으로 어쩔 수 없이 합송 정류장에서 부여로 가는 버스를 탔다. 규암에 도착하면 자동차가 바지선(barge船)으로 강을 건너기 때문에 시간이 걸린다. 아버지는 내려서 강바람에 출렁대는 부교浮橋를 건너 버스 종점 백사장으로 향한다. 그리고 군용열차를 타기 위해 논산행 버스에 올라 불안한 출발을 하면서도 혹시나 하는 마음으로 차창 밖을 보자 매부가 저만치서 자전거로 소리를 지르며 오고 있다. 얼마나 고마웠겠는가.

일제강점기(1921년)에 처음 설치되었던 그 부교는 김종필 국회의원(부여군) 시절 1968년에 백제대교가 개통되면서 역사 속으로 사라졌다. 딴 얘기이지만 김종필 씨는 1926년생이고 호적상으로 아버지는 1927년생이다. 연배인 이 분들은 같은 부여군 출신으로 서로 알지는 못했지만, 정부수립

(1948. 8. 15) 전후로 조선경비대와 호국군 현역으로 각각 입대하여 6·25를 겪으며 생사를 달리한 것이다. 나도, 내지리 합수 국민학교에서 걸어서 부여로 원족을 갈 때에 뇌리에 '아버지'라는 개념이 전혀 없이 아버지가 건넜던 부교(浮橋, '출렁다리'라고도 했음.)를 처음으로 건넜었다.

그러나 이 무슨 기구한 운명의 장난이란 말인가. 그때 그 군번이 아버지에게 전달만 되지 않았더라면 하는 아쉬움이 지금 아들인 내게 절실하게 남는다. 군번만 있다면 보다 확실한 아버지의 행적을 찾아 볼 수 있을 텐데 그렇지 못한 것이다.

아버지의 유품 중에 4290년(1957년) 4월 3일자로 육군본부에서 보낸 '전사확인증(뒤의 P.200쪽 '서울로 떠난 어머니와 전사통지서'에 게재되어 있음.)'이 있다. 여기에 쓰인 아버지의 군번이 0346691이다. 이 군번이면 아버지의 군의 행적을 찾을 수 있지 않을까 하여 충남 계룡대 육군본부에 문의한 결과 034로 시작하는 군번은 6·25전쟁 후 육본에서 부여한 전사번호라는 것이다. 그러니까 가군번이지 진군번이 아니다. 전사확인증의 아버지 소속이 '기연대'이다. 이것은 기갑연대機甲聯隊의 준말이 아니고 幾聯隊(기연대)로 봐야 맞다. 부정不定의 수관형사 '몇'에 해당하는 한자 幾를 쓴 것이다. 소속 연대를 알 수 없으니 '몇 연대'라는 뜻으로 '기연대'라 한 것이다. 그래서 전사자에게 임시 번호가 주어진 것이다. 아버지의 전사와 관련된 부분은 이 글의 후반부에서 좀 더 기술하기로 한다.

송악산 전투 발발 경위經緯

송악산 전투의 발발勃發 경위는 『6·25전쟁사(국방부 군사편찬연구소 참고)』에 따르면 대강 다음과 같이 알려져 있다.

38도선 경계선에서 분쟁이 갑자기 일어날 소지는 광복 직후인 1945년 9월 말로 거슬러 올라가 미군과 소련군이 38도선 일대에 초소를 설치한 데 연유한다. 38도선 부근에 초소가 설치된 이후부터 미군과 소련군이 38도선에서 철수하기까지의 분쟁은 대체로 미군과 소군, 미군과 북한의 38경비대, 남·북한 청년단체 대원들의 충돌이나 경계초소를 사이에 둔 경찰 간의 총격전과 같은 양상을 띠는 것이었다.

정부수립을 전후하여 38도선 접경지에서 약탈, 납치, 보복 등 이질적 체제에서 오는 대항의식, 경쟁심 그리고 적대감 등이 가열되자 이에 국군은 북한의 게릴라 침투와 민간인의 월경을 봉쇄하기 위해 경비를 강화하였다. 북쪽에서는 이미 38도선 경비를 맡고 있던 북한 주둔 소련군이 1948년 10월 12일을 전후하여 철수하기 시작하면서 북한경비대가 그 경비를 인수하여 진지를 구축하고 있었다. 이에 남한에서는 이승만 대통령이 정부 수립 직후 반공청년들로 구성된 특별경비단을 38도선에 배치하여 북한의 침공에 대비하였고 또 주한미군이 1948년 말까지 대부분 철수하면서 한국군·경이 부분적으로 초소를 인수하기 시작하였다.

주한미군 철수의 반대 입장에 있던 한국정부는 1949년 4월 12일 철군 문제(이때의 철군은 아직도 부분적으로 남아있는 미군의 완전 철수로 사료된다. 그 후 두 달 뒤인 6월 말에 미군은 일부 고문단만 남기고 모두 철수함.)를 가지고 찾아온 주한미국대사 무초(John J. Muccio)와 협의하여 군사원조를 통해 국군을 강화한다는 전제하에 철수에 동의하였다. 그런데 뉴욕 타임즈(New York Times)와 같은 외신들을 통해 철수설이 국내에 알려지자 이승만 대통령은 사회 전반에 걸쳐 팽배해 있던 남침 위기감에 대하여 만일 북한이 남침하면 강경한 입장으로 그에 대응할 것이라고 강조하였다. 남침위기설과 강경한 대북입장이 집중적으로 표명되던 1949년 5월초 개성을 비롯한 몇몇 지역에서 전투가 발발하였다. 무초 대사에 의하면 개성 전투는 가장 심각한 위기상황이었다고 평가될 만큼 크게 격화되었다.

개성지구에서의 충돌은 송악산(488고지)과 292고지로 집중되었다. 송악산은 개성 시가지를 감제(瞰制, 내려다보고 감시하며 제어함.)하는 주요 고지이며 292고지는 송악산의 동측을 감제하는 고지였다. 이 지역의 방어를 맡은 제11연대(연대장 최경록 중령, 이 연대는 제주도 4·3무장공비 소탕작전 지원을 한 후, 38도선 경비를 맡게 됨.)는 임진강변 문산(汶山)에 본부를 두고 송악산 일대에 진지구축 작업을 하고 있었다. 이 전투는 1949년 5월 4일 송악산 동편에 위치한 개성 북동쪽의 292고지에서 시작되었다. 이 전투의 발단은 국군이 북한군의 진전(陣前)에 진지를 구축하자, 북한군이 이를 저지할 목적으로 공격을 가한 것이었다. 이날 북한군의 대규모 공격을 받아 292고지뿐만 아니라 그 주변의 유엔고지 비둘기고지 등을 상실하게 되었다. 38선의 주요 고지들에 의해 반원형으로 감싸인 개성이 위협에 처하자, 제11연대장은 문산에 교육 중인 병력의 일부와 훈련나간 하사관교육대로 증원하여 반격태세를 준비하였다. 화력지원은 제11연대에 배치되어 있던 포병중대(한광선 중위)의 105mm포 5문과 **서울 영등포의 제6포병대대** 15문, 57mm 대전차포 등의 2개 중대가 담당하였다. 많은 인명 손실을 가져온 송악산 일대의 북한군 침공에 특공대로 자원한 용사들이 포병의 지원사격하에 비둘기고지로 분진하였다. 북한군이 각 토치카(러시아어 Tochka에서 유래된, 영구적인 진지라는 뜻)에서 기관총으로 치열한 사격을 가하였기 때문에 목표지점으로의 접근이 용이하지 않았다. 이에 각 특공대원들은 당일 14시에 지정된 특화점(견고하게 구축한 진지로 중화기, 관측 장비 등을 갖추고 있다. 토치카라고도 함.)으로 박격포탄을 들고 돌입하여 장렬하게 자폭함으로써 마침내 북한군의 특화점을 파괴하는데 성공하였다. 곧이어 후속 병력이 고지를 탈환하고 뒤이어 292고지도 무난히 탈환하였다. 그러나 국군 제11연대 제1대대는 북한군의 대대적인 반격을 받아 일진일퇴의 공방전을 전개하였다. 이러한 공방전은 반복되어 결국 제11연대는 송악산의 하단 등대고지와 비둘기고지를 확보한 채 사격전을 반복적으로 계속하였다.

개성부근에서의 전투가 크게 확산되었던 것은 5월 4일에서 5일 사이에 발생한 국군 제8연대 제1대대(표무원 소령)와 제2대대(강태무 소령) 등 2개 대대의 집단 월북사건과도 일정한 관계를 갖고 있다고 한다. 당시 좌익

협의를 받고 있던 그 두 소령은 숙군(肅軍, 기강이 서 있지 않은 군을 엄하게 다스려 부정을 없애는 것)의 위기상황을 모면하기 위하여 훈련을 위장하여 38도선으로 접근한 뒤에 대대를 이끌고 월북하였다. 이 과정에서 월북에 반대한 몇몇 중대들은 탈출하여 복귀하였다.

여기서 잠시 생각하고 넘어갈 것이 있다. 8 · 15해방 후 한반도는 영토도 분단되었지만, 사람들도 사상이나 이념을 달리하는 좌익과 우익으로 나누어지고 있었다. 또한 정부가 수립되었다고는 하나 민족관은 비교적 투철한데 반해 국가관은 아직 그렇지 않은 사람들이 적지 않았다고 보인다. 그리고 우리 군대가 특수사회이긴 해도, 창설된 지 얼마 되지 않았거니와 선임 장교들이 대부분 일제강점기에 복무한 사람들로 그 중에는 생계를 위해 국방경비대에 지원한 사람들도 있었을 것이기에 북한의 공작에 넘어갔다면 당연히 비협조적이었겠지만, 이념적으로 국방의 의무를 충실하게 수행하지 않을 수도 있었을 것으로 생각한다. 아직도 일부 그들에게는 공산주의냐 민주주의냐는 선택의 문제일 수도 있었을 것이다. 이것이 당시 우리 군으로서는 치명적인 것이라고 볼 수 있다. 한 나라의 방위는 투철한 애국심과 충성심을 지닌 국군을 기반基盤으로 하여 이루어지는 것이다.

그러한 국군의 집단월북 사건은 북한에게는 대단한 호기가 온 것으로 받아들여졌다. 『6 · 25 전쟁사 1』, '전쟁의 원인과 배경'에 의하면 김일성이 북한인민군 창설 1주년 연설에서 국군은 여수 · 순천 10 · 19사건, 강 · 표 월북사건, 해군함정 월북사건 등으로 거의 붕괴직전에 있다고 선전할 만큼 크게 고무되어 있었다는 것이다.

송악산 전투와 아버지

개성 북쪽 38선 부근의 송악산 일대 진지구축 작업을 하는 중에 북한군의 공습을 받은 제11연대는 예하 포병부대로 1개 포병중대(중대장, 한광선 중위)의 1개 포대(대포 5문)만 있었다. 이는 앞의 '송악산 전투 발발 경위'에서 밝힌 바이다. 그리고 내가 직접 국방부 군사편찬연구소 연구 담당자(남○○)에게 들은 바로는 당시 1개 사단에 대체로 1개의 포병대대가 배치되었을 것이라고 한다. 그렇다면 제1사단에 속한 제11연대, 제12연대, 제13연대 등에 각각 1개 포병중대가 예하부대로 배치되었을 것이다. 그래서 송악산 전투 발발 시 열악한 상황에서 겨우 38선 경비정도의 105㎜ 견인곡사포 5문을 가진 포병중대가 제11연대의 화력지원을 담당하게 된 것이다. 지금 포병중대의 1포대 곡사포는 6문이라고 하니 정부수립 후 철군하는 미군이 사용하다 넘겨준 화기가 충분치 못하여 5문으로 1개 중대를 편성하지 않을 수 없었던가 보다.

그러면 당시 포병의 주화기 대포인 곡사포에 대해서 잠시 그 장단점을 대강 알고 이어가기로 한다. 곡사포에서 가장 중요한 것 중 하나는 초탄初彈의 발사 시간이라는 것이다. 이는 적 포병보다 먼저 정확하게 쏘는 것이 최우선이기 때문이다. 최신 곡사포인 K9 자주포는 자동화된 사격통제 시스템을 갖추었으나 견인곡사포 105㎜는 수동시스템이기 때문에 사격 시간이 꽤 걸린다. 그리고 사정거리가 짧아 겨우 8㎞ 내외 수준에 불과하고 적 포탄의 파편을 막아줄 장치가 없다. 포격을 당했을 때 1문의 곡사포에 요구되는 포병들[포수, 사수, 조종수, FDC(사격지휘봉, 화포가 포탄을 발사해야 할 곳의 좌표를 계산하는 군인) 등]이 은신할 장치가 없기에 몰살당할 수 있다. 이런 것들이 이 곡사포의 약점이기는 하나 2.5톤이나 5톤 트럭에 매달아 포병과 포가 같이 움직여 전방 산악지역과 험지에 자유자재로 갈 수가 있는 것이다. 그리고 이 대포는 포신에 다리가 있고 바퀴가 달린 경량급 화기로 포병 4명이면 들어 옮길 수 있다. 다음 사진이 당시 105㎜ 견인곡사포이다.

국방부 『**국군50년사 화보집**』에서

38선이 그어지면서 일어난 분쟁들은 그렇게 큰 것이 아니었으나 개성지구 송악산 전투는 이전과는 완연히 다른 대격전大激戰이었다. 제11연대의 1개 포병중대로는 적의 포격을 감당키 어려웠을 것이다. 그래서 제11연대장 최경록 중령(1920년생으로 일본육군예비사관학교졸 해방 후 군사영어학교졸)은 서울 영등포에 있는 야전포병단(포병단은 연대에 해당한다. 그 예하부대로 여러 개의 포병대대가 있음.)에 긴급 화력지원을 요청하였다. 이에 제6포병대대에서 차출된 포병으로 중대를 만들고 노재현 대위(이분은 아버지와 비슷한 연배인 1926년생으로 현 육사 전신인 조선경비사관학교를 나와 포병 창설 당시 중위의 계급으로 영등포 잠정 야전 포병단 제6대대 대대장으로 출발하여 1949년 송악산 전투, 1950년 6·25전쟁 등을 두루 치름.)에게 전투 임무를 맡겼다. 그리하여 그 포병대는 15문의 105㎜ 견인곡사포를 끌고 올라가 개성지구 송악산 전투에 긴급 투입이 되었던 것이다.

제6포병대대에 소속한 아버지도, 영등포에서 105㎜ 곡사포를 견인하는 트럭에 올라 앉아 동료 대원들과 함께 푸른 한강을 내려다보며, 한강인도교를 건너 북으로 향했을 것이다. 계절의 여왕 5월, 군용 트럭들은 줄지어 뽀얀 먼지를 일으키며 파란 하늘 밑 무악재를 넘어갔다. 그리고 수색을 지나 문산 제11연대 본부에 들러 점심을 들고 잠시 휴식을 가진 다음, 지척의 임진강 다리를 건너 개성지구로 올라갔다.

겨울의 끝자락부터 봄내 미군의 중화기를 다루는 교육과 훈련을 받으며 좀 지루하게 지내던 차에 실전實戰에 나간다고 생각하니 젊은 혈기에 설렘과 패기는 있으나 두려움이 아버지의 온몸에 은근히 퍼지는 것은 어쩔 수 없었다. 앞에서 언급했지만 사실 그해(1949) 봄에 우리나라 최초로

105㎜ 곡사포를 이용한 포병 사격훈련이 경기도 광주 근처에서 실시되었다. 이때 아버지도 대한민국 제1기 포병으로서 대포를 처음 쏘아보는 경험을 갖게 되었던 것이다.

군(포병) 차량 행렬이 개성 시가지를 지나 송악산 인근으로 접어들었다.

이따금 포성이 산중을 뒤흔든다. 멀리 가까이서 기관총소리가 들린다. 이미 송악산 일대 고지들이 적의 공격에 상실된 상태였다. 지형이 급경사이고 적의 토치카 진지가 있었기 때문에 인명손실이 더욱 가중되었다.

국방부 『**국군50년사 화보집**』에서. 왼편에 적의 요새화된 토치카가 바라보이는 송악산 486고지의 국군감시초소

그러자 제11연대에서는 북한군의 특화점을 파괴하기 위해 특공대 투입을 결정하였다. 이에 특공대로 자원한 용사들이 적의 토치카가 있는 고지로 분진奮進하였다. 이들을 위해 지원 명령을 받은 아버지 포병부대원들은 105㎜ 곡사포를 발사하기 시작했다. 포연이 자욱하고 대포소리에 온 천지가 진동하였다. 그러나 적의 진지가 급경사에 있어서 포격이 여의치 못했다.

그러자 특공대원들은 지정된 적의 특화점으로 박격포탄을 들고 기어 올라갔다. 각 토치카에서 북한군이 기관총으로 치열한 사격을 가하였다. 일부 대원이 총탄에 맞아 굴러 떨어졌다. 나머지 대원들이 포복하여 가까스로 목표지점에 접근한다. 그리고 숨 쉴 틈도 없이 재빠르게 박격포탄을 들고 진지에 돌입한다. 콰앙! 포탄 터지는 소리가 천지를 뒤흔든다. 일시에 총격과 포성이 멈추고 주변 산속에 적막감이 감돈다. 멀리서 희미하게 보이던 토치카가 파괴되어 뿌연 연기 속에 그 잔해만이 남아있다. 이를 바라보던 주변 전우들은 표적을 없앴다는 시원함과 승리의 기쁨보다 순간 억장이 무너지는 슬픔이 가슴 저변에서 치밀어 오른다. 멀리 포대 옆에서 아버지도 멍하니 이 광경을 보다가 산화한 전우를 그리며 울컥하는 마음에 손으로 포신을 친다. 이 대포가 제대로만 적중했더라면 하는 안타까움에 마음이 납덩이처럼 무거워진다. 모든 보병들이 다투어 총격을 가하며 고지로 올라간다. 마침내 고지가 탈환되었다. 허나 얼마나 많은 전우戰友들이 이 송악산에서 쓰러져갔는가. 모두가 숙연肅然한 마음으로 머리를 숙여 묵념을 한다.

그러는 중에 내 머릿속에 송악산에서 어둠이 내리는 가운데 일부 병사들이 내려오며 합창으로 부르는 몇 마디의 노래가 계곡에 울려 퍼져 은은하게 들려온다.

'송악산 전투에 쓰러진 전우야'

이 노래가 언제부터 내 뇌리에 들어있었는지는 모른다. 어려서 방송을 통해 들었던 것인지, 성년이 되어 드라마나 영화를 통해 보고 들었던 것인지, 도무지 기억이 없다. 언제부턴가 노래 제목을 내 나름대로 '송악산 전투가'로 붙이게 되었다. 살아오면서 아버지의 유품 중의 '송악산 전투 기념 사진'을 간혹 떠올리곤 했었는데 그것으로 해서 그런 노래를 귀담았거나 아니면 자생적으로 노래가 된 것이 아닐까 한다. 혹시나 하는 마음에 육군본부 정훈공보실 군악담당자(042-550-6526)에게 문의를 한 적이 있다. 그러나 군가 중에 '송악산 전투가'는 없다는 것이다. 국방부 발행 군가 총록집에도 없었다.

나는 이 가사를 살려 몇 줄로 노랫말을 만들었다.

송악산 전투가

송악산 전투에 쓰러진 전우야
밤하늘 별을보며 그대를 그리노라
전우의 뜻받들어 결전決戰 하리니
전우야, 염려말고 편안히 잠들어라

그리고 또한 이 가사 첫 줄의 가락을 살려 이어보려고 떠오르는 악상으로 나머지 가사에 곡을 붙이게 되었다. 얼마동안 흥얼거리며 지내다가 머릿속의 그 노래를 오선지에 구현해 보았다. 이러기까지는 사실 초등학교 음악책을 보며 노래짓기 공부도 하고 인터넷 검색도 해보고 세실리아(아내, '이진숙'의 가톨릭 세례명)의 조언도 들으며 소위 '송악산 전투가'의 악보를 다음과 같이 만들게 되었다.

마침 뒷방 구석에 낡은 풍금이 있기에 그 멜로디(melody)를 쳐 보았다. 세실리아가 가락을 다 듣고 나서 '처량하고 쓸쓸하지만 그 안에 숨어 있는 희망希望 같은 게 느껴진다'고 말했다.

그런 격전이 있은 후 우리 국군은 북한군의 반격을 한 차례 물리치기는 했으나 개성 부근 전투는 점점 크게 비화되기 시작했다. 6월 말경 다시 북한군의 대규모 공격을 받아 국군은 많은 피해를 입고 철수하지 않을 수 없었다. 이에 제1사단장 김석원 준장(1893년생, 1915년 일본육사 제27기 졸업)은 제11연대 제1대대에게 개성 동북방의 송악산(288고지)을 공격하라고 명령하였다. 다음 사진은 김석원 제1사단장이 4월부터 적 도발 응징을 검토하는 모습이다.

국방부 『**국군50년사 화보집**』에서. 김석원 제1사단장이 작전 상황도를 놓고 검토하는 모습이다.

송악산은 국군이 방어하고 있는 475고지와 200m 거리에 불과하며 개성 시내를 감제(瞰制)할 수 있는 거리였다. 공격명령을 받은 제1대대는 송악산의 북한군 특화점에서 기관총의 집중사격을 무릅쓰고 접근하여 동 고지를 점령하였다. 이 토치카는 아버지의 105㎜포로는 제압할 수 없는 상황이었다. 이 고지의 공격전에 보병이 쓰러져 가는데, 그곳에 지원화력이 불가능하니, 아버지와 다른 포병대원들은 멀리서 쳐다보며 발만 동동 굴렀다.

국방부. 송악산에서 적 기관총 사격에 의하여 부상, 호송되는 병사

그만큼 공격부대의 희생이 큰 전투였다. 다시 북한군의 대대적인 반격을 받은 제1대대는 일진일퇴의 공방전을 전개하여 나갔다. 그러다가 결국 화기와 장비가 열악한 제11연대는 송악산의 하단으로 밀려날 수밖에 없었다.

여기까지 써 내려오노라니 문득 내 뇌리에 흑백 활동사진이 돌아간다. 그 영상에 일반 보병들은 소총을 메고 일부 보병들은 기관총이나 박격포를 어깨에 메고 쓰러질 듯, 쓰러질 듯하며 어둠이 내리는 저녁 깊은 계곡을 빠져나오고 있다. 누군가가 '송악산 전투에 쓰러진 전우야/ 밤하늘 별을 보며 그대를 그리노라/ 전우의 뜻받들어 결전 하리니/ 전우야, 염려말고 편안히 잠들어라'하는 노래를 선창한다. 이어서 줄지어 내려오는 부대원들이 따라서 합창하며 전의戰意를 다진다. 아버지와 포병대원들도 기진맥진한 채 화포 견인 트럭을 타고 그들과 이동하며 그 노래를 부른다. 그들은 어둠 속에 두 번, 세 번 계속 부르며 이동한다.

'송악산 전투가'는, 바람결에 들리는 바에 의하면 격전지에서 죽어간 전우를 그리며 밤하늘에 전의를 다지는 제11연대의 진중가陣中歌로 전쟁터에서 널리 애창되었다나. 이 노래는 그 후 6·25전쟁 중에 발표한 박시춘 작곡, 현인 노래의 가요 '전우야 잘자라'처럼 진군을 하는 중에 좀 빠르고 씩씩하게 부를 수 있는 노래라기보다 전투를 하는 중에 그것도 저녁 무렵, 먼저 간 전우에 대한 애도哀悼의 뜻과 결전決戰의 의지를 드러내는 노래인 것이다.

다시 전열을 가다듬은 제11연대는 송악산 인근의 등대고지와 비둘기 고지를 확보한 채 사격전을 반복하였다. 작열하는 7월의 태양 빛을 쐬며 계속되는 크고 작은 전투에 우리 병사들은 지칠 대로 지쳐갔다. 전황이 소강상태에 빠지자 아버지도 파편에 맞은 포병 전우를 돌보며 긴긴 낮을 무더위와 싸우고 있었다. 그러던 중에 이른 새벽 갑자기 작전명령이 떨어졌다. 제11연대의 치밀한 작전 계획에 따라 엉뚱한 시간에 기습공격을 감행하였다. 우리 병사들은 어둠 속에서 송악산 골짜기로 전진해 들어갔다. 뒤이어 곡사포 견인트럭이 따랐다. 날이 차츰 밝아오면서 먼저 포병들이 포를 쏘기 시작했다. 여기저기 기관총소리, 대포와 박격포 터지는 소리, 소총 쏘는 소리로 산중이 아수라장이 되었다. 다른 병사들처럼 아버지도 누런 군복이 홍건이 젖고 철모 속에서 땀이 비 오듯 얼굴로 흘러내렸다. 적의 포탄이 105㎜곡사포 근처에 떨어져도 그것이 누구의 포격인지 몰랐다. 정말 미친 듯이 포를 쏘는 데 열중하였다. 저편 동쪽 산에 해가 떠오를 무렵 고지점령 소식이 들리자 그제야 정신이 들며 주변을 보았다. 저만치 견인 트럭이 박살이 나 있고 여기 저기 철모가 나뒹굴어 있었다. 이쪽에서 신음하는 소리, 저쪽에서 우는 소리, 말 그대로 아비규환阿鼻叫喚이었다. 아버지도 다리가 좀 욱신거려 보니 왼쪽 허벅지에 피가 흐르고 있었다. 다행히 아버지와 한 포반인 분대원들은 적의 포탄이 비껴 좀 멀리 떨어져서 큰 부상은 없었다. 저쪽의 포반에서 야단이 났다. 서둘러 절뚝거리며 가보니 포를 쏜 김일병이 없다. 바로 어제 저녁 때 식판을 들고 배식을 받아 함께 먹던 전우였다. 그 주위에 시신조차 없다. 불행하게도 포탄이 곡사포 바로 앞에 떨어지는 바람에 한쪽 다리가 덜렁덜렁하고 얼굴이 피로 뒤범벅이 된 포반장을 제외하고 나머지 분대원들이 모두 산산 조각이 나 있었다. 당시 곡사포에는 오늘날 K9자주포처럼 장갑 장치가 없어서 주변에 엄폐물이라도 있으면 몰라도 비산飛散하는 파편을 피할 길이 없었다. 공포감도 일을 당하기 전에나 있는 것이지, 이런 판국에는 아버지의 머릿속이 하얬다. 넋이 나갔다는 표현이 더 적절했다. 위생병이 턱없이 부족하여 한참 후에야 들것을 들고 나타났다.

먼저 산 사람부터 이송하였다. 그걸 보고서야 털썩 주저앉아 벌러덩 드러누웠다. 하늘은 먹구름장이 날리고 곧 소나기라도 올 것 같았다. 그제야 아버지도 제정신이 돌고 온몸이 아파왔다. 한 위생병이 달려와 급한 대로 허벅지에 감아주는 붕대로 지혈을 해주었다. 파편이 박혀 부상이 겉보기보다 심각해 병원으로 가야한다고 했다. 전우들이 부축을 하여 트럭에 태워주었다.

털썩거리는 차에서 옆의 한 부상병이 담배를 커내어 불을 붙여 주었다. 입대하고 처음 피워 보는 화랑담배였다. 평소에는 체질에 맞지도 않고 절제된 성격 탓에 담배는 입에 대지 않았었다. 어쩌면 어려서부터 맡아온 고향에 계신 아버지의 담배 연기 탓일 수도 있었다. 담뱃대에 담은 쓰럭초(담배 밭에서 따온 잎을 말려 가공 없이 바로 채치듯 쓸어 피우는 막담배를 충청도 우리 동네에서는 그렇게 불렀다. 담배 재배를 안 한 농가에서는 노인들이 '풍년초'라고 하는 건빵봉지 같은 누런 봉투에 잎담배를 썰어 넣은 봉초담배를 사서 조금씩 꺼내 담뱃대에 넣어 피웠음.)의 누런 연기가 하도 독해 질렸던 것이다. 한 모금 깊게 빨아서 내쉬자 아픈 중에도 머리가 핑 도는 듯했다.

이처럼 피를 흘리고 죽음을 불사하며 점령한 고지를 1949년 7월 20일에 북한군이 다시 공격하였다. 우리 병사들은 끝내 고지를 지키지 못하고 내어주고 말았다. 이에 제1사단 김석원 준장은 부족한 화력과 장비를 보강하고 재정비케 하여 7월 25일 제11연대는 송악산과 292고지를 공격하고 재점령하였다. 그러나 이틀 후 북한군의 대반격으로 다시 물러날 수밖에 없었다. 이렇게 8월 초까지 일진일퇴의 공방전이 계속되었다.

이런 가운데 많은 전사자와 부상병이 속출하였다. 아버지의 포병 중대도 다수의 인명 손실이 있고 부상이 심한 병사들이 많았다. 이에 영등포 야전 포병단에서는 부족한 전투인력을 채우기 위해 제6대대에서 수시로 포병을 차출하여 전선으로 보냈다. 아버지는 다리의 부상으로 다른 부상병들과 함께 문산 연대 본부에 설치한 야전병원으로 후송되었다.

그런데 이 송악산 전투는 1949. 8. 4. 북한군의 옹진 공격으로 연이어 확대되었다. 북한군 2개 대대규모의 병력이 국군 제18연대 2개 중대를 전멸시키고 은파산을 점령하였다. 북한군의 옹진 공격이 있던 8월 초 채병덕(1936년생으로 일본육사졸, 병기장교로 복무 해방 후 군사영어학교졸)육군 총참모장은 국민들의 내부적인 위기감과 동요를 고려하여 "전선에 이상이 없으며 적진을 완전 봉쇄하였습니다."라고 발표하였다(6 · 25전쟁사1, 국방부 군사편찬연구소).

그리고 육군본부는 제주도의 저항이 종식되자, 여기에 투입되었던 제2연대를 곧바로 옹진으로 파견하였다. 국군 옹진지구전투사령부는 다시 제2연대로 대대적인 재 반격을 가하여 옹진지역의 북한군을 몰아내고 원진지를 회복하였다. 비록 만회하긴 하였지만 국군은 그동안 상당한 손실을 입었다.

1949년 9월에서 10월 사이는 38선 전선이 소규모의 몇몇 교전을 제외하고는 비교적 평온한 편이었다. 아버지도 문산 야전병원에서 한 달여 치료를 받았다. 송악산 전투 중에 함께 한 전우가 병원에 위문 겸 찾아와 송악산 전투 기념사진을 찍었다고 한 장 주었다.

단기 4282년 8월 17일(서기 1949년 8월 17일)에
찍은 아버지 전우의 송악산 전투 기념사진

이 사진은 아버지 유품들 사이에 끼어 보관되어왔다. 아마도 그해 음력 12월, 입대하여 전투를 겪고 난 후 첫 휴가로 고향에 올 때 아버지의 송악산 기념사진하고 같이 어머니에게 주고 간 것이리라. 나도 고향을 떠나 서울에 살면서 이사할 때마다 정리하다가 무슨 쓸모가 있나 싶어 버리려다가도 아버지와 인연 있는 전우라서 차마 버릴 수가 없었다. 이분이 송악산 전투에서 만난 전우일 수도 있고 같은 포병 중대의 전우일 수도 있다. 혹시 영등포 포병학교에서 포병교육을 받을 때 사귀었던 아버지의 동무, 광화문 근처 서린동 김성진 외과의원의 동무가 아닐까 하는 생각도 든다. 사실 사진 뒷면에 무슨 주소나 메모라도 있으면 찾아볼까도 했다. 지금은 그분도

고인이 되었을 수도 있는 연세이다. 혹시 아직도 생존해 계시다면 아버지 소식을 더욱 자세하게 들을 수 있으련만. 송악산 전투 당시 제1사단장 김석원 준장은 6·25전쟁 후 육군소장으로 예편되어 육영사업을 하였고 제11연대장 최경록 중령은 6·25전쟁 후 육군참모총장을 역임하고 대사, 장관, 국회의원 등을 두루 거쳤다. 그리고 아버지와 비슷한 연배年輩의 직속상관으로 영등포에서 송악산 전투에 참전한 포병 제6대대장 노재현 대위는 6·25전쟁 후 육군참모총장과 국방부 장관 등을 역임하였다.

아버지는 야전병원에서 허벅지 부상이 아물어가는 동안 고향에 편지를 쓰기가 어려웠다. 전시 중이라 주소도 불분명할 뿐만 아니라, 언제 다시 전선으로 갈지도 모르는 상황이었다. 거기에다 고향의 가족들이 군복무를 무사히 잘 하고 있을 줄 알고 있고, 또한 그러기를 뒷산 너머 고모 절에 가서 치성을 드릴 텐데, 병원에 있다고 할 수는 없는 일이었다. 아무리 아들, 덕현德鉉이 생각이 간절해도 아버지의 효심으로는 참을 수밖에 없었을 것이다. 잘 계신 부모에게 평지풍파平地風波를 일으킬 수는 없는 일이었다. 그리고 육군본부에서 8월에 채 총참모장이 전선에 이상이 없음을 국민에게 발표한 뒤라서 군 당국에서도 전선의 상황이 외부에 알려지는 것에 대해 조심하는 분위기였다. 그래서인지 내가 어려서 성인이 될 때까지 6·25전쟁 전에 아버지가 38선에서 전투했다는 말은 가족한테서 들어본 적이 없다. 또한 편지에도 그런 내용은 일체 없다. 다만 송악산 기념사진 2장만이 그 사실을 말할 뿐이다.

지금 같으면 휴전선에 포 한 방이라도 떨어지면 국방부 대변인이 방송으로 즉각 발표하고 언론 매체에 대서특필大書特筆될 일이다. 그래서 국민도 제대로 알고 군과 국민이 혼연일체渾然一體가 되어 방어태세에 만전을 기할 것이다. 그 당시에는 채 총참모장의 그런 조치가 효과적이고 국민을 안심시키는 일이었을지 모르나 막상 전쟁이 일어나 국민들이 모르는 가운데 침공을 당한다면 엄청난 피해를 줄 수도 있는 것이다. 6·25가 발발하고 3일 만에 서울이 함락되었을 때, 사실 우리 군이나 정부가 신속한 대응을 못하고 정보를 오도誤導하여 많은 시민들이 피난을 가지 못했다는 것은 두고두고 곱씹어 볼 일이다.

퇴원할 무렵 영등포로 귀대하라는 명령을 받고 문병 왔던 전우처럼 아버지도 송악산 전투 기념사진松岳山戰鬪紀念寫眞을 찍었다.

단기 4282년 9월(서기 1949년 9월)에 찍은
아버지의 송악산 전투 기념사진

이젠 7개월 전 입대 당시의 아버지가 아니었다. 정말 명실 공히 늠름凜凜한 역전歷戰의 용사였다. 제11연대 본부 옆 담 앞에서 귀대 병사들이 사진을 찍었다. 참전 병사들에게는 송악산 전투가 얼마나 처참했던지 영원히 잊지 못할 것 같아 사진으로 남기고 싶었을 것이다. 그때가 38선 전선이 소강상태에 빠져든 9월 중순경이었다.

벌써 들판에는 벼가 누렇게 고개를 숙이고 있었다. 스리쿼터를 타고 다시 무악재를 넘어 서울로 들어오면서 한두 달 전 송악산 계곡의 전투 장면이 아련하게 떠올랐다. 무의식중에 콧노래로 '송악산 전투에 쓰러진 전우야/ 밤하늘 별을보며 그대를 그리노라/ 전우의 뜻받들어 결전 하리니/ 전우야, 염려말고 편안히 잠들어라' 하는 '송악산 전투가'가 흥얼흥얼 흘러나와, 아버지의 가슴속에 응어리진 감정을 풀어내고 있었다. 한강교를 건널 때 늦봄에 본 한강물은 말없이 유유히 흐르고 있었다.

그런데 뒤늦게 삼각지 전쟁기념관 자료정보실에서 읽게 된 『포병의 발자취(육군포병학교, 이 자료에서 6·25전쟁 전의 포병에 관한 내용은 아마도 구두로 전하는 것을 정리한 것으로 사료된다. 전쟁 전의 수도권 지역 군사 기록물들은 전쟁 중에 거의가 소실되었거나 유실되었다고 보는 것이 온당함.)』에 의하면 1949년 6월 25일 자로 영등포 야전포병단 제6포병대대는 5·4전투 이후 대위에서 소령으로 승진한 노재현 소령이 맡아 부대장으로 제1사단에 배속된다. 그렇다면 그 후에 바로 제6포병대대 본부가 문산으로 이동했는지, 아니면 포병사령부(야전포병단 및 대전차포병단)가 동년 6월 20일을 기하여 해체되고 동일부로 육군포병연대로 개편되었는데 그렇다고는 해도 각 부대 이전은 각 사단의 여러 사정과 상황에 따라 늦어질 수도 있을 것이므로 각 부대가 기존 시설을 이용하며 그해를 넘기고 나서 이전하였는지는 확실하지 않다. 아버지가 소속된 영등포 제6포병대대는 제1사단으로 배속되기 이전부터 제1사단 제11연대에 화력지원을 하고 있었다. 어쨌든 아버지의 두 번째 편지(1950. 2. 20)에 적힌 주소는 문산으로 되어 있다. 만약 전자가 맞는다고 한다면 아버지는 야전병원에서 영등포로 귀대하지 않아도 되는 셈이다. 누구도 당시 상황을 제대로 알 수 없기 때문에 추정할 따름인 것이다.

1949년 10월 14일에 북한군은 다시 2개 대대 병력으로 옹진지구 은파산을 공격하여 유린하였다. 다음날 국군 제2연대(연대장 함병선)는 대대적인 반격을 개시하여 17일 은파산을 다시 장악하고 있다가 11월 22일 다시 북한군의 공격을 받아 물러나게 되었다. 이 후에 북한군은 국사봉, 송악산, 292고지 등 주요 고지를 모두 장악하였다. 이러한 상황은 6·25전쟁이 발발할 때까지 지속되었다. 이 전쟁 전의 국군은 그처럼 치열하게 싸우고 방어했지만 북한군의 우수한 군사력 앞에 이를 감당하기에는 역부족이었다. 그때 우리 국군은 육탄용사(肉彈勇士)가 나올 정도로 열세였다.

송악산 전투의 특공대원으로 서부덕 이등 상사를 비롯하여 김종해, 윤승원, 이회복, 박평서, 황금재, 양용순, 윤옥춘, 오제룡 등과 그리고 박창근 하사가 그분들이다. 이분들과 그밖에 송악산 전투에서 이름 모르게 산화한 모든 병사님들께 이 지면을 빌려 삼가 명복을 빈다.

세 번째 편지와 그 후 부대의 동선動線

아버지가 마지막 편지를 부친 날짜는 4283년(1950년) 3월 16일자로 편지지에 씌어 있다.

父主前上書 4283. 3. 16.

위 편지는 읽기에 분명치 않은 글자나 난해한 한자어가 있어서 어려움이 따른다. 그래서 바르고 분명하게 한글로 아래와 같이 다시 쓴다.

부주전(아버지께) 상서(글을 올리나이다) 4283. 3. 16.

세월은 주마와 여하와(같아서) 어언간에 맹양지절도 거去하고(가고) 초춘 춘은春殷지절을 당하와 만물이소생하야 발양發揚지절에 그간 부모님양 ○게서는 기체후일향만강하시오며 가내제절(家內諸節, 집안의 손윗분들)도 다 균적均迪하시오며(고루 편안하시오며) 동내(洞內)에서도(동네분들도) 무고하시온지 원지에서(먼 곳에서) ○○원문願聞이로소이다(듣고 싶습니다). 이처에(이곳에) 불효자는 염려하여주시는 덕택으로 객지안식(客地眼食, 객지에서 자고 먹는 일)이 여전하오며 군무에도 매일갗이 성심노력으로 매진하고있음니다 연이나 엄친의 편지을 잘독서하였음니다 가친게서 서천 · 산소에 성묘을 거去 · 귀가하시었다는것과 산소앞편에 암장하였다는 것도알었음니다 다 연이나 가친게서는 마음이얼마나 불안하시겟슴니가마는 일편 군인에 몸으로서 엇지할수업슴으로 가친게서해결하시다 못하시오면 불효자식이라도 다음휴가에가서 멸소시키겟사오니 그 사람의 「사는」 부락명과 성명과 직업을 다음답신에다 저거보너시기을바라나이다 할말은태산갗사오나 시간이없슴으로 이만 불비상서하오며 여(餘, 대명사 '나'의 문어적인 표현으로 쓰이는 余를 표기한 것임.)는(저는) 초춘 일기가 심히 괴의(怪宜, 과연, 정말 보통과 다름.)하온데(정말 보통과 다른데) 기체후만안 하압심을 축복(祝伏, 엎드려 빔.)하노이다(엎드려 비옵니다) 규선서(규선 씀.)

이 편지의 서두에 맹양孟陽이 가고 초춘初春이라 했으므로 편지 쓴 날짜(1950. 3. 16)가 음력이 아니고 양력임을 나타낸다. 두 번째 편지 쓴 날짜가 1950년 음력 1월 4일(양력 2월 20일)로 음력 정월, 맹양孟陽이 가면 아버지에겐 감각적으로 초춘을 맞이하는 것이다. 춘은春殷 즉 은춘殷春의 시기를 초춘으로 쓴 것으로 보아 음력 2월仲春이면 초봄이 오는 걸로 생각한다. 정월은 맹춘孟春 즉 맹양孟陽이라지만 사실 초봄으로 느끼기에는 여전히 겨울이다. 그러니까 편지의 3월 16일은 음력이 아니라 양력이다. 두 번째 편지를 한 지 26일 만에 고향에 부치는 편지이니 이 일자는 그동안 고향의 답신을 받고 쓴 날짜이다. 백웅白熊 중대 본부의 일과가 바빴던가 보다. 아버지는 '할 말은 泰山 같사오나 時間이 없으므로 이만 不備上書하오며…'라고 써서 끝을 맺으려 한다. 한 달도 채 되지 않아 또 편지를 쓰게 되니까 그렇게 할 수도 있다.

이때쯤 되면 아마 문산의 제11연대 본부도 술렁이기 시작했을 것이다. 오랜 전투로 개성의 주력부대 병사들이 피로가 누적되고 중화기 및 개인화기 그리고 여러 장비가 파손되거나 고장이 나서 정비기 필요한 상태에 있었을 것이다. 정부수립과 함께 국방경비대가 정식 국군으로 재편성되자, 국군이 38선 경비 임무를 미군으로부터 이양 받게 된다. 이에 제11연대(연대장, 최경록 중령)가 수원에서 1948년 11월 문산으로 이동하여 황해도 청단에서 경기도 개성 송악산을 거쳐 고랑포(경기도 연천군 장남면 고랑포리에 있는 임진강 북안 나루터)까지 광범위한 지역의 38선 경비 임무를 담당한다. 그러면서 여러 지역의 소규모의 분쟁, 대대적인 북한군 공격으로 대격전을 벌인 1949년의 송악산 전투 그리고 이어지는 국지전 등 1950년 봄에 이르기까지 많은 전투를 했던 것이다.

제11연대장(최경록 대령)은 제4대 1사단장 유승렬 대령(1893년생으로 일본 육사 26기 졸업)에게 병사들과 화기 및 장비의 상태에 대해 설명을 하였을 것이다. 그 결과 1950년 4월 12일을 기하여 인천의 제12연대(연대장 전성호 대령, 1896년생으로 북로군정서 사관연수소졸, 청산산리전투에 참가한 독립운동가임.)와 제11연대가 임무를 교대하게 되어, 제11연대가 인천에 사단 예비로 배치된다. 그리고 바로 뒤이어 4월 22일에 제5대 1사단장으로 백선엽 대령(1920년생으로 일제강점기 만주국 봉천육군군관학교졸, 해방 후 군사영어학교졸)이 부임을 한다.

근 1년 전 송악산 전투에서 함께 싸웠던 제11연대가 후방으로 빠진다고 하니까, 제6포병대대 병사들도 술렁이기 시작했다. 사실 제6포병대대의 병사들이나 중화기의 상태가 제11연대의 그것과 다를 바가 없었다. 이에 백선엽 사단장이 부임 즉시 개성 전선을 순시할 때에 포병대대장 노재현 소령[전년 송악산 전투 시 포병중대장으로 대위였음. 후에 안 사실이지만 '포병의 발자취(1963)'를 보면, 포병 창설 당시 대부분 조선경비대출신으로서 선임 장교들이 적었기에 중위 계급인 노재현을 제6포병대대장으로 임명할 정도였다. 그때는 선임 장교들이라도 창설 시기라 포병 교육을 받아야 했다. 그러니까 노재현 대위는 오늘날 군대의 중대장이 아니라 사실은 대대장 자격으로 전투에 참가한 것이다. 초창기 군의 계급은 위계적이지 못했다. 가령 사단장과 연대장의 계급(대령)이 같았다. 해방 후 그 당시는 지휘관들이 군 생활을 거의 동시에 시작했고, 그 인원도 부족했음.]이 조심스럽게 건의를 한다.

『노병이 걸어온 길(백선엽, 국방일보)』에 의하면 이렇다.

"노재현 소령은 '정비기간이 좀 필요해서 그러니, 당분간 포병부대를 일선에서 빼내면 안 되겠느냐'고 말했다. 나(백선엽)는 일선 부대장의 의견을 존중해서 그러라고 했다. 그렇게 해서 포병부대 주력을 수색 사단 본부로 철수시켰다."

그때 당시 아버지는 겨울 휴가를 마치고 문산으로 가서 제11연대 본부 예하 372부대 내 백웅 중대 본부에 있었다. 아마도 큰 전투를 겪고 본부의 행정 업무를 맡을 수도 있었을 것이다. 부대명은 적에게 부대의 정보 유출 위험이 있어서 일반적으로 고유명을 사용하지 않는다. 전시 상태의 부대명은 더욱 그러하다. 그러니까 372부대의 숫자는 보안 유지를 위해 제6 포병대대의 통상명칭이라고 생각한다. 그리고 백웅白熊은 포병부대의 애칭이리라.

이 글을 쓰는 중에 용산 삼각지 서울지방보훈청에서 6·25전몰군인 유자녀 수당을 준다고 신청하라는 통지를 받고 2016년 6월 3일 더운 날씨에 신청서를 제출하고 건너편 전쟁기념관 내 군사편찬연구소 정보 자료실에 갔다. 거기서 백웅白熊은 '백곰'으로 포병부대의 이름임을 확인했다. 전술前述에서 이미 참고한 『포병의 발자취(육군포병학교)』에 의하면 그 유래를 다음과 같이 설명한다.

안두희 포병소위에 의한 김구金九 선생 저격사건(1949. 6. 26)을 전후하여 포병부대를 '백곰'부대라고 부르게 되었는데 그 유래由來는 대략 다음과 같은 것으로 알고 있다. 즉

곰은 첫째 : 동물 중에서도 힘이 강하기로 유명하며

둘째 : 둔해 보이면서도 재주가 능숙能熟하고

셋째 : 인내력忍耐力이 강强한 것이다.

그리하여 우리 포병이 '힘(Power)'의 상징象徵으로서 '곰'을 택한 것이고 '백곰'이라 한 것은 단군檀君 할아버지가 곰의 화신化身이라 하여 우리겨레와 곰과의 신화적 유대神話的紐帶로 보아 포병이야말로 백의민족白衣民族의 '힘'의 '상징'이라는 뜻이다.

그러니까 '熊(웅)'의 훈訓 즉 뜻이 '곰'이므로 '백곰'은 '백웅'인 것이다. 아버지의 부대 '백웅白熊' 중대는 '백곰' 중대로 포병부대인 것이다. 전자는 한자의 음만으로 지은 이름이고 후자는 한자의 음과 훈 즉 뜻을 혼합한 이름이다.

그날 정보자료실에서 이 글을 쓰기 위한 참고자료를 찾고 나서 시간이 되면, 옆의 429호실에 군사편찬연구소 자문위원으로 출근하여 계시다는 백선엽 전 합참의장(6 · 25 발발 당시 대령으로 서부전선-개성 문산 지구 제1사단장 역임)을 잠간 찾아뵐까 했다. 그러나 그만두었다. 전쟁 영웅으로 이제는 전쟁기념관의 유물과도 같은 백세 가까운 노인의 위로를 받을 일은 없었다. 찾아뵈면 선친先親에 대한 이야기가 나올 텐데 그 연세에 옛 부하의 죽음을 듣는 노병의 심정이 어떠할 것이며 굳이 아문 상흔을 다시 들추어내는 일은 옛 부하의 유자녀遺子女로서 도리가 아니라고 생각했다. 자료실을 나와 그 방 앞을 지날 때 욕심 같아서는 당신의 손이라도 만지면 아버지를 대하는 느낌이 들 텐데 하는 아쉬움은 남았다. 그분이 정리하여 쓴 『길고 긴 여름날, 1950년 6월 25일(1999)』을 읽는 것으로 마음을 달래기로 했다.

1949년 5월 이후 개성지구 전투에 지원 화력 부대로 투입되었던 영등포의 포병중대(노재현 대위)로는 북한군의 우수한 화력을 감당하기에 턱없이 부족하였을 것이다. 그래서 늦어도 그해 말경에는 제6포병대대(대대장, 노재현 소령)를 제1사단 소속의 지원화력 부대로 문산 제11연대 예하에 배치한 것이 아닐까 한다. 사실은 이 추정이 시기만 다를 뿐이다. 이미 '송악산 전투와 아버지'에서 조금 언급했지만 '포병의 발자취'에 따르면 1949년 5월 4일 시작된 송악산 전투가 잠시 소강상태에 들어간다. 그해 6월 20일을 기하여 포병사령부(육군야전포병단과 대전차포병단 포함)가 해체되고 육군포병연대로 개편되어 6월 25일 제6포병대대(대대장 노재현 소령)는 보병 제1사단에 배속된다. 그 명칭도 야전포병대에서 사단포병대로 바뀌게 된다. 그래서 아버지의 두 번째 편지에 적힌 문산 연대 본부의 주소가 사단포병대 통상명칭인 제372부대로 된 것은 그 때문으로 판단된다.

그렇게 오래도록 전선을 담당한 개성의 제6포병대대의 주력이 수색에 있는 사단 사령부로 들어가게 되자 아버지가 복무하는 문산의 포병 본부도 따라서 수색으로 내려갔을 것이다. 이러한 포병부대의 동선動線이 확실하다면 아버지는 1950년 6월 25일 전쟁이 일어날 때까지 잠시 수색 제1사단사령부 예하 부대에 있었을 것이다.

백선엽(1999)의 글에서 1950년 6월 26일 아침 임진강 철교를 건너온 적은 포병 진지에 배치한 사단 포병대대의 공격을 받아 한동안 남진을 저지당했다고 밝힌다. 이 사단 포병대대가 바로 아버지의 소속 부대인 제6포병대대이다.

아버지는 3월의 편지를 끝으로 소식이 없다. 문산의 임진강 제2방어선에서 6월 25일 개성을 점령하고 남침한 북한군과 전투를 하다가 흙에 묻혔을 수 있다. 거기에서 살아남았다면 제3의 방어선인 봉일천 방어선, 여기가 뚫리면 서울이 함락되는 서부전선 최후의 방어선에서 싸우다 산화散花하였을 것이다. 아니면 끝내 이곳마저 무너져 1사단 본부가 공습을 받음으로 백선엽 사단장의 최후 철수 명령을 받고 한강 쪽으로 쫓겨 가는 중에 공격을 받아 숲속 어딘가에 쓰러졌다고 볼 수 있다. 그것도 아니면 한강 나루터까지는 겨우 목숨만 건져 적진을 빠져나왔으나 그 밤에 나룻배가 없어 뗏목을 만들어 건너다가 급물살에 떠밀려 강물에 휩쓸리지 않았을까 한다. 혹은 도하는 어떻게 어떻게 했는데 한강 대안의 김포 반도가 이미 적의 수중에 들어가 강둑으로 올라가지 못하고 갈대숲에 숨어 있다가 발각되어 다발총에 맞았을 수도 있다.

3부

아, 잊으랴! 어찌 우리 이 날을

6·25전쟁 직전의 상황 및 그 시작과 아버지

1950년 4월 하순경 서부전선의 제1사단장(백선엽 대령)이 새로 부임하고 난 후, 그는 사단 책임 지역 내 전선 순시를 하면서 38선의 경비가 황해도 청단, 연안, 백천을 거쳐 경기도 개성(송악산), 고랑포, 적성에 이르는 것은 사단의 능력으로는 버겁다는 생각을 했다고 한다. 담당 경계 구역(90㎞)이 워낙 길고 넓어 사단의 현 병력과 화기 및 장비로는 적을 방어하기에 불가항력이라는 판단을 내린 것이다. 그래서 제2방어선인 문산 지구를 주 방어선으로 임진강변을 따라 미리 진지를 구축하기 시작했다. 물론 이 작업에는 제13연대(연대장 김익렬 대령, 1921년생으로 일본육군예비사관학교졸 해방 후 군사영어학교졸, 6·25전쟁 후 중장 예편)가 중심이 되어 고랑포 쪽 파평산의 진지를 담당하고 수색으로 온 제11연대나 제6포병대대도 동원이 되어 문산을 중심으로 반원형으로 돌출한 임진강 주변의 진지를 맡았을 것이다. 그 경계의 방어는 자연방어(임진강이라는 자연 장애물)도 있고 방어 정면(30㎞)이

1차방어선보다 훨씬 축소된 것이었다.

당시에 개성의 이서以西 지역은 개성 부근(개풍군 고남리)에 본부를 둔 제12연대(연대장, 전성호 대령)가 담당하고 그 동쪽으로 고랑포와 문산 지역은 화석동에 본부를 둔 제13연대(연대장, 김익렬 대령)가 담당하였다. 그때 제11연대(연대장, 최경록 대령)는 인천에 예비 연대로 있다가 백선엽 사단장의 명으로 수색에 있는 제1사단 사령부로 옮겨 천막을 치고 주둔하고 있었다. 또한 앞에서 언급한 바와 같이 제6포병대대(대대장, 노재현 소령)도 정비를 위해 잠시 수색 사단 본부에 들어가 있었을 것이다.

육군본부 정보국은 일찍부터 전쟁의 가능성을 경고하여 왔다. 군은 4월 말경부터 대기 태세, 경계 태세, 비상경계 태세 등을 잇달아 발령했다. 이때 북한의 김일성은 남한 침공을 위해 이미 소련 스탈린의 승인을 얻어냈고 뒤늦게 중화인민공화국 마오쩌둥의 지원 약속도 받아낸 상태에 있었다. 그런 중에 일본이 1941년 미국의 진주만을 공습할 때 화전양면 전술(협상과 침공)을 썼듯이 북한도 남한 땅에서 공비활동을 중지시키고 남북한의 총선거를 제의하는가 하면 요인 교환(서울 서대문 형무소에 수감된 남로당의 핵심간부 김삼룡, 이주하 등과 평양에 구금된 민족독립운동가 고당 조만식 선생을 교환하자는 제의)과 같은 것을 내세워 평화적인 관계를 유지하는 체하면서 속으로는 전면전 준비태세를 갖추고 침공의 기회를 노리고 있었다. 그런 연유인지는 몰라도 군 당국은 6월 초에 느슨한 일련의 조치(사단장급 국군 고급 지휘관 인사이동, 38선 부대 이동 배치, 대략 1,500대의 차량 중 1,000여대후방 이동 정비 등)를 내렸다는 것이다. 그러고 나서 전쟁이 터진다는 구체적인 징후가 없다고 판단한 군 수뇌부는 24일 비상경계 태세를 해제했다. 마침

24일은 토요일이어서 각 부대에서는 비상사태에 지친 병사들에게 외출과 외박 및 휴가 등을 실시했다.

어떤 관점에서 보면 그런 사실만으로도 그때 우리 군의 상황이 북한군의 남침에 유리하게 전개되었던 것이다. 당시 피아간에 첩보대원들의 활동이 없었다고 말할 수 없다. 그렇다면 우리 군의 그런 조치에 두고두고 의문을 갖지 않을 수 없는 것이다. 왜 하필이면 전쟁 전날에도 그랬을까. 그러나 육본 정보국 상황실은 전방 정찰 요원들이 긴급히 보고하는 정보들을 분석한 결과 북한군 동향이 심상치 않다는 판단을 해왔다. 물론 보고를 상부에 올렸을 것이다. 그럼에도 고위층에서 묵살하고 심지어 대통령까지도 남북충돌은 없을 것이라고 말했다니. 이러니 우리가 모르는 그 무엇이 있었던 건 아닌가.

다음은 25일 새벽 38선 전 전선에서의 북한군 남침에 대한 육군본부의 대처 상황 증언 내용의 일부이다.

김종필의 증언록 『소이부답笑以不答』에서 '…… 육본 정보국이 전쟁의 소동 속으로 빨려 들어간 바로 그 시간, 육본 작전국도 충격 속으로 빠져들었다. 육본 정보국 일직 장교로 근무 중이던 김종필 중위는 즉시 작전국으로 가 일직사령에게 전군에 비상을 걸 것을 건의했다. …… 새벽 4시 20분경 6사단 7연대(강원도 춘천 주둔) 연대장 임부택 중령은 채병덕 총참모장 공관에 전화를 걸어 부관 나엄광 중위에게 전방에서 교전 중이라는 사실을 알렸다. 부관 나 중위는 총참모장 부인 백경화 여사에게 보고를 전해달라고 부탁했지만 채 총참모장은 뚜렷한 반응을 보이지 않았다.

연이어 작전국의 보고가 전달되고 정보국의 김종필 중위가 새벽 6시 무렵 총참모장 공관에 직접 찾아가자, 그때서야 채 총참모장도 전방 상황이 평소와는 다르다는 것을 인식했다. …… 전쟁이 시작된 것은 25일 새벽 4시였지만 이것이 전쟁이라는 점을 실감한 것은 오전 10시였다. ……'고 밝힌다.

6·25전쟁 전 1949년 5월 4일 송악산 전투 발발 전후로 1년 이상 북위 38도선 접경지역에서 북한군과 국군 간의 국부적인 교전으로 시달렸던 국군과 정부는 싸움은 늘 있는 것으로 알고 좀 무감각하게 된 것이리라. 좋게 해석하자면 그것이 또한 6·25전쟁 초기에 잘못된 상황판단을 가져오게 한 원인 중의 하나일 수도 있는 것이다.

전군에 비상이 걸린 것은 북한군이 북위 38도선을 침공한 지 3시간이 지난 오전 7시였다. 라디오 방송에 외출·외박·휴가 중인 군인들은 즉시 부대로 돌아가라는 긴급 뉴스가 흘러나왔다. 서울의 거리에서는 방송 차량이 군인들의 부대복귀를 독촉했다. 사람들이 많이 모인 운동장이나 극장에도 비상사태를 알리는 방송이 울려 퍼졌다.

수색의 제1사단 본부에는 백선엽 사단장이 교육(6월 14일부터 보병학교 고급 지휘관 과정에 입교함.) 중에 있어서 잠시 제11연대장 최경록 대령이 사단장 대리로 직무를 보고 있었다. 그런 최 대령에게 육군본부의 24일 비상 해제는 전방의 상황이 심상치 않았지만, 한편으로는 반가운 소식이 아닐 수 없었을 것이다. 우선 휘하麾下에 있는 제11연대 병사들의 수고가 사단의 다른 어느 연대 병사들보다 적지 않았다는 것을 알기 때문에 직속상관으로서 배려의 마음이 들었을 것이다. 사실 작년 송악산 전투는 국군 창설 이후 가장 큰 격전이었다. 아직도 제11연대의 그 상처는 최 연대장이나 병사들에게 쉬 아물지 않는 일종의 트라우마(Trauma)가 되었다. 이런 증상은 노재현 소령이 이끄는 제6포병대대에도 일어났다. 이 포병 중대가 송악산 전투를 11연대와 함께 치렀으니까.

다른 부대들도 그렇지만 제11연대나 제6포병대대도 농촌 출신의 병사들이 많았다. 6월은 농번기라 농촌에 일손이 모자랐다. 그래서 힘들게 휴가를 받아 고향으로 가는 병사들도 있었다. 그러나 꽤 많은 병사들은 외출·외박이 허용되어 대부분 가까운 서울로 나갔다.

아버지는 몇몇 전우들과 수색역으로 향했다. 그 전우들 중에는 영등포 포병학교 동기인 광화문 옆 서린동의 김성진 외과병원 동무와 작년 8월에 문산의 야전병원에 문병을 와 송악산 전투 기념사진을 준 전우도 있었다. 서울에서 하룻밤은 동무 병원에서 자기로 이미 약속이 되어 있었다. 비상이 걸린 상태에서 지루한 병영생활을 하다가 영내를 벗어나니, 청년靑年들은 하늘을 날 것만 같았다. 아버지도 그때는 마냥 즐거웠으리라.

군용열차를 타고 수색을 출발하여 내려가는 열차 안에서 보는 차창 밖은 모내기가 이미 끝난 상태여서 들판이 푸르렀다. 그동안 비가 계속 와서 논에 물이 철렁했다. 모내기는 경기도 쪽이 저 아래 삼남 지방보다 빠른 편이다. 얼마 후 객실이 시끌벅적하고 담배연기가 자욱한 열차가 신촌역에서 잠간 멈추는가 싶더니 지척의 터널을 빠져나와 바로 서울역에 도착하였다. 6월 하순의 오후 구름 사이로 이글거리는 태양이 역내 길게 뻗은 철길들을 달구었다.

일행 중에서 서린동 병원 동무가 먼저 제안을 했다.

"야, 내가 서울의 주인이야. 내가 하자는 대로 따라와. 먼저 우리집 근처로 가서 한잔 하자. 점심은 먹고 나왔으니 뭐. 덥기도 하고 목이 컬컬하잖니?"

이 말에 누구도 이의를 달지 않았다. 아직도 서울은 그들에게는 낯 설은 타향이요, 동경의 대상이었다. 나이는 비슷하더라도 기혼자로서 맏형격인 아버지가 응수했다.

"그래, 동무의 생각이 좋다."

병사들은 서울역 앞에서 효자동으로 가는 전차를 타고 광화문에서 내렸다. 그 인근에 있는 종로1가 뒷골목인 피맛골로 들어갔다. 그 당시 상가 간판은 대부분 한자로 된 것들이 많았다. 그러나 이 골목에는 한글로 쓰인 '녹두빈대떡, 약주, 쌀밥막걸리, 국밥, 해장국……' 등 다양한 메뉴를 걸어놓은 주점들이 줄지어 있다. 구수한 냄새에 들어서는 병사들이 입맛을 다신다.

서린동 동무가 어느 한 주점으로 들어간다. 아버지가 영등포에서 복무할 때 주말이면 그와 함께 병원에서 놀다가 들러 막걸리를 마시던 바로 그곳이었다. 긴 나무의자에 앉아 마시는 쌀밥막걸리가 그들에게는 그렇게 달고 시원할 수가 없었다. 마시고 또 마셔댔다. 올 들어서도 연일 비상이다 뭐다 하며 진지와 영내를 떠나기 어려웠던 그들이 아니었던가. 전우들이 술을 마시는 동안 잠깐 집에 갔다 온다며 서린동 동무가 일어났다. 집이라야 바로 앞 종로통 건너 서린동의 병원이다.

술을 거나하게 마시자 취기가 올라왔다. 그런데 처음 술 먹을 때의 흥겨운 마음이 가라앉고 얼굴이 일그러지며 고개를 숙인다. 잠시 분위기가 침잠되고 비감悲感마저 감돈다. 한 병사는 화랑담배를 꺼내 길게 품어댄다. 일 년 전의 일이 취중에 엄습하여 그들의 외출을 마냥 즐겁게만 하지 않는 것이다. 지금은 잊힌 전투이지만 그들에게는 너무도 큰 충격을 준 대격전이요 대전투였던 것이다. 유흥 중에 갑자기 기습을 당한 상태였다. 이럴 줄은 그들도 몰랐다. 누군가의 입에서 구슬프게 '송악산 전투가'가 흘러나왔다.

송악산 전투에 쓰러진 전우야
밤하늘 별을보며 그대를 그리노라
전우의 뜻받들어 결전 하리니
전우야, 염려말고 편안히 잠들어라

다 같이 합창을 하는 사이 서린동 동무가 왔다.

"뭐야, 아직도 못 잊어? 자아, 술이나 한 잔 받아. 자네도."

그는 차례로 잔을 채운다. 그리고 건배를 하잔다.

"자아, 송악산 전투에 쓰러진 전우를 위하여, 건배!"

잔을 모으고 '건배'를 한 다음 단숨에 잔을 비운다. 그들의 눈엔 결전의 의지가 빛난다.

서린동 동무가 분위기를 바꾸자며 바로 극장 구경을 가잔다.

"국도극장이나 단성사는 좀 멀고, 음, 아까 전차 타고 오면서 벽에 붙은 영화 포스터를 보니까, 요 옆 종로 2가 관철동 '우미관(삼일빌딩 뒷골목 종로통 근처에 있는 현 이춘복 참치집과 바로 그 옆 우미관 호텔 자리, 호텔 입구에 옛 우미관 터 표지석이 있음.)'에서 '검사와 여선생'을 재상영하더라. 변사辯士가 해설하는 마지막 무성영화無聲映畵인데, 눈물을 쥐어짜게 한다. 나는 재작년(1948년) 이맘때 봤어. 그걸 구경한다고 우미관 앞이 인산인해人山人海를 이루었었지. 요새 부쩍 경기가 좋지 않은가 봐. 또 극장 변사들도 밥은 먹고 살아야 하니. 오늘 저녁 눈물 꽤나 빼겠다. 자, 일어들 나."

피맛골에서 우미관은 멀지 않았다. 종로 네거리 종각 옆으로 골목길을 따라 3가 쪽으로 조금만 가면 우미관이다. 이 극장은 당시 개봉관으로 3가의 단성사 등과 함께 장안 시민들의 오락 공간이었다. 일정시대에는 저 유명한 김좌진 장군의 아들로 알려진 김두한 일당의 거점으로 임권택 감독의 영화 '장군의 아들'에서 일본인을 상대하며 활동한 무대이기도 하다.

전란 후에 종각 건너편 화신백화점(보신각 건너편 종로빌딩 자리)에 인접한 천보당 안경점 건물 옆 골목, 좀 들어간 곳으로 이전하여 60년대 전후에는 3류 극장으로 서부활극영화, 가수들이 나오는 쇼, 기타 여러 영화 등을 상영하거나 공연하는 장소가 되었다. 나도 이전한 우미관에서 학생시절에 서부활극 영화도 보고 가수 송춘희나 코미디언 백금녀 등이 출연하는 쇼도 보곤 했다. 그 우미관이 아버지와 인연이 있었으리라고는 상상도 못했다.

마침 상영시간에 맞게 왔다며 서린동 동무는 표를 사서 한 장씩 나누워 주고 보거든 오다가 화신백화점을 구경하고 늦어도 9시경에는 병원으로 돌아오라고 했다.

"어머니께서 전우들을 위해 저녁상을 차리신단다."

아버지를 비롯하여 다들 너무 고마워 말을 잇지 못하고, 웃음을 머금으며 고개만 끄덕이었다.

'검사와 여선생'의 원작原作은 1936년 김춘광(1901년생, 극작가 겸 연출가)이 쓴 신파희곡(4막5장)으로 언제나 관객을 몰고 다니던 신파극의 대표작이었다. 변사시절 그의 제자인 윤대룡(1911년생, 영화감독)에 의해 16㎜ 무성영화로 만들어졌다. 이 영화는 현존 마지막 무성영화로 해방 후 제작된 유일하게 남아있는 작품이라고 한다. 당시에 유성영화의 제작이 일반적이었지만 해방 후 물자의 부족과 열악한 제작환경으로 유성영화의 제작은 불가능한 상태였다. 그래서 어쩔 수 없는 선택으로 만들어진 게 아닌가 한다.

그 줄거리를 간단히 소개하면 다음과 같다.

'굶기를 밥 먹듯이 하며 학교 다니는 어린 학생, 장손과 도시락을 만들어 그에게 허기를 채워주기도 하고 꿈을 키워준 양춘이라는 여선생님 사이의 이야기이다.

장손을 불쌍하게 여겨 보살펴주던 여선생 양춘은 어느 날 학교를 떠나게 된다. 기차역까지 나온 장손에게 교원생활을 하며 저축한 통장을 주며 희망을 갖고 살아갈 것을 당부한다. 서울에서 결혼한 여선생은 사정이 딱한 탈옥수를 집에 숨겨둔 일로 출장을 갔다 온 남편의 오해를 사게 된다. 격분해 칼을 들고 달려든 남편이 문지방에 걸려 넘어지며 찔려 죽자, 여선생은 살인의 누명을 쓰게 된다.

그런데 법정에서 제자 검사(민장손)와 여선생이 운명적으로 만난다. 어려웠던 어린 시절을 딛고 검사가 된 주인공 장손이가 송치한 죄인이 자기를 그토록 아끼고 사랑해주었던 여선생님이 아닌가. 제자로서 판단컨대 그런 은사가 도저히 살인을 할 분이 아닌 것이다. 결말은 여선생의 무죄가 입증되고 해피엔딩으로 끝을 맺는다.'

목조건물 1층에서 다른 전우들과 함께 아버지도 긴 목판의자에 앉아 보았다. 상영시간이 참 짧았다. 한 시간도 안 되어 다들 아쉬워했다. 변사의 마지막 말이 퍽 인상적이었다.

'…… 이후로 검사의 도움으로 여선생님은 여생을 아주 편하게 보냈던 것이었다. 아, 얼마나 아름다운 종결인가!'

극장의 스타로 눈물을 글썽이게 하는 변사는 해설을 구성지게 하고, 대사를 맛깔나게 표현했다. 여선생이 학교를 떠날 때 학생들이 운동장 양 옆으로 도열한 가운데 지나다가 장손이를 보며 '인내는 쓰나 열매는 달다'고 말하는 장면이 아버지에게 의미 있게 각인되었다.

아버지가 본 이 영화를 나도 어린 시절 보았다. 그때가 6·25전쟁 직후 얼마 안 있어서니까 아마도 1956년경이 아니었나 싶다. 내가 3학년 때던가. 합수국민학교 운동장 가운데에서 밤에 목에 달라붙는 모기를 때려가며 은하수가 흐르고 빗물이 흘러내리는 스크린을 응시하고 변사의 해설에 따라 장면, 장면들을 감상하던 기억이 지금도 또렷하다. 전후에 '검사와 여선생'을 전국적으로 순회 상영을 하던 때였다. 발성이 없는 영화이기도 하지만 낡은 필름이라 변사의 도움이 없이는 줄거리 파악이 쉽지 않은 영화였다.

그때 내가 기억하기로는 주인공 '장손長孫'을 여선생님이 "창순아!"하고 불렀다. 지금까지도 내 뇌리에는 주인공이 '장손'이 아닌 '창순'인 것이다. 그 영화를 본 뒤에 검사와 판사에 대한 인식이 조금씩 생겼다. 국민학교 4, 5학년 때던가. 좀 떨어진 타동네 노화리에 산다는 '갑순'이라고 고시공부 하는 사람이 구레나룻이 난 얼굴로 학교에 놀러 와서는 선생님들하고 가끔 길가 주막에서 술을 마시는 것을 보았다. 내가 사는 충청도는 판사가 되는 것이 최고의 출세로 보고 자식들이나 당자들이 그런 사람이 되는 것을 원하기도 하고 부러워도 했다. 어떤 사람은 절에 가서 공부한다고 하기도 하고 선생님들 중에는 더러 고시 공부한다고 소문난 선생도 있었다. 돈도 배경도 없는 서민들이 매달릴 수 있는 유일한 희망의 줄이었다. 그래서 그런지, 그 당시 그런 풍조는 어린 우리들에게까지도 영향을 미치어 선생이나 판·검사가 되는 것을 부러워했다. 그래서 고시 공부하는 사람이 덥수룩한 머리에 고무신발을 질질 끌고 다녀도 대단한 것처럼 보였다. 물론 그 중에는 낭패를 보아 폐인이 되었다는 풍문이 돌기도 했다. 아무튼 '검사와 여선생'은 전후 살기 힘든 시절, 남의 것이 부럽게만 느껴지던 시절, 어린 학생들이나 젊은이들에게 꿈과 희망을 심어준 영화였다고 생각한다. 사실 국민학교 동창 중에는 교장선생님 아들로 판사가 된 사람(이○○)도 있다. 우연의 일치일까. 그런 영화를 나보다 6, 7년 전 1950년 6월 24일 저녁에 아버지도 본 것이다.

돌아오는 길에 병사들은 전찻길을 건너 화신백화점에 들렀다.

6·25전쟁 전, 1949년 말 1950년 초의 겨울. 종로 네거리의 6층 화신백화점 건물 종로통 양쪽으로 '**歡迎하자! UN委員團**', '**나아가자! 南北統一로!**'의 캐치프레이즈(catchphrase), 선전구호를 써 붙인 기둥이 서 있고, 그 사이로 전철(전기 철도)이 있다. 화신백화점에서 전찻길을 건너면 오른편에 보신각이 있다.

휘황찬란한 쇼윈도 안의 진열대에 진열된 상품들을 둘러보고 감탄도 하고 시계와 보석류를 진열해 놓은 곳에서는 갖고 싶은 욕심도 생겼다. 생전 타보지 못한 엘리베이터를 타고 위층으로 올라가기도 하고 에스컬레이터를 타고 내려오기도 했다. 당시에는 서울에 올라와 화신백화점을 구경하고 엘리베이터를 타 보는 것이 큰 화제 거리 중 하나였다. 60년대 학창시절에 나도 아버지가 구경했던 그 백화점을 드나들며 엘리베이터도 타 보고 6층에 있는 화신 영화관에 가서 한두 번 3류 영화를 구경했었다. 모든 게 병사들에게는 황홀했다. 눈 구경들을 마치고 백화점을 나오려는데 아버지가 한 가지 제안을 했다.

"저녁 준비를 하신다는데, 우리가 작은 성의라도 표하는 것이 어떨까?"

이에 모두가 동의를 하였다. 되들어가 주머니 사정들을 고려하여 고심을 한 끝에, 손수건 한 장과 양말 한 켤레를 샀다.

병사들은 병원에서 늦은 저녁들을 하고 화투놀이로 밤을 새웠다. 아버지는 자정이 넘어가자, 그만하고 옆 자리에 누워 천장을 바라보았다.

덕현德鉉이가 바깥마당가 넙적바위에 올라가

"아부지!"

하고 부르는 모습이 아른거린다. 지난겨울 휴가 때 아버지는 건너 집에 마실을 가서 마루에 걸터앉아 얘기를 나누다가 바깥마당가에서 "아부지!"

하고 부르는 아들을 내려다보고 바로 건너와 번쩍 들어앉고 안으로 들어왔었다. 사실 언젠가 내게 아버지에 대한 이야기를 몇 마디 하는 중에 어머니는 그 당시 부엌에서 저녁을 준비하며 마당에 나가서 아버지를 부르라고 시켰었다는 말을 한 적이 있다.

제대할 날도 한 반년 남짓 남았다. 장래 어떻게 살까 하는 상념에 젖는다. 나는 늦었지만, 덕현德鉉이는 '검사와 여선생'의 주인공 장손이처럼 공부를 시켜야 할 것이다. 그러려면 군에 계속 남아 진급을 하며 서울에서 생활을 꾸릴 것인가. 아니면 전에 서린동 동무와 얘기를 나누었던 것처럼 서울에서 취업을 하고 공부도 하며 생활기반을 다져나갈 것인가. 여러 가지 경우를 생각해 본다. 농사일이 걱정은 되나 어리지만 동생 정길이가 있고 아버지가 연로하지만 아직은 일을 하실 수 있다. 농촌에서는 발전을 기대할 수 없고 미래가 보장되지 않는다. 이런 저런 사념에 빠져 있다가 잠이 들었다.

문을 두드리는 소리에 병사들은 잠에서 깨었다. 창밖이 대낮처럼 환하다. 늦잠들을 잤다. 어린 소년이 문을 열고 다급하게 말한다.

"라디오에서 군인들은 빨리 부대로 돌아가래요."

옷들을 챙겨 입으면서 무슨 일인지 궁금들 했다. 누군가가 혼잣말 하듯이

"뭐, 북한군이 또 38선을 넘어왔겠지."

하고 말했다.

서린동 동무가 기왕 늦었으니 아침 겸 점심은 먹고 가야지 않겠느냐면서 길 건너 청진동에 '청진옥'이라고 하는 유명한 해장국집이 있다며 그리로 가잔다. 6월 25일(일요일), 밖을 나오니 안개가 끼고 새벽에 부슬비가 내린 뒤라 길바닥이 젖어 있었다. 가두에서는

"휴가, 외박, 외출을 나온 군인들은 빨리 원대복귀 하십시오."

하고 반복해서 방송을 하는 차량이 지나가고 있다.

청진옥으로 들어가는 골목길은 여느 때나 다름없이 평온했다. 다만 선지 해장국을 먹는 사람들 중에 일부 사람들만이 라디오 방송에 귀를 기울이고 있었다. 그러나 크게 동요하는 기미는 없었다.

나도 아버지가 들렀던 이 청진옥을 십 수 년이 지난 후 대학 시절부터 동료들과 함께 여러 번 드나들었다. 일제강점기에 서민들의 시장기를 달래 주던 술국집으로 8 · 15해방 후 장안의 유명 인사들도 한 번쯤은 그 집 해장국 맛을 보았을 것이다. 현재 옛집은 재개발로 헐리고 그 근처 빌딩 안으로 들어가 영업을 계속하고 있다. 그 후로도 70세가 된 지금까지 가끔 해장국 생각이 나면 친구나 아내 세실리아와 함께 들르곤 한다. 군복을 입은 아버지가 앉아 늦은 아침을 먹었던 그곳을, 대를 이어서 늙어 가는 아들이 찾곤 하는 것이다. 시간적으로나 공간적으로 까마득히 아주 먼 곳에 계신 줄로만 안, 아니 솔직히 말하면 꿈에서조차 전혀 상상도 못했던 아버지가 그렇게 가까이에 계셨던 것이다.

이제 아버지를 보내드려야 할 시간이 다가왔다. 아, 가슴이 참 아프다.

아버지~!

병사들은 전차를 타고 서울역으로 향했다. 이미 많은 군인들이 서울역 광장에 나와 전선으로 가는 군용 열차를 기다리고 있었다.

아, 6·25! 그리고 아버지

서부 전선의 38선에는 6월 19일경부터 추적추적 내리던 비가 24일 오후가 되자 폭우로 변하였다. 자정을 고비로 25일 새벽이 되면서 빗줄기가 점차 약해져 보슬비로 바뀌었다. 먼동이 틀 무렵 산 너머에서 불빛이 번쩍번쩍하더니 갑자기 포성이 진동하고 38도 분계선 아군 경비 진지와 그 주변 부락이 적의 포연 속에 잠기게 되었다. 그러나 처음에는 이러한 포격을 그 이전에도 여러 차례 겪은지라 단순한 위협사격 정도로만 보았다고 한다. 그렇게 북한군은 옹진, 개성, 동두천, 춘천, 강릉 등 11개 지역에서 38도선을 전면 돌파하였다.

이때 제1사단 12연대(연대장, 전성호 대령)는 개성 송악산 남쪽 주변을 경계하다가 불시에 기습을 당하였다. 북한군 제6사단은 우세한 병력과 장비 및 화력으로 전차를 앞세워 개성 쪽으로 밀고 내려왔다. 또한 북한군 제1사단은 개성 우측 고랑포 쪽으로 내려와 우리 제1사단 13연대(연대장, 김익렬 대령)와 맞붙게 되었다.

수색에 있던 제1사단 11연대(연대장, 최경록 대령)는 아침 8시 30분경에 출동하여 열차편으로 11시에서 15시 사이에 문산으로 이동하였다. 이때 병력이 채 천명이 못 되었다. 전날 외출, 외박 및 휴가로 절반 정도가 부대를 떠나 있었다.

그러면 여기서 잠시 북한이 어떻게 전쟁준비를 하고 38선의 전 전선을 순식간에 뚫고 남침할 수 있었는지 대강 살펴본다.

앞에서 약간 언급했지만, 당시 북한은 소련과 중국으로부터 대대적인 지원을 받고 전쟁을 일으켰다. 북한군은 국군에 비해 무기와 장비 그리고 병력면에서 압도적이었다. 더군다나 국경을 맞대고 소련과 중국이 떡 버티고 있었다. 소련은 군사고문단까지 파견하여 북한군을 사단단위 훈련까지 완벽하게 마치게 했다. 중국은 항일전과 국공내전(장개석 국민당과 모택동 공산당 사이의 싸움)에서 단련된 경험 많은 한인병사 5만 명 내지 6만 명을 북한군에 편입시켰다. 중공군 사단은 북한군 몇몇 사단과의 연대에서 그대로 북한군으로 둔갑하였다. 그것도 모자라 중공군내 한인 병사들은 중대 혹은 소대 단위로 또는 개별적으로 북한군으로 들어갔다.

거기에 김일성이 남침승인을 받는 과정에서 스탈린을 매우 흡족하게 한 것은 바로 남로당 20만 명의 봉기였다. 북한이 38선을 돌파하여 서울만 점령하면 남한 내에서 그동안 숨죽이고 있던 남로당 지하당원들이 벌떼처럼 일어나 대한민국 정부를 전복시킨다는 것이었다.

특히 북한의 김일성과 소련의 스탈린이 승리를 장담한 이유는 또 있었다.

남침을 해도 미국이 한국을 돕지 않을 것이라는 '확신'이었다. 그것은 남침 1년 전인 1949년 6월, 미국은 한반도가 전략적 가치가 없다며 주한 미군을 철수하고 그로부터 6개월 뒤에는 미국의 극동방위선에서 한국을 제외한다고 미 국무장관 에치슨이 발언을 한 때문이었다. 소위 에치슨 라인(미국의 극동방위선)이 바로 그것이다.

미국이 지원하지 않은 대한민국은 소련과 중국의 지원을 받은 북한의 상대가 될 수 없었다. 소련은 한국에 단 한 대도 없는 전차(242대), 항공기(226대), 자주포를 포함한 대포(748문) 등 소련제 최신식 공격용 무기를 지원한데 이어 대한민국 영토를 1개월 만에 점령할 '1개월 작전계획'인 남침공격계획을 수립해 줬고, 북한군이 이를 수행할 수 있도록 소련 군사고문단을 파견해 사단훈련까지 끝마쳤다.

그런데 대한민국이 유일하게 믿고 기댈 수 있는 최대의 우방인 미국은 당시 대한민국을 군사적으로 철저히 외면했다. 주한미군철수에 이어 한국정부가 남침에 대비해 미국에게 한국안보를 위한 각종 조치(태평양동맹 체결, 한미상호방위조약 체결, 전차와 항공기 제공 등) 중 하나만이라도 지원해 줄 것을 간곡히 요청했으나 철저히 거절당했다. 그런 분위기로 볼 때 북한이 남침을 해도 미국은 대한민국을 지원할 것 같지가 않았다. 6·25전쟁은 이처럼 북한에게는 이길 수밖에 없는 전쟁이었고 대한민국으로서는 도저히 살아남을 수 없는 전쟁이었다(나라사랑 제853호 참고).

국군이 풍전등화(風前燈火)의 형세에 처한 줄도 모른 채, 오후 세시가 넘어서야 병사들은 수색 1사단 사령부에 도착했다. 영내에는 최소한의 경비병만 있고 텅 비어 있었다. 사단장의 명령으로 잔존 병사들은 모두 전선 소속 진지로 나갔다는 것이다. 병사들은 서둘러 철모를 쓰고 전투복 차림으로 수색역에 나와 좀 늦게 도착하는 열차를 타고 문산으로 향했다. 임진강 철교부근에서 벌써 포성이 울리며 포연이 피어오르고 기관총소리가 요란하게 들려왔다. 아버지가 도착한 포병 진지에서도 노재현 제6대대장이 진두지휘를 하며 멀리 강 건너에 105㎜ 곡사포를 쏘아대고 있었다. 아직 적의 포탄이 포병 진지까지는 날아오지 않았다.

전성호 대령이 이끄는 제12연대는 송악산 진지에서 더 이상 버티지 못하고 후퇴하며 격전을 치르는 중에 분산되었다. 이 와중渦中에 많은 사상자들이 속출하였다. 사단과의 통신도 이미 끊긴 상태였다. 잔류 병사들을 모아 반격을 시도하였으나 열차편으로 제6사단 북한군이 개성시가지로 이미 들어왔으므로 그는 어쩔 수 없이 개성을 뒤로하고 심한 부상을 당한 몸을 스리쿼터에 맡긴 채 삼사십 명의 부대원과 함께 오후 3시가 넘어서야 임진강 철교를 건너왔다. 나머지 흩어진 병사들은 쫓겨 내려오는 중에 개성으로부터 그 남단에 있는 영정포로 겨우 빠져 나왔다. 거기에서 오후 7시경에 가까스로 어선으로 한강 하류를 건너 김포반도(월곶면 용강리의 강녕포)로 퇴각하였다. 다음 뒷면의 사진은 개성에서 국군 1사단 12연대의 퇴로와 그 뒤를 밟아 남하하는 북한군 6사단의 침입로를 보여준다.

이렇게 38선을 경비하던 12연대는 명목뿐인 연대로 전락하고 말았다. 일제강점기에 독립운동에 투신하고 8·15해방 후에도 입대하여 최전선에서 나라를 지킨 53세 고령高齡의 전 대령은 회복 후 경북 영덕 전투에서 전사하였다고 한다. 차제에 삼가 고인의 명복을 빈다.

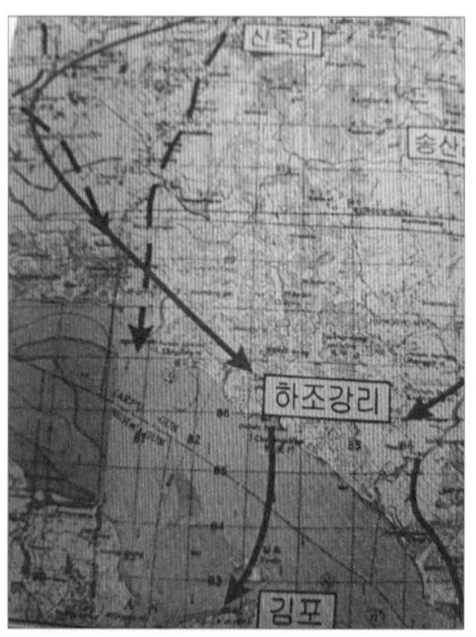

왼쪽 사진에서 점선 화살표는 국방부 군사편찬연구소 『**6 · 25전쟁사**』에서. 점선 화살표는 국군12연대가 개성에서 영정포로 빠져나오는 퇴로 표시이고 실선 화살표는 북한군의 침입로 표시임.

오른쪽 사진은 **영정포**에서 한강 하류를 건너 김포반도 **강녕포**로 들어오는 국군을 따라 침입하는 북한군을 실선 화살표로 표시함.

한편 개성(송악산) 우익(동쪽) 38선을 담당한 제13연대의 최전방 대대는 북한군 제1사단의 기습 공격에 사력死力을 다해 반격을 하여 적을 지연시키면서 고랑포 쪽으로 후퇴를 하고 있었다. 제13연대는 백 사단장의 작전계획에 따라 고랑포 건너편 임진강 남안 근처의 제2방어선인 파평산 주진지를 점령하고 적이 문산 쪽으로 난 도로로 진출하게 될 것에 대비하여 만반의 방어태세를 갖추어 나갔다.

그런데 『길고 긴 여름날 1950년 6월 25일』에 의하면 25일 백선엽 사단장과 함께 제1사단 전진 지휘소인 파주국민학교까지 동행했던 미국 군사고문(로크웰 중령)이, 한낮쯤 '군사 고문단(KMAG, 1949년 6월 29일 미군이 완전 철수를 하면서 군사 고문단 약 500명을 잔류시켜 열악한 우리 군을 도와주웠다. 이 고문단은 미 대사관의 소속으로 그들의 임무는 군사원조 집행, 미군 무기 이양, 각종 군사시설 관리, 한국군 편성과 훈련 그리고 이양 무기의 사용법 교육 등이었음.)에서 철수 명령이 내려 서울로 돌아간다'고 말하고 총총히 사라졌다고 한다. **그 당시 국군은 군수 장비 보급의 거의 대부분을 미국 고문단에 의존하였다.** 고문단의 철수는 곧 맨손으로 적과 싸운다는 것과 다름이 없는 것이었다. 백 사단장은 크게 낙담하며 눈물로 그를 전송했다고 한다.

제11연대는 한낮에 임진강 철교 남단 부근의 진지를 점령하고 있었다. 백 사단장은 제12연대의 뒤처진 병사들을 기다리다 철교 폭파를 명령하였다. 그러나 도화선 코드가 끊겼는지 폭파가 되지 않았다고, 공병대장이 사색이 되어 사단장에게 보고했다. 오후 5시경이 되자 12연대를 뒤따라온 북한군이 철교에 쇄도하였다. 철교를 사이에 두고 맹렬한 총격전이 벌어졌다. 백 사단장 주변에도 총탄이 튀고 있었다. 그러는 중에 저녁때까지 외박, 외출을 나간 병사들이 거의 진지에 도착하여 천오백 명 가까운 숫자로 불어났다.

아버지는 전투 경험(송악산 전투)이 있는 대한민국 제1기 포병(선임병)으로 포대장(포병 중대장)을 따라 각 포반의 포문을 둘러보며 미숙한 포대원들을 도왔다. 오후 6시 가까이 되면서 북한군의 대포가 강 건너에서 발사하여 이곳 포병 진지에까지 포탄이 떨어지기 시작했다. 국군의 포진지가 적에게 관측된 것이다. 그것은 국군의 곡사포보다 사정거리가 훨씬 길고 화력이 비교가 안 될 정도로 대단했다. 그 포탄이 떨어진 곳은 땅이 파이고 군장비가 박살이 났다. 일부 포대원들이 심한 상처를 입고 신음 소리를 냈다.

노 대대장은 현 포진지에서 적의 사정권 밖으로 후진하도록 명을 내렸다.

적군은 임진강 철교가 응당 폭파되리라고 예상하고, 전차(T-34 소련제)의 주공主攻을 고랑포 방향으로 잡아 다행히 당일은 이 철교를 이용하지 않았다고 한다. 사실 고랑포 쪽은 전차와 대부대가 임진강을 도섭(徒涉, 걸어서 물을 건너는 일)할 수 있는 취약 지점이었다. 그렇게 하여 임진강 남안 부근의 파평산 아래 도로를 따라 문산으로 침공하려고 했다. 다음 사진은 서부지역(문산 중심) 전투 상황도이다.

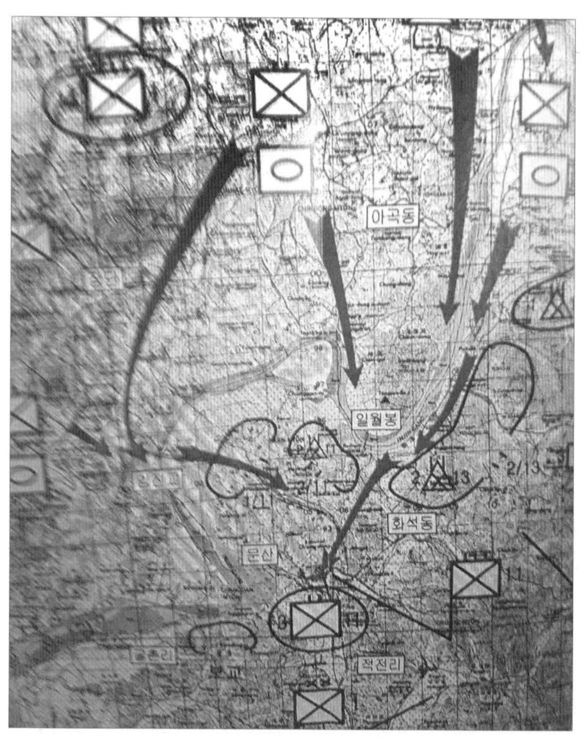

국방부 군사편찬연구소 『**6 · 25 전쟁사**』에서. 사진에서 왼쪽 실선 화살표는 문산 돌출부의 임진강교로 침입하는 북한군 표시이고, 오른쪽 상단 실선 화살표는 고랑포에서 임진강을 건너 파평산을 지나 문산으로 침입하는 북한군 표시임.

제13연대 병사들은 지형에 익숙하고 밝아서 고랑포 자하리로 공격하여 오는 적에게 심한 타격을 가했다. 그러나 워낙 병력과 화력이 우세하고 전차까지 동원한 적에게는 역부족이었다. 파평산 북쪽을 방어하던 제13연대는 임진강을 건너 남하하는 적 전차에 고전하기 시작했다. 57㎜ 대전차포와 2.36인치 바주카포(로켓포의 일종)는 소련제 T-34형 전차의 두꺼운 장갑裝甲을 뚫지 못했다. 특히 아군 대전차 중대가 철판 관통력이 큰 철갑탄鐵甲彈을 보유하지 못했던 것이 치명적이었다. 아 어쩌랴. 우리의 국력이 약해서인 걸.

백 사단장은 그의 글에서 다음과 같이 밝힌다.

> '그때 우리 병사들은 전차를 본 적도 없거니와 대전차 훈련을 한 번도 치러본 적이 없어서 첫날부터 소위 '전차 공포증'에 시달리게 되었다. 그러나 13연대 병사들은 용감했다. 자발적으로 육탄 공격조를 짜서 폭약과 수류탄을 지니고 적 전차에 뛰어올라 자폭하는 눈물겨운 투혼鬪魂을 발휘했다. 이들의 목숨을 건 감투敢鬪로 적 전차 부대는 첫날(6월 25일) 파평산을 통과할 수 없었다. 그래서 문산의 우리 예비대(제11연대를 중심으로 한 부대)는 시간을 벌 수 있었다.'

25일 밤에도 포성은 계속되고 비가 간간 내리는 가운데 여름밤은 깊어 갔다. 적군은 밤새 철교를 넘어와 주변 고지를 점령하고 문산을 위협하고 있었다. 26일 아침 비가 그치자 백 사단장은 제13연대의 퇴로가 차단을 당할 우려가 있어서, 제11연대에 문산 돌출부의 진지 탈환을 명령했다. 정오경에 제11연대는 제6포병 대대의 화력 지원 하에 역습으로 돌입했다.

그러나 적의 포격은 오히려 아군을 능가했다. 사정거리가 짧은 구형 105㎜ 곡사포로는 122㎜ 대구경의 곡사포로 쏘아대는 적 포병을 제압할 수가 없었다.

포병들은 전날 철교를 넘어오는 적을 향해 이동해 가면서 포를 쏘느라 기진맥진한 상태였다. 밤이 깊어가자 개구리 울음소리도 잦아들고 대들던 모기도 뜸해졌다. 비를 긋기 위해 진지 주변에 친 임시 천막 아래 땅바닥에 병사들은 너부러져 금세 잠에 빠져들었다. 여름밤이 짧아서 그것도 잠깐이었다. 날이 밝아오자 다시 포성이 울리고 기관총소리가 천지를 진동했다. 눈은 붙였다고 하나 후줄근한 전투복에 얼굴들이 말이 아니었다. 아버지의 얼굴도 창백하고 피로한 기색이 역력했다. 건빵 한 봉지씩 받아들고 물을 마시며 아침을 대충 때웠다. 그리고 곧바로 포문을 열고 다시 포를 쏘고 또 쏘았다. 그러나 적은 꿈쩍도 하지 않았다. 오히려 아군의 포진지가 노출되고 관측이 되었는지 적의 포탄이 이곳저곳에 떨어졌다. 그때마다 대포를 전후좌우로 끌어내가며 응사할 수밖에 없었다. 거기에다 포탄이 얼마 남지 않았다. 노 포병대대장은 포탄을 아껴가며 표적에 정확하게 쏘라고 명령하였다.

총탄이 비 오듯 하는 가운데 많은 사상자가 속출하였다. 병사들은 이제 죽음이 무섭거나 두렵지가 않았다. 전우의 시체가 나뒹굴고 산산조각이 나도 그뿐이었다. 오직 적을 물리쳐야 한다는 일념만이 그들을 움직이게 했다. 이토록 아군은 사력死力을 다해 진격을 감행하여 오후 한 때 적을 임진강 가까이까지 밀어내기도 했다. 그러나 역습은 결국 저지되고 말았다.

파평산 방어선에서는 26일 아침, 그 산 북쪽 도로상에 북한 전차부대가 출현했다. 제13연대는 전차를 저지하기 위해 대전차포의 화력을 집중하였으나 큰 위력을 발휘하지 못했다. 포병대는 이러한 위기 상황에서 선전분투하였다. 적의 주력 부대에 포격을 가했고 특공대의 육탄공격에도 아랑곳없이 진격해 들어오는 적 전차부대에 정확하게 집중적으로 사격하여 적군의 신속한 진격을 저지했다. 그러나 소련의 T-34 전차의 위력은 대단했고 놀라웠다.

마침내 적 전차 부대가 파평산의 제13연대 정면을 횡단했다. 그리고 임진강 남안의 도로를 따라 돌진하여 저녁 무렵 문산에 진입하게 됐다.

적 전차가 문산까지 침입하는 데 그처럼 이틀이 걸린 것은 제13연대의 대전차포와 육탄 공격, 그리고 포병의 정확한 사격과 선전 분투에 기인한 것이었다고 한다. 그런 만큼 13연대 병사들의 수많은 희생이 뒤따랐던 것이다. 아, 포연砲煙이 뒤덮인 파평산 전투에 조국祖國을 지키기 위해 산화散花한 전우戰友들이여!

그 무렵 백선엽 제1사단장은, 서울 북동부 전선 동두천 방면에 있던 제7사단이 예상 밖으로 의정부 쪽으로 조기 후퇴했다는 보고를 이미 받았다고 한다. 이제 제1사단의 임진강 제2방어선도 더 이상 지켜낼 힘이 남아 있지 않았다. 사실은 의정부도 파죽지세破竹之勢로 남하하는 북한군을 당해내지 못하여 이날 정오가 지나면서 피탈被奪된 상태였다. 어둠이 내릴 무렵, 비가 부슬부슬 내리는 가운데 백 사단장은 현 방어선을 포기하고 모든 부대가 후방 진지로 후퇴하도록, 명령을 내리지 않을 수 없었다.

제1사단이 재집결할 후방 진지는 위전리韋田里의 봉일천(? 奉日川, 이 지명은 현 파주시 월롱면 위전리의 봉일천이 아니고 이보다 훨씬 아래쪽 후방 현 파주시 조리읍

(구 조리면) 봉일천리의 봉일천이다. 당시 제1사단 임시 사령부가 파주국민학교에서 후퇴하여 봉일천리의 봉일천국민학교로 옮기게 되었다. 그래서 편의상 제3차 방어선의 진지 지명을 이 진지와 좀 거리가 있기는 하나 사령부가 있는 봉일천으로 정한 게 아닐까 사료됨.)에서 금촌金村에 이르는 방어선(현 파주시 경의선 월롱역과 금촌역 사이의 지역으로 추정된다. 이 구간의 경의선 철도를 1번국도인 통일로가 교차하여 지남.), 이곳은 38선과 서울의 딱 중간 지점인 곳이라고 한다. 백 사단장은 부임 직후 서울 방어의 최후 방어선으로 그곳을 선정하고 진지 공사를 했었다. 그때 손이 모자라 인근 중학생들이 삽과 곡괭이를 들고 나와 그 진지 공사를 도와주었다고 한다. 그곳은, 경의선 철도를 1번 국도인 통일로(개성-서울)가 S자로 교차하는 곳으로, 좌우에 낮은 산들이 이어져 최적의 방어선으로, 사단장의 첫눈에 들었던 곳이었다.

그 S교차로를 현지 답사하여 사진을 찍었다.

왼쪽 사진은 왼편에 보이는 건물, 월롱역의 위전리에서 통일로(1번국도)가 교차로 쪽으로 진입하는 모습이고, 가운데 사진은 통일로(1번국도)가 철도 위의 고가 다리로 지나는 모습이고 그 좌우에 야산이 있다. 오른쪽 사진은 금촌역에서 올라온 경의선 전차가 통일로(1번국도) 고가 다리 밑으로 들어가는 모습이다. 그 철도 건너 오른편 길이 영태리에서 고가 다리로 진입하는 통일로(1번국도)이다.

일산역에서 몇 개의 역을 지나 금촌역에서 월롱역 쪽으로 철길을 따라 ⅔쯤 올라가면 월롱면 영태리(서울 38㎞)이고 이곳의 북쪽 산 너머에 있는 월롱역 부근 위전리에서 거꾸로 영태리 쪽으로 조금 내려오면 바로 경의선 철도와 통일로가 교차하는 고가다리가 있다. 물론 6·25당시에는 고가다리가 없이 1번 국도가 철도를 넘어갔을 것이다. 그 교차점을 중심으로 S자 식으로 통일로가 철도 위를 지나는데 월롱역 부근 위전1리에서 진입하는 S의 아랫부분 오른쪽 날개인 통일로 옆에는 위의 왼쪽 사진처럼 야산이 있고, 오른쪽 사진처럼 영태리에서 진입하는 S의 윗부분 왼쪽 날개인 통일로 옆에도 낮은 산이 이어져 있다. 가운데 사진에서는 교차점을 지나는 통일로 양쪽으로 야산이 있음을 보여주고 있다. 그래서 이곳은 국도를 따라 내려오는 적을 협공하기에 좋은 지형이다. 그 주변 지역에도 비교적 야산들이 많다. 위전1리에 사는 나이 지긋한 노인이 통일로 옆 산을 가리키며 어렸을 적에 그 산에서 탄피와 수류탄을 많이 발견했다고 말했다. 위의 오른쪽 사진에 경의선 전차가 금촌역을 지나 월롱역을 향해 통일로 고가다리 밑으로 진입하고 있다.

칠흑같이 어두운 밤에 비를 맞으며 다른 병사들과 함께 아버지는 곡사포 견인차에 올랐다. 문산 근교에서 통일로를 따라 남쪽으로 차량행렬이 이어졌다. 문산의 제11연대 일부가 적에게 퇴로가 차단되고 제13연대는 파평산 방어진지가 이미 무너진 상태였으므로 적진을 빠져나오기가 쉽지 않았다. 길가에는 총을 멘 병사들의 긴 행렬이 이어지고 그 틈새로 늦은 시각인데도 뒤늦게 무거운 짐을 이고 진 피란민들이 뒤섞여 혼란스럽게 내려가고 있었다. 마침내 사단 사령부(지휘소)도 그 밤 봉일천국민학교(현 경기도 파주시

조리읍 통일로 옆에 위치하고 있다. 위전리 봉일천 진지(S자교차로)로부터 한참 아래쪽 후방으로 그 초등학교 주변에 봉일천교가 있는 공릉천이 흐른다. 그 다리를 건너서 98번 도로를 따라가면 일산이 나오고 더 가면 한강을 건너 김포로 가는 일산대교가 있다. 이곳이 바로 6·25전쟁초기 우리 병사들이 뗏목을 타고 한강을 건넜던 이산포 나루터이임.]로 옮겨갔다.

이제 1사단에게 최후의 일전만이 남아 있었다. 제3차 방어선인 봉일천이 뚫리면 서울이 바로 함락陷落되는 것이었다. 백 사단장은 철수 당시의 심경을 그의 글에서 다음과 같이 술회述懷한다.

> 봉일천을 사수死守해야 한다.
>
> 철수 명령을 내리고 나자, 불안감은 더욱 가중돼 초조한 기색을 감추기 어려웠다. 혼란에 빠진 전선의 각 부대에 철수명령이 제대로 전달된 것인가.
>
> 제11연대가 적군을 우회하여 무사히 빠져 나올 수 있을까. 방어선이 허물어진 제13연대가 파평산 후면까지 침투한 적군에게 포위되지 않고 후퇴할 수 있을까. 야간 철수 중 중화기와 중장비는 잃지 않고 나올 것인가. 사단 동쪽의 의정부 전선은 지탱되고 있는가.

적군은 야간 공격을 감행했으나, 아군은 큰 혼란 없이 27일 새벽까지 봉일천 방어선의 진지에 투입되었다는 것이다. 다음 사진은 서부전선 제3차방어선인 봉일천 전투 상황도이다.

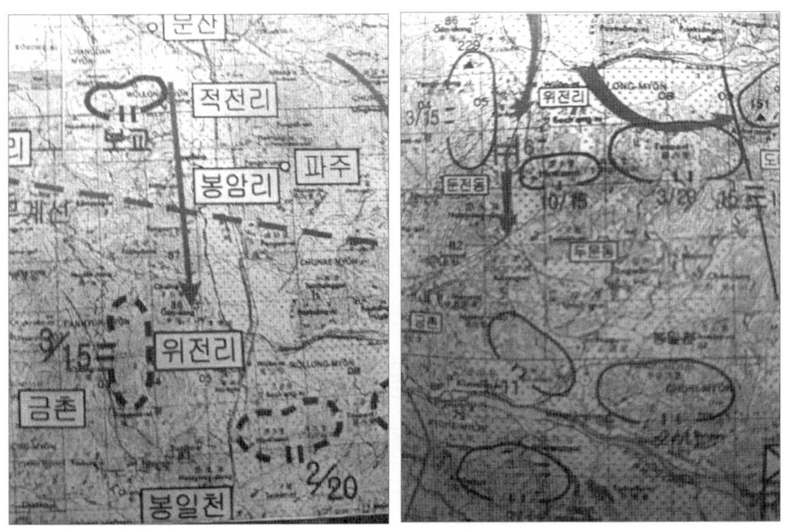

국방부 군사편찬연구소 『**6 · 25 전쟁사**』에서. 실선 화살표는 문산에서 위전리(봉일천)로 남하하며 침입하는 북한군을 표시함.

포병 제6대대도 철도와 통일로(개성-서울)가 교차하는 봉일천 진지 후방 야산 자락에 도착하여, 만반의 반격태세를 갖추었다. 그런데 포병부대에 큰 난제難題가 다가오고 있었다. 이것은 부대 자체적으로 해결될 일이 아니었다. 이미 노재현 포병대대장은 문산 전투에서부터 우려했던 일이었다. 그것이 현실화가 되고 있었다. 오죽하면 전투 중에 포탄을 절약하라는 명을 내렸겠는가. 과연 이 전투를 제대로 버틸지 의문이 들었다. 벌써 보고가 되었을 것이나 육본에서는 아무 소식이 없었다.

아침부터 숨 돌릴 틈도 없이 적군은 위전리 북방의 녹음 짙은 수풀 속에 나타났다. 국도에서는 소련제 탱크 이십여 대가 남하하고 있었다. 그 뒤를 수많은 적군이 따랐다.

이에 아군은 기관총과 박격포로 응사하며 사전 작전 계획에 따라 적 전차에 대전차포의 화력을 소나기 퍼붓듯 집중하였다. 그리고 제6포병 대대에 남아 있는 모든 대포들로 전차의 진로에 정확하게 탄막(彈幕, 폭탄을 한꺼번에 퍼부어 가로막는 일) 포격을 퍼부었다. 그런 포격이 효과적으로 적을 저지했다. 한동안 적 전차가 전진하지 못하고 피아간 총격전이 벌어졌다. 그러나 도저히 적의 전차를 당해낼 수가 없었다. 이에 아군은 증원 부대(제15연대)의 병사들까지 가담한 육탄 공격반을 꾸렸다. 그 대원들은 TNT 묶음 속에 수류탄을 넣어서 혹은 지뢰와 수류탄을 소지하고 수류탄의 안전핀을 뽑아 전차의 캐터필러(Caterpillar, 쇠로 만든 판 여러 개를 띠처럼 서로 연결하여 차의 앞뒤 바퀴에 걸어 놓은 장치로 '무한궤도'라고 함.)나 엔진을 향해 투척하고 장렬하게 산화散華했다. 어떤 대원들은 투혼을 발휘하며 전차에 뛰어올라 헤치(Hatch, 전차의 출입구)를 열고 수류탄을 넣다가 총탄에 쓰러지기도 했다. 그야말로 대 혈전大血戰이었다.

오후에 육군 본부 전략 지도반장인 김홍일金弘壹 소장(1898년생으로 6·25 전쟁 당시 52세의 고령이었다. 해방 전 중국 구이저우 貴州 육군강무학교를 나와 항일투쟁을 하였고, 광복군 참모장을 지낸 분으로 실전 경험이 누구보다도 많았다고 한다. 육군 중장으로 전역한 후 대사, 장관 및 정치인으로 활동함.)이 봉일천 국민학교 사단 사령부를 방문했다. 그는 백 사단장에게 의정부 쪽은 끝장이 나 희망이 없으니, 여기서 저항을 일단 그치고 한강 남쪽으로 후퇴하는 게 어떻겠느냐고 그의 의견을 물었다는 것이다. 이에 백 사단장은

"저도 그렇게 생각합니다. 그러나 임의로 후퇴할 수는 없습니다."

라고 말했다.

이런 대화가 오고갈 때에는 의정부 방어선에서 후퇴한 국군의 창동 방어선도 이미 무너진 상태였다. 이제 최후의 방어선인 미아리를 중심으로 한 정릉과 청량리(회기동) 라인만 남아있었다.

백 사단장은 김홍일 장군에게 육본에 속히 돌아가서 채병덕 총참모장에게 후퇴 허가를 받아달라고 부탁했다. 그러나 저녁 늦게 채 총참모장의 명령서가 왔는데 '현 진지를 사수하라'는 것이었다. 물론 백 사단장은 군인의 본분을 철저하게 지키고자 했다. 그는 전선 사수 명령을 받은 이상, 방어만으로는 수비가 될 수 없으므로 또 반격을 구상했다. 28일 새벽, 작전 참모에게 문산 탈환을 목표로 하는 반격 계획을 세우도록 명령하고 곧 각 부대에 이를 하달하도록 했다고 밝힌다. 아마도 다급한 상황이라 참모회의를 가질 시간도 없었을 것이나 회의를 했다고 하더라도 강직한 성품의 백 사단장 명령에 감히 이의를 달 참모도 없었을 것이다(백선엽, 1999. 참고).

이 글을 쓰면서 나는 그 계획이 가능한 일이었겠는가 하고 자문을 해본다. 전투에서는 그런 상황은 대 군대를 이끄는 수장으로서는 절체절명絕體絕命의 순간이다. 백 사단장이 육본 전략 참모의 충고를 듣고 말고의 문제가 아니다. 그 전에 우리 군의 전면적인 실상을 파악하는 것이 중요하지 않았을까 하는 생각을 해본다. 백 사단장도, 일제강점기부터 군 경험이 있고 해방 후 조선경비대에 몸을 담았던 군인으로서 나라와 국군의 형편을 누구보다도 잘 알고 있었다고 본다.

이것과 연관을 지어, 여기서는 채 육군총참모장에 대하여 그 인물됨을 논하기보다 다만 그가 군 경험(?)을 가진 대한민국 군인의 최고 수장으로서 맡은 바 임무를 제대로 수행할 수 있었겠느냐 하는 점을 잠시 생각하여 보기로 한다. 그에 대한 여러 가지 숨은 이야기들이 아직도 떠돌고 있지만 27일 밤 자정 무렵 북한군 제3, 4사단이 미아리 방어선을 뚫고 28일 새벽 1시경에 T-34 탱크를 앞세워 미아리 고개를 넘어서 돈암동으로 내려오자, 그는 바로 2시경 한강교 폭파 명령을 내린다. 그리고 곧바로 용산 우체국 근처에 있는 육군본부에서 상황판만 하나 달랑 들고 다급하게 코앞의 한강교를 건너 수원으로 갔다는 것이다.

다음 사진은 28일 새벽에 무너진 한강 인도교의 모습이다. 북한군의 남진을 저지하기 위해 국군이 한강 인도교를 폭파했다.

국방부 **『국군50년사 화보집』**에서. 폭파된 인도교 밑에 설치하여 놓은 부교로 피란민들이 남하하고 있다.

다음날 동경에서 비행기를 타고 수원 비행장에 내린 미 극동사령관 맥아더 원수가 육군총참모장 채병덕 장군에게 한강 방어계획에 대하여 묻자 우물쭈물(횡설수설?)했다고 한다. 그는 그 다음날(30일)로 육군총참모장직에서 해임된다. 이는 군의 총수로서 한마디로 요사이도 여전히 지휘(지도)자들에게 거론되고 요구되는 '위기관리능력危機管理能力'의 부족 때문이 아닐까 한다.

군대를 통솔하는 장수들은 대체로 숲을 보고 방향을 정하지 않을 수 없다고 생각한다. 나무 하나 하나를 배려하기가 어려울 것이다. 이렇게 할 수만 있다면, 장수로서는 금상첨화錦上添花라는 말이 어울릴 것이다. 그러나 실전實戰에서 그것은 단지 희망사항에 불과하지 않을까 한다. 군대는 철저한 상명하복의 사회로 알고 있다. 명령에 살고 명령에 죽는 게 군인이다. 그렇다고는 해도 그 사회의 명령 계통이 건전할 때만이 그 조직 전체가 살 수 있는 법이다.

백 사단장에게 당시의 결정이 쉽지 않았을 것이다. 봉일천 방어선을 내주면 서울이 함락되는데, 1사단만이라도 버텨야지 하는 생각이 들었을 줄 안다. 그리고 전날 미 고문관 도노반 소령이 사령부 지휘소에 다시 돌아와 미 군사고문단(KMAG)에서 철수 방침을 취소했다는 소식과 육본에서 의정부 방면에 몇 개 연대를 증원하여 반격을 계획하니, 1사단의 선전善戰에 큰 희망을 걸고 있다는 말에 고무되어 있을 수 있다. 게다가 서울을 내주는 후퇴는 일개 사단장이 결정하기에는 벅찬 일이었을 것이다. 또한 소통의 문제가 있어서 시시각각 반전하는 전선인 만큼 현재는 다른 전선의 상황이 어떤지도 잘 모르는 상태에 있었다고 한다.

그러나 서울의 절박한 상황을 김홍일 육본 전략지도 참모가 제1사단 사령부에 와서 알려 주었다. 의정부가 무너졌다는 것은 적군이 바로 서울로 진입한다는 것을 의미한다. 그리고 그는 전쟁의 경험자요 대 선배로서 또한 채 육군 총참모장을 최측근에서 모시고 있는 참모로서 후배에게 한강 남쪽에서 도모圖謀하는 것이 좋지 않겠느냐는 귀띔을 한 것이다. 직속 명령 계통이 아닌 참모로서 아마도 여러 가지 상황을 고려한 명령 아닌 권유라고나 해야 할까. 결과론적이긴 하지만, 사실 3차 방어선을 지키기 어렵다면 다음 4차 방어선을 생각하지 않을 수 없는 것이다. 그것이 순리順理이다. 한강은 제2차 방어선인 임진강보다도 더욱 유리한 조건을 갖춘 자연 방어선으로 후일을 대비하기에 좋은 지형이라고 생각한다. 그리고 사단 규모의 병력이 한강을 건넌다는 것이 그렇게 간단하고 쉬운 일이 아닐 것이다. 시간적 여유를 확보하고 결단決斷을 해야 할 일이다. 당시에는 어쩌면 싸우는 일만큼이나 퇴각退却하는 일이 어려울 수도 있는 상황인 것이다. 그리고 한강 건너 김포 반도가 이미 적의 수중에 들어가고 있었다. 한편으론 미국에 희망을 걸 수도 있었을 것이다. 그러기에는 아군의 전세가 확 기울어 촌각寸刻을 다투는 궤멸潰滅의 위기 상황이고 미국은 너무 멀리 있었다.

손무(孫武, 중국 춘추전국시대 제나라에서 출생하여 오나라에서 활동한 전략가)의 손자병법孫子兵法 모공편謨攻篇에 나오는 '知彼知己百戰不殆(지피지기 백전불태, 상대를 알고 나를 알면 백 번 싸워도 위태롭지 않다는 뜻)'는 여러 가지 해석이 있겠는데 싸워야 할 때와 싸워서는 안 될 때를 분별하여 대처하면 위험에 빠지지 않고 승리할 수 있다는 의미도 담고 있는 것이다. 아니 승리까지는 못되더라도 위험에 덜 직면할 수는 있는 것이다. 6·25전쟁 초기, 기습 공격하는 북한군의 우세한 전력을 파악하고 극도로 열세한 국군의 전력을 알았으니 전술전략의 그런 전통적인 방법을 한 번쯤은 심사숙고하지 않았겠는가. 그곳(봉일천)이 배수진背水陣을 쳐야만 할 낙동강방어선은 아닌 것이다.

백 사단장도 일말의 후회後悔 같은 말을 다음과 같이 한다.

사단장이 단독으로 결심해서 한강 이남으로 후퇴를 감행했어야 했다는 견해가 있다. 그러나 이것은 전쟁터에서 수없이 제기되는 수많은 '만약(if)'의 하나일 것이다.

지휘 계통이 아닌 참모의 의견을 따르다 낭패를 당한 경우는 헤아릴 수 없을 만큼 많다. 또 명령을 어기고 전선을 이탈하는 것을 극형으로 다스리는 것은 모든 국가의 군대가 공통이다.

처벌이 문제가 아니라 명령에 복종하는 것이 군인의 본분이다. 나로서도 만약 그때(27일 오후 육본 전략 참모 김홍일 소장이 후퇴를 권유한 시각으로 서울 동북의 창동 방어선이 이미 무너지고 적군이 미아리로 진격중인 때로 사료됨.) 후퇴명령이 내려져 사단규모의 전력을 비교적 완비한(?) 제1사단을 한강 남안 방어에 투입했더라면, 국군이 낙동강까지 일거에 밀리는 사태를 막아 수훈樹勳를 세울 수 있었으리라는 아쉬움은 남는다.

이 대목에서 나는 문득 초나라 항우(項羽, BC 232 - BC 202)의 사면초가四面楚歌가 생각난다. 옛날에 대학에서 중어중문학과 교수의 사기 강독史記講讀을 수강한 적이 있다. 사마천(司馬遷, BC 145 - BC 85 ?)의 사기史記의 '사기 본기'에 나오는 12편의 제왕들의 역사 중 하나인 '항우 본기項羽本紀'를 보면,

해하垓下라는 곳에서 머물고 있을 때 그 밤 사방에서 초나라 노랫소리가 들려오자, 항우는 한나라 유방(劉邦, BC ? - BC 195)의 군사들에게 포위된 것을 알고, 늘 타고 다니는 추騅라는 준마와 항상 사랑하며 따르는 우虞라는 미인 곁에서 술을 마시며 울적하여 구슬프게 노래를 하니 다음과 같은 한 수首의 시詩가 되었다.

힘은 산을 뽑을 만하고 기운은 세상을 덮을 만한데,
때가 불리하니 추(말)가 가질 않는구나.
어떻게 어떻게 할 수 있겠는데, 추가 가질 않으니
우여, 우여, 어쩌란 말이냐!

力拔山兮氣蓋世(역발산혜 기개세)여
時不利兮騅不逝(시불리혜 추불서)라
騅不逝兮可奈何(추불서혜 가내하)니
虞兮虞兮奈若何(우혜우혜 내약하)잇가

그러고 나서 항우는 포위망을 뚫고 어렵게 오강[烏江, 장강(長江, 지금의 양쯔강)의 지류로 건너가면 강동임.]에 이른다. 거기에 배를 대고 기다리는 정장亭長이 비록 강동 지방이 천리로 작긴 하나 무리의 수가 십만 명이니, 이 배를 타고 강동으로 건너가기를 원한다고 항우에게 말한다. 이에 강동 자제 8천 명과 함께 강을 건넜었는데 이제 홀로 돌아가 무슨 면목面目으로 그들의 부모 형제를 보겠는가 하고 스스로 찔러 죽는다. 그때 항우의 나이 30세였다.

이런 오강의 항우에 대하여 두목(杜牧, 803-853, 중국 晩唐 만당 시대의 시인)은 그의 시 한 구절에서 包羞忍恥是男兒(포수인치시남아) 즉 수치, 부끄러움을 무릅쓰고 참아내는 것이 사내대장부라고 하며, 강동江東으로 권토중래(捲土重來, 땅을 말아 일으킬 것 같은 기세로 다시 온다는 뜻으로, 한 번 실패하였으나 힘을 회복하여 다시 쳐들어옴을 이르는 말)했더라면 하는 탄식의 시 '題烏江亭(제오강정)'을 남긴다.

백 사단장도 29세를 넘어 30세가 되어가는 나이에 수장首將으로 싸웠다. 군인으로서 상부의 명령에 복종해야 한다는 것이 이해는 가나 여러 가지 정황情況으로 볼 때 수장으로서 누란지세累卵之勢에 처한 병사들을 생각했더라면 촌각이 급한데 후퇴의 결단을 늦췄어야 했나 하는 생각을 병사의 아들로서 지울 길이 없다.

나는 지금(2016. 6. 26. 저녁) 자판기 앞에 앉아 이 글을 쓰면서 이런 생각을 해본다. 백 사단장의 '수훈樹勳의 아쉬움'이 다른 관점에서 보면 당신의 부하였던 병사들에게는 고귀한 생명을 더 많이 잃지 않아도 되었을 텐데 하는 '그들 자식들의 통한痛恨'일 수 있다고. 병사의 아들인 나에게는 제1사단이 늦어도 6월 27일 밤에만 후퇴後退하여 한강을 건넜더라면 하는 아쉽다 못해 애석哀惜한 마음뿐이다. 서울은 그 밤 자정이 조금 지나 미아리 방어선이 무너지며 함락陷落이 되어간다.

27일 밀고 밀리는 팽팽한 싸움이 계속되는 가운데 어둠이 내리기 시작했다. 적군이나 아군이 모두 지칠 대로 지쳐있었다. 포성이 잠잠해지자, 아버지는 곡사포 진지에서 다른 병사들처럼 땅에 벌렁 드러누워 피곤을 풀고 있었다. 병사들은 서로 말이 없었다. 아니 생각할 여력도 없었다. 주야의 격전도 격전이지만, 근 삼일 동안 제대로 먹지도 마시지도 그리고 잠을 자지도 못한지라, 한참 때인 병사들은 잠과 허기에 시체처럼 축 늘어져 있었다. 아, 얼마나 억울한 인생人生들인가.

28일 먼동이 트고 날이 밝아오면서 다시 따발총(구 소련제 기관단총으로 드럼탄창이 '똬리'의 함경도 사투리 '따발'과 같다고 하여 붙은 별명이라고 한다. 개전 초기에 기관단총을 보유하지 못한 국군을 상대로 강한 위력을 발휘함.) 소리가 요란하게 들려왔다. 이어서 박격포 터지는 소리가 나더니 S자 교차로 가까이로 전차들이 움직이기 시작했다. 적의 전차에서 쏘아대는 포가 아군 진지 여기저기에서 터졌다. 드디어 교차로 쪽으로 통과하기 위해 진입하는 전차와 적군들을 양 산언덕에서 협공으로 반격하였다. 허나 어제 적에게 엄청난 양의 탄약을 쏟아 부었기에 우리 보병의 탄약이 얼마 남지 않아 밀리기 시작했다. 거기에다 포병 제6대대 또한 포탄이 거의 바닥이 난 상태였다. 겨우 입담立談의 엄포 정도로 포격을 가할 수밖에 없었다.

아버지는 포대장에게 포반의 절박한 사정을 보고했다. 이 사실을 포대장은 노재현 대대장에게 보고하였다. 노 대대장은 황급히 사령부로 향했다. 그러는 사이에 적의 122㎜ 곡사포가 정확하게 포병의 진지에 동시 다발적으로 집중해서 포격을 가하여 포탄이 여기저기 떨어져 터졌다. 주변의 군장비며 차량이며 포병이 남아나질 않았다. 땅이 파이고 그 흙에 산산 조각난 병사의 시신이 묻히고 군장비며 차량이 박살이 났다.

한순간 포성이 멈추는가 싶더니 T-34 탱크가 언덕 위로 올라오며 진지에 포를 쏘아댔다. 그리고 포병이 있던 진지를 지나 저 아래 국도로 내려갔다.

조금 전까지만 해도 포를 쏘기 위해 부산하게 움직였던 포병 제6대대 병사들은 온 데 간 데 없고 포연砲煙이 자욱한 빈 공간에 정적만이 감돌았다. 한 줄기 바람이 불어와 화약 연기를 휩싸갔다. 거기에는 전차의 캐터필러 자국만이 남아 있었다. 그뿐이었다.

'아, 아버지! 그렇게 가셨습니까.'

진지에서 그런 포격砲擊을 당하는 동안 노재현 포병대대장은 봉일천 국민학교 사단 사령부에서 백선엽 사단장을 만나고 있었다. 더 이상 쏠 포탄이 없다는 그의 보고에 백 사단장은 그를 부둥켜안고 눈물을 흘렸다고 한다.

이때가 이미 정오쯤 부상자를 싣고 서울로 떠난 앰뷸런스가 그냥 되돌아오고 탄약 보급을 받으러 부평富平 쪽으로 갔던 군수 참모(박경원 중령)가 빈 트럭인 채 돌아와 다음과 같이 암담한 소식을 사단장에게 보고한 후였다.

'녹번리(서울 은평구 녹번동)까지 들어가 보니 적이 벌써 서울에 진입해 있었고 한강 인도교가 폭파되었으며, 서대문 형무소의 죄수가 풀려나고 거리에는 적기가 휘날리고 있다는 소식을 듣고 되돌아왔다는 것이다.'

조금 지나자 건너편 야산지대에서 쏘아대는 박격포탄과 기관총탄이 사단사령부에 떨어지기 시작했다. 결국 백 사단장은 연대장과 참모를 소집하여 한강 이북에서의 마지막 회의를 가졌다고 한다. 그는 나흘 동안 잘 싸우고 버텨준 데 대해 고마움을 표했다. 그리고 철수 명령을 내리고 시흥 보병학교에서 만나자고 했다.

다음 왼편 사진은 당시 제1사단 사령부가 있던 봉일천 국민학교이다. 학교 뒤쪽과 옆쪽으로 약간의 거리를 두고 지금도 산이 있다. 기관총소리가 들리는 듯했다. 그 뒷산 너머에 통일로(기존 1번 국도를 근간으로 1971년 착공하여 1972년 왕복 4차 고속화도로로 완성함.)가 있고 학교 앞쪽으로 봉일천(조리읍) 읍내를 통과하는 왕복 2차선 구 도로인 1번 국도의 흔적이 6 · 25전쟁 당시 그대로 있다. 봉일천 읍내 사거리에서 남서쪽으로 인접한 공릉천을 가로지르는 봉일천교를 건너 일산 방면으로 가면, 이산포(김포반도로 건너는 한강나루터)에 이른다. 아래 사진은 제1사단 사령부가 있던 봉일천 국민학교와 그 부근 봉일천교가 있는 공릉천변의 모습이다.

왼쪽 사진은 6 · 25전쟁 당시 제1사단 사령부가 잠시 있던 봉일천국민학교(현 봉일천 초등학교)이다. 그때는 1층 건물이었는데 증축된 것이다. 오른쪽 사진은 읍내 사거리 가까이 흐르는 공릉천인데 그 건너 봉일천 읍내 아파트 뒤쪽을 배경으로 산이 조금 보인다. 그 산 능선을 타고 북한군이 내려와 사령부를 공격하자, 봉일천교를 건너 제1사단 사령부를 공릉천 둑으로 이전하면서까지 응전하다가, 결국 철수 명령에 따라 우리 군은 한강의 이산포나루와 행주나루 등으로 물러나게 된다.

우리는 제1사단의 사투死鬪로 북한군의 기습 남침을 저지하며 지연시킨 이 나흘이라는 시간을 간과해서는 안 된다. 누구도 그것을 부정할 수 없다. 이것은 우리 국군이 지극히 열악한 상황임에도 불구하고 불과 두어 달 전에 서부전선 제1사단장으로 부임한 백 사단장의 남침 대비를 위한 면밀한 준비로 얻게 된 전쟁에서의 큰 성과인 것이다.

이제 백 사단장에게는 병력의 도하점渡河點을 확보하는 일이 급선무였다. 제11연대장(최경록 대령)이 봉일천에서 가까운 이산포二山浦 나루의 지형을 잘 알고 있다고 하므로 그리로 출발하게 하여 도하점을 확보하고 병력의 도강을 대비토록 하였다. 15연대장(최영희 대령)은 행주나루터를 잘 알고 있어서 그리 가서 대비토록 하였다. 다음 뒷면 사진은 국군 제1사단의 퇴로를 나타내는 상황도이다.

그러고 나서 백 사단장 일행이 먼저 강 하류 쪽의 이산포로 갔으나, 선발대는 웬 일인지 아직 도착하지 않았고, 한 척의 나룻배도 보이지 않았다고 한다. 지프를 돌려 강 상류 쪽의 행주나루터로 가니 도하가 가능했다. 강 건너 김포 공항 쪽에서는 벌써 검은 연기가 솟고 있었다. 25일 개성에서 영산포로 빠져 나온 일부 우리 제12연대 병사들을 따라 내려온 북한군 제6사단 예하 부대가 26일 영산포를 건너 김포 반도로 들어와 공항까지 침투한 상태였다. 어둠이 내리는 가운데 백 사단장은 강을 건너며 적의 눈에 발각될까 싶어 지프를 강물에 밀어 넣었다고 한다(백선엽, 전게서 참고).

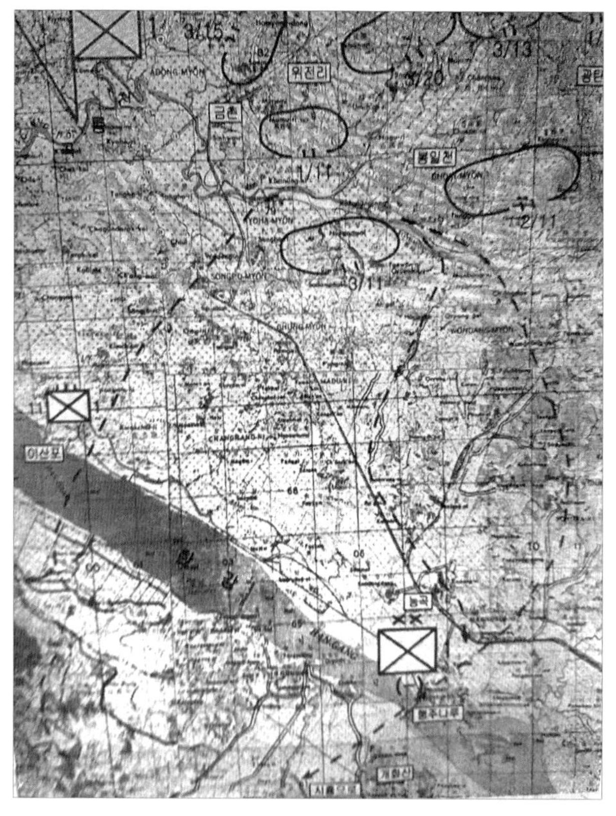

국방부 군사편찬연구소 『**6 · 25 전쟁사**』에서. 봉일천에서 왼쪽 점선 화살표 방향은 한강 하류 쪽 이산포로 국군이 후퇴하는 표시이고, 오른쪽 점선 화살표는 국군이 한강 상류 쪽 행주나루로 퇴각하는 표시이다. 행주나루는 강폭이 좁으나 이산포는 강폭이 넓어서 국군이 뗏목을 타고 건너기가 어려웠다.

백 사단장이 행주나루를 건널 때는 이미 김포공항이 북한군 제6사단에 의해 점령당한 상태였다. 김포반도의 전투에서 북한군에 대항하여 우리 군은 혼성된 부대와 여러 형태로 편성된 부대로 응전하였으나 계속 밀리는 가운데 28일 저녁이 되면서 김포지구전투사령관(계인주 대령)이 실종되는 일까지 일어났다고 한다. 이에 한강남안방어선을 담당한 시흥지구전투 사령관 김홍일 소장은 김포지구 병력증강을 위해 대구에서 지원 나온 제3사단(22연대 2대대, 8연대 3대대)의 현지 참모장인 우병옥 중령을 새로이 김포지구사령관으로 임명했다. 그런 다음 우선 군사적으로 중요한 김포비행장을 탈환하고 더불어 행주에서 도하하여 후퇴하는 제1사단 퇴로를 확보하고자(?) 했다. 그리고 김포비행장 인근에서는 제3사단 22연대와 제1사단 12연대 일부 병력이 북한군 제6사단 병력의 남진에 대비하였고 제3사단 8연대 일부 병력은 김포비행장에서 영등포로 전진하는 북한군의 진격을 대비하였다는 것이다.

봉일천에서 사투를 벌리던 제1사단 각 부대는 28일 오후에 병사들에게 긴급 후퇴 명령을 내린다. 병사들은 서둘러 엄폐물掩蔽物에 몸을 숨겨 가며 탄약이 없는 빈총을 메거나 던져버리고 여러 갈래로 흩어졌다. 물론 차량이며 야포와 대포 및 중장비 등은 고스란히 놓고 빠져나올 수밖에 없었다.

봉일천 제3방어선에서 제1사단 병사들의 퇴로를 보면 대략 다음과 같다.

우선 제11연대와 제6포병대대(대대장 노재현 소령)의 살아남은 병사들은 최경록 대령이 이끄는 쪽인 이산포로 향해 갔다. 그 두 부대는 지난해 송악산 전투에서부터 같이 지내온 형제와 같은 부대이다. 쫓겨 가면서 적의 따발총에 맞지 않고 다행히 목숨을 보전한 병사들은 타들어가는 목과 허기를 채우기 위해 급한 대로 야채밭의 상추를 뜯고 풋고추를 따 가지고 빈 집 장독대에서 된장이나 고추장을 퍼 찍어 먹으며 샘물에 된장을 타서

갈증을 풀었다. 다행히 피난을 가지 못한 주인이 있는 집에서는 남은 밥을 얻어먹었다. 그러면서 이산포에 힘들게 도착했다.

다음 사진은 6 · 25 당시 한강 이산포 나루터와 강 건너 김포반도의 걸포 나루터(김포, 현 김포시 걸포동)를 이은 일산대교(2007년 12월 완공, 총 길이 1.59㎞)이다.

왼쪽 사진은 노을이 질 무렵 이산포 쪽에서 일산대교를 건너며 바라본 김포반도이다. 6 · 25전쟁 당시에는 그 대안에 등불들이 없는 갈대숲이었을 것이다. 오른쪽 사진은 건너가는 중에 노을이 지고 어둠이 내리면서 남쪽 밤하늘에 상현달이 떠 있는 모습이다.

저녁노을이 질 무렵 하구에서 불어오는 세찬 강바람을 맞으며 휘청거리는 다리를 건너는데, 그 당시 이 강을 건너는 병사들을 생각하자니, 가슴속 깊은 곳에서 슬픔이 북받쳤다. 매몰차게 쉉쉉 지나가는 자동차 소리에 그나마 상현달이 정겹게 지켜보고 있어서 덜 외로웠다.

병사들은 이산포 나루의 출렁대는 한강물과 멀리 김포반도 쪽 대안對岸을 바라보자마자 절망絕望의 탄성歎聲을 질렀다. 이산포의 강폭은 김포반도로 건너기에 매우 넓고 물살이 빨랐다(행주 나루에 비할 바가 아니었다.).

그러나 배도 없고 적이 언제 들이닥칠지 모르기에 선택의 여지가 없었다. 급히 주변 빈 가옥에서 기둥이나 연목을 구해와 엮어 뗏목을 만들어 타고들 강을 건너야 했다. 밤이라 급물살에 한없이 떠밀려 더러는 한강 하류, 서해 바다로 내려가기도 하고, 일부는 겨우겨우 김포 반도 둔덕 아래 갈대숲에 닿았다. 허나 이미 도강할 것을 대비하여 진지를 구축하거나 매복한 북한군 제6사단 예하 부대로 추정되는 적은 맨손의 병사들에게 따발총 세례를 퍼부어댔다. 이를 어찌하랴, 어찌할꼬. 그렇게 병사들은 쓰러져갔다. 누가 알기나 하랴. 아, 불쌍한 우리 병사들. 갈대숲에 수장되어 멀리 서해바다로 흘러간 영령英靈들이여!

행주나루터에는 여러 척의 배들이 있었으나 13연대, 15연대 병사들이 모여들기 시작하여, 나중에는 그 배들로 도강하기에는 턱없이 부족했다. 시간이 많이 흘러갔다. 밤은 깊어가고 강 양안兩岸에 언제 적군이 들이닥칠지 모르는 상황에서 기다리는 병사들은 초조했다.

넘쳐나는 병사들로 행주나루 도강이 여의치 않자 나머지 병사들은 일찌감치 한강변을 따라 상류 쪽 나루터를 찾아 서울로 향하였다. 또 더러는 봉일천에서 나루터로 가지 않고 서울로 직행하였다. 그들은 그렇게 하는 것이 더 빠르리라는 계산에서였다. 가면서 병사들마다 민가나 야채밭(고추, 상추, 배추, 오이, 당근, 감자), 과실나무(살구나무나 오얏나무) 등에서 뱃가죽이 등허리에 붙은 배를 채우며 힘들게 서울 근교에 다다르자 누군가가 변장變裝을 해야 한다고 말했다. 인근 초가집에 들어가 농민복으로 갈아입고 밀짚모자를 눌러쓰니 감쪽같았다. 어떤 병사는 누더기 옷을 걸쳐 입고 막노동꾼 행색行色을 하였다.

근 4일 간의 혈전 끝에 부대 체제가 사라진 제1사단의 병사들은 말 그대로 알아서 살아남아 도하해야 했다. 밤새 걸어서 서울로 들어온 병사들은 시내에 진입한 북한군 특공대와 지하 공산주의 폭력조직, 반국가 범죄자와 대한민국을 배신한 일부 보도연맹원 등에게 생명의 위협을 느끼면서 숨어가며 나루 쪽으로 갔을 것이다. 한강교는 전 날(28일) 새벽에 폭파되었고 마포나루와 서빙고나루 등도 그 날 낮 12시경에 적에게 점령된 상태였다. 그래서 29일 밤 늦은 시각에 혹시 의정부 방면에서 뒤늦게 철수한 병사들이 모여 건너는 뚝섬이나 광나루 쪽으로 가지 않았을까 한다. 잡히지 않았다면, 그날 그들은 서울에서 은신하고 밤을 새웠을 수도 있다.

백 제1사단장은 이제 사단이 와해瓦解되고 수많은 병사들을 잃고 차량과 중화기 그리고 군장비 등을 모두 버리고 탈출한 수장이 되었다. 그러한 그의 심정은 비창悲愴 그 자체였을 것이다. 그는 적을 피하며 지름길로 가기 위해 밤새 논두렁으로 걸어서 29일 아침에서야 시흥 보병학교에 도착했다. 거기서 육본 전략지도 참모였다가 한강 방위를 맡은 시흥지구 전투사령부의 김홍일 사령관(육군 소장)을 만났다. 김홍일 장군은 그에게 제1사단이 어떻게 됐느냐고 묻고, 부탁한 대로 채 총참모장에게 제1사단의 철수를 강력히 건의 했으나 채 총장이 결단을 내리지 못했다는 말을 백 사단장에게 전했다고 한다. 그 후 백선엽 제1사단장(육군 대령)은 재기하여 6·25전쟁사에 특별히 남을 저 유명한 낙동강방어선의 다부동 전투에서 혁혁한 공을 세웠다. 그리고 육군 참모총장, 대사, 장관, 사장 등을 두루 역임하였다.

아버지와 관련한 전투 이야기는 이것으로 끝을 맺고자 한다. 다만 6·25전쟁에 관한 기록물, 회고록, 자서전, 신문 등과 인터넷 검색을 통해 여러 정보를 본 것 중에 한 가지 기억에 남는 것이 있어서 잠시 언급하려 한다. 그것은 맥아더 원수元帥와 우리 국군의 한 병사兵士와 나눈 대화의 한 토막이다. 전사戰史에 야화野話처럼 일화(逸話, Anecdote)로 전해지고 있다.

앞에서 이미 밝힌 바이지만, 맥아더 원수는 6월 29일 수원에서 채 총참모장을 만난다. 그리고 올라와 서울의 한강방어선을 시찰한다. 시찰단이 영등포를 지나 한강 둑으로 가는 중에 김포 방어선을 뚫고 영등포로 진입한 북한군의 박격포탄이 난무하기 시작했다. 미 고문단장이 맥아더 원수에게 위험하니 돌아가자고 하자,

"아니, 난 한강을 보아야겠다."

하고 한강 행을 강행했다. 김포비행장에서 영등포로 진격하는 북한군 제6사단에 밀려온 우리군 제3사단 제8연대의 일부가 어렵사리 점령 중인 언덕의 진지에 올라가 쌍안경으로 한강을 관찰했다. 이때 원수는 그곳의 개인호 속에서 진지를 지키고 있던 중사 계급을 단 어느 병사를 보자,

"자네는 언제까지 그 호 속에 있을 셈인가?"

하고 물었다. 그 중사가 대답하길

"각하께서도 군인이시고 저 또한 군인입니다. 군인이란 모름지기 명령에 따를 뿐입니다. 저의 상사로부터 철수 명령이 내려오든지 아니면 제가 죽는 그 순간까지 이곳을 지킬 것입니다."

라고 말하였다. 통역으로 전해들은 원수는 크게 감동한 듯 병사의 어깨를 두드리며 격려하고 '내가 동경으로 돌아가서 지원병을 보내 줄 테니 안심하고 싸우라'고 말했다는 것이다.

이 이야기의 내용대로라면 대 원수가 군 총참모장이 아닌 일개 사병士兵의 말 한마디에 백척간두百尺竿頭에 서있는 한국군에게 지원할 것을 약속한 것이다. 아, 얼마나 감동적인가. 그는 한 병사에게서 우리 국군의 기개氣槪를 느꼈던 것이다. 그리고 그는 장군으로서 병사 하나하나가 얼마나 소중한가를 보여주었다. 병사의 목숨은 그 어느 누구의 목숨보다 못하지 않은 것이다. 전쟁의 소모품消耗品이 아닌 것이다. 그는 동경으로 돌아가서 한 병사에게 한 지원 약속을 지켰다.

어느 노병은 6·25전쟁에 관한 연설에서 이렇게 말한다.

> '6·25전쟁은 단순한 영토 싸움이나 군벌 간의 싸움이 아니다. 같은 민족이 서로 싸우고 죽여야 했던 비극이지만, 전쟁의 본질은 북한의 공산주의와 남한의 민주주의의 충돌이었고 제2차 세계대전 이후 냉전 체제가 낳은 국제적 갈등이었다.'

이게 우리 민족이 처한 운명運命이었다. 당시 병사들이 그런 사실을 인식하고 싸웠거나 그렇지 못하고 싸웠거나, 아무튼 그들은 애국愛國을 하고 책임責任을 다했다. 그들의 덕으로 오늘의 대한민국이 있고 우리는 자유自由, 자유自由를 누리며 살고 있다. 얼마나 소중한 자유인가. 자유는 공기와 같은 것이다. 우리가 공기 없이 살 수 있겠는가. 그러나 아직도 그 전쟁은 끝나지 않고 살아있다. 잠시 쉬고 있을 뿐이다.

이 지면을 빌려, 한 병사의 아들로서 1949년 5월 4일 송악산 전투의 김석원 제1사단장님, 제11연대 최경록 연대장님, 노재현 제6포병대대장님, 1950년 6월 25일 전쟁 초기 서부전선 백선엽 제1사단장님, 그리고 제1사단 예하부대 부대장님 및 모든 병사님들께 조국을 위해 헌신獻身하신 데 대하여 진심으로 감사를 드린다. 또한 당시 제1사단의 호국영령護國英靈들께 편히 잠드시기를 충심衷心으로 빈다.

1950년 무더운 여름 우리집

우리 동네(안터)가 있는 내지리(內地里, 여러 작은 마을들로 이루어졌다. 안터도 그 중의 하나임.)는 여러 면面과의 접경지대에 있다. 부여군扶餘郡 은산면恩山面 변두리 지역의 비교적 큰 마을(대략 160가구 내외)로 시냇물이 북쪽의 축령봉이 있는 첩첩 산 중에서 수 킬로를 구불구불 흘러 내려와 들 가운데를 지나서 남쪽 규암면의 반산 저수지로 유입하고, 넘쳐흘러서 금강(백마강)에 이른다. 동쪽으로 길게 이어진 산등성이 너머에 경둔리가 있고 그쪽으로 좀 더 멀리에 은산(恩山, 5일 장이 서는 면소재지)이 있다. 그리고 은산으로 가는 가로고개에서 얼마큼 떨어진 다롱고개(달오름 고개를 그렇게 부른 게 아닌가 함.) 산등성이 너머 남쪽으로 규암면과 서쪽으로는 부엉산 등성이로 경계를 삼아 구룡면과 인접해 있다. 북쪽으로는 망신산(345m) 능선의 작은 산들이 동네를 보호하고 있다. 이 산등성이 너머 계곡에 오장장터(대고모의 절이 있었음.)가 있다. 그래서 내지리는 산으로 둘러싸인 분지로 되어 있다.

내가 살던 동네 안터는 망신산 능선의 산 밑에 있는 마을로 앞의 들판과 들 가운데 마을이 내려다보이는 곳에 위치해 있다. 그리고 남쪽 산 너머 좀 더 멀리에 구룡면에서 규암면 금강 둑까지 동서로 길게 펼쳐지는 구룡 평야가 있다. 우리 동네(안터) 뒷산에 오르면, 들 건너 산등성이 너머에 바로 반산 저수지가 그 앞과 옆으로 좀 더 멀리 구렁펄(구룡 평야를 우리 동네에서는 그렇게 불렀음.)이 보이고, 그 동쪽 끝자락에 서해바다로 흘러가는 백마강이 아스라이 보였다. 망신산에서 바라보면 서쪽과 서북쪽으로 내산면과 외산면이 북쪽으로 멀리 축령봉(450m) 너머 청양군이 있다.

이런 지리적 위치를 가지고 있는 내지리는 그해 초여름 근동의 다른 지역과 마찬가지로 평온하다 못해 적막하기까지 했다. 일찍 심은 모는 뿌리를 내려 초벌 김매기를 한다. 농부들은 더워서 아침 일찍 서둘러 논에 나가 벼 포기 사이를 호미로 긁으며 잡초를 뽑아낸다. 하얀 황새들이 처처히 무논에서 농부처럼 고개를 숙이고 먹이를 찾아서 움직이고 있다. 들 가운데 어디선가 뜸북새가 가끔씩 뜸북 뜸북 한다.

점심을 먹고 정자나무 밑에 앉아 쉬는 동안, 은산에서 우체부(우편배달부, 우편집배원을 1950년대에 우리 동네에서는 그렇게 불렀음.)가 자전거를 타고 땀을 흘리며 힘겹게 동네로 올라온다. 그리고 정자나무 아래로 와서 농부들에게 편지를 나누어 주며 외지 소식을 전한다.

"38선이 무너지고 인민군이 쳐내려 온대유."

'인민군'이란 말에 좀 오싹하긴 해도 그런 소식에 비교적 크게 놀라지 않고 '그럼 어떻게 되는 거여.'하는 정도의 반응을 보였다. 관공서에 다니는 사람이 두서넛 있다고는 해도 대부분 바깥에 나갈 일이 별로 없고 서로 왕래도 뜸한데다 라디오도 없는 사람들이라 세상이 어떻게 돌아가는지에 대한 관심들이 적었다. 전부터 빨갱이(공비) 토벌이니 인민군의 휴전선 침투니 하는 소리를 풍문으로 들어온 터이고, 게다가 전쟁과 직접 이해 관계가 없는 사람들이라 그런지 강 건너 불구경 하듯이 듣고 이야기들 했다.

그러던 어느 날 초저녁 동남쪽 멀리 부여 방향에서 갑자기 오포(원래 午砲는 대포를 한 방 허공에 쏘아 그 소리로 정오正午를 알렸던 것인데, 후에 '사이렌'으로 바뀌었다. 그러나 그 당시에도 여전히 그 소리를 '오포' 소리라고 하였는데, 낮 정오만 되면 읍내 지서에서 오포를 불곤 했다. 내가 국민학교 다닐 때인 1950년대 중반에도 정오에 은산에서 부는 오포 소리가 무서울 정도로 크고 가깝게 들렸음.) 소리가 연달아 울리고 달옹고개 너머 하늘에 불빛이 번쩍번쩍하고 작지만 격렬한 총격소리가 들려 왔다. 부여에 무슨 일이 난거라고 야단들이었다. 바깥마당 모깃불 곁에서 할아버지와 할머니는 모기와 싸우며 멍석에 앉아 산 너머 벌건 하늘을 쳐다보고는 군대 간 아들, 규선圭先이 걱정을 하였다. 난리가 나도 이번에는 단단히 난 모양이었다. 어머니는 보채는 덕현德鉉이에게 젖을 먹인다고 사립문 안으로 들어갔다.

바로 그날(7월 14일) 미 8군 제24사단 예하 부대들은 금강 서쪽 방어선인 공주 정면(미 34연대가 방어 담당)과 동쪽의 연기군 금남면 대평리(미 19연대가 방어 담당) 두 곳에서 남하하는 북한군 1군단 예하 부대인 4사단과 3사단의 도하를 막기 위해 치열한 전투를 벌였다. 미 24사단의 공병중대는 남하하는 북한군이 금강 이남으로 진출하지 못하도록 다음 사진처럼 전날(7월 13일) 새벽에 금강교를 폭파하여 놓았었다.

국방부 『**국군50년사 화보집**』에서. 북한군의 남하 저지를 위해 공주의 금강교가 폭파된 모습

그러는 가운데 4사단 일부 인민군('인민군人民軍'은 북한의 인민으로 조직된 군대나 군인으로 '북한군'과 지시적인 의미가 같다. 북한군은 한반도 휴전선 북쪽 지역의 군대나 군인을 말함.)이 현지에서 습득한 목선을 타고 금강을 건너 공주로 들어왔다. 게다가 미군이 금강 지형에 밝지 못한 관계로 북한군 특공대도 측면으로 도하했을 것이다. 인민군의 기습 도하 시도에 결국 미 34연대는 허무하게 무너졌다.

공주가 북한군의 수중에 들어가자 부여는 공주에서 차로 한 시간도 안 되는 거리로 별로 저항을 받지 않고 당일 북한군 4사단의 일부 인민군이 부여 읍내를 점령했다고 볼 수 있다. 사실 부여 경찰서가 논산으로 철수한 날짜가 7월 14일이었다고 한다. 아마도 부여에서 어둑해질 무렵 들이닥친 일부 인민군과 경찰병력과의 사이에 총격전이 벌어졌을 것이다. 결국에는 적군의 병력과 화력에 밀려 부여 경찰서가 논산으로 후퇴하지 않을 수 없었으리라.

그러니까 인민군 4사단의 주력 부대가 공주 금강을 건너 논산 쪽으로 내려가서 논산과 강경을 점령한 때는 7.15 ~ 7.17일경일 것으로 추정된다. 그리고 18일에 대전 쪽으로 가서 유성을 점령하였다. 북한군 4사단 예하 부대에게 계속 밀려 대전까지 온 미 34연대는 미 19연대와 더불어 북한군과 대전 시내 외각의 갑천 방어선에서 접전하며 버티다가 큰 손실을 당하고 결국 7월 20일 오후 5시 30분에 후퇴를 하게 된다.

7월 14일 저녁을 걱정과 두려움 속에 보낸 동네 사람들은 선잠을 자며 날을 새웠다. 다음날 새벽부터 은산에서 오포소리가 계속해서 한참씩 울려댔다. 산 너머 멀리서도 은은하게 오포소리가 울렸다. 좌불안석으로 동네가 떠들썩한데 누군가가 소식을 듣고 와서 어제 부여에 인민군이 쳐들어 왔다고 전했다. 모두들 그냥 당할 수만은 없다며 보따리를 싸고 주먹밥을 만들어 가지고 뒷산 너머 오장장터로 피란避亂들을 갔다. 우리집도 다들 피란을 가고 할아버지만 집을 지켰다고 한다. 할머니한테 '저 늙은이 고집 때문에 죽는다'는 원망을 들어도 꿈쩍도 않고 밤에 소등을 해야 함에도 불구하고 오히려 모깃불을 놓고 긴 담뱃대만 빽빽 빨아대며 마당에 누워 밤을 지새웠다고 한다. 할아버지의 완고한 성격을 보여주는 단적인 사례이다. 또한 할아버지는 바른말을 잘 하시는 편으로 가령 노름판에 얼씬

거리는 동네 청년을 혼내준다든지 하는 동네 어른이시었다. 그래서 싫어하는 사람도 더러 있었던가 보다. 사람들은 피란이라고는 하나 다급한 나머지 간 피란이니만치 어지간히 불편스러웠던지 동네에 아무 일이 없다고 하자 그 밤만 보내고 내려왔다고 한다.

그런데 우리 동네에 피란민避亂民이 7월 16일경부터 들이닥치기 시작하였다. 들 건너 다롱고개와 그 산등성이 서쪽 끝자락인 세머리펀데기('쇠머리펀더기'의 충청도 사투리)의 황톳길로 피란민들이 흰 구름떼(할머니의 표현임.)처럼 넘어왔다고 한다.

국방부 『**국군 50년사 화보집**』에서. 인민군의 침입에 놀라 서둘러 오지로 산을 넘어가는 피란민들의 모습

그들은 인민군이 있는 읍내나 인민군 차량이 규암면, 구룡면을 지나 홍산면, 옥산면을 통해 서천, 장항 등으로 가고 오는 신작로 주변 지역을 피해 산골 오지로 접어든 것이었다.

지리산 공비다 빨갱이다 해서 국방경비대 및 경찰과 싸웠던 과거가 있었기에 다른 곳의 사람들도 그렇겠지만, 부여 지역의 사람들도 '인민군'이라는 말이나 소문만 들어도 좀 움츠러드는 공포를 느끼던 시절이었다. 그런 북한군이 점령을 하고 차량이 인공기를 휘날리며 신작로로 지나가는 것을 보고는 기겁을 하여 우선 급한 대로 보따리를 싸 비교적 가까운 우리 동네로 들어온 것이었다.

피란민들은 우리 동네에서 가까운 반산 저수지 옆의 합송 · 노화리 사람, 규암 · 부여 사람, 더 멀리서 온 공주 · 천안 사람들이었는데 그 중에는 서울 사람도 섞여 있었다. 멀리서 난리를 피해 온 사람들은 남쪽으로 내려가려다 논산과 전라도가 이미 인민군의 수중에 들어간 뒤라 부득이 이곳 피란민을 따라 함께 온 것이었다.

우리집에도 많은 피란민들이 여러 날을 묵었다고 한다. 골방이나 헛간 심지어는 처마 밑에 자리나 가마니를 깔고 지내는데, 어머니와 할머니는 그들에게 밥을 해서 주거나 감자를 쪄서 주기도 하고 그 밖에 여러 가지 먹을 것도 챙겨주었다. 그들 중에는 서울에서 내려온 중년 여인도 있었다. 며칠 정도 머물다가 공포가 가시고 세상이 뒤집어질 줄 알았는데 동네가 평상시 생활로 돌아가자 피란민들은 하나둘 고향으로 돌아갔다. 서울에서 온 여인은 우리집에서 좀 더 오래 머물다 떠났다고 한다.

이처럼 외지에서 피란민들이 들어올 정도로 부여 지역은 비교적 충청남도의 내륙에 속해서 6 · 25 전쟁 당시 공주, 대전, 논산 지역 등에 비해 상대적으로 격렬한 전투는 발생하지 않았다. 그래서 더욱 단기간에 걸쳐 이곳에 인민군의 정책이 실시될 수 있었을 것이다.

인민군은 점령 지역에 진주 이후, 지방 좌익(해방 직후부터 활동하다 미군정 통치를 받게 되면서 지하로 숨어서 활동함.)과 야합하여 인민위원회(인민자치기구), 내무서(남한의 군 단위 경찰서에 해당함.), 분주소(면 단위 경찰지서 즉 파출소에 해당함.)를 설치하였다. 그리고 행정구역 단위별로 자위대나 치안대를 구성하였다. 또한 인민군은 점령 지역의 치안을 담당하고 점령 정책의 시행과정을 감독하는 검찰소檢察所를 조직하였다. 검찰소는 내무서와 분주소를 관리하는 사법기관으로 북에서 파견된 검사, 예심원 그리고 지방 좌익이 결합하여 구성되었다. 검찰소 직원들은 주로 지하투쟁과 노동당가입경력을 가진 사람들이었다. 이와 같이 인민군이 구성하고 조직하여 설치한 사회단체나 부서는 점령 지역에 대한 통치권을 확보하고 정규 인민군이 남진南進하는 동안 후방 지역의 안전 확보와 보급선 유지, 군사동원체제 완비 등의 목적을 가지고 있었다.

그들의 점령 정책 중에서 점령지의 주민에게 가장 큰 영향을 미친 정책은 우익인사(右翼人士, 소위 반동분자) 숙청이었다. 그 밖에도 토지개혁 추진과 의용군 소집 등이 주요 정책에 속했다.

당시 가해加害의 주체들은 정치보위부원政治保衛部員과 내무서원內務署員이 광범위하게 개입되어 있었고, 지역 인민위원회원과 치안대원이나 자치대원, 농민위원회 지도위원, (부녀동맹원), 민청(북조선민주청년동맹 소속 청년들) 그리고 의용군 심사원 등등 지방 토착 좌익土着左翼들이 피해자들을 직접적으로 구금, 연행하는 과정에서 주도적인 역할을 담당하였다. 그들에 의해 연행된 각 지역 우익계 요인들은 부여 검찰소에서 심사를 받고 유치장에 감금된 후 인민재판人民裁判을 통해 처형되었다.

우익의 피해자들은 대체로 우익인사, 우익적 성향을 가진 단체와 인물, 농민, 학생 등과 지역의 유지들로 면장, 기자, 의사, 교장, 학력이 높은 계층의 사람, 교회 장로, 지주 마름(혹은 농장관리인), 문중의 영향력 있는 인물, 경제권을 장악한 인물 등, 그리고 경찰, 공무원, 헌병, 군에 근무한 사람 외에 국민회, 민족청년단, 그리고 대한청년단 등의 임원과 활동자로서 반공사회단체反共社會團體에서 주도적으로 활동했던 인물들이었다. 이들은 인민군이 지방 좌익의 적극적인 협조와 신고로 분류한 정치범들, 소위 반동분자反動分子들로 그들 중에는 피신하는 사람도 있고 일부는 분주소나 내무서, 그리고 검찰소 등으로 끌려갔다. 그리고 미군정기(1946년~1948년)를 거쳐 정부수립(1948. 8. 15)에서 6 · 25전쟁 전까지 좌익 세력에 대한 여러 조치(검거나 학살 등)를 주도한 우익계 인사들이 지방 토착 좌익들을 가해한 대상자들 중에 포함되면서 지역민들의 사적인 감정이 내포된 보복(학살)도 자행되었다.

지역 검찰소가 부여에서는 7월 25일 군청 앞 전매서 자리에 설치되었고 7월 30일에 간판을 게시하고 업무를 본격화하였다. 그리고 부여 지역에서의 모든 정책들(이것들은 당에서 먼저 토의되고 계획됨.)을 집행하는 인민위원회는 그 구성이 선후가 있겠으나 완료된 시점이 8월 17일이었다.

우리 동네 내지리內地里는 일제강점기부터 6 · 25전쟁 이후까지 가시적으로는 외부의 영향을 비교적 적게 받은 마을이었다. 일제강점기 일본인이 살았다는 가옥(적산가옥敵産家屋이라고 하는데 8 · 15광복 이전까지 한국 내에 있던 적국 소유, 즉 일제나 일본인 소유의 집을 말함.)이 벌뜸(들판에 형성된 마을)의 가장자리, 좀 외진 곳에 있을 뿐이었다. 그 집은 유리창문과 미닫이문이 있어서 주위의 초가집과 다른 큰 집이었다. 미군정기에 적산을 분배 받았는지 아니면 정부수립 후 농지 개혁을 할 때에 그랬는지는 모르지만, 전쟁 후 내가 국민학교에 다닐 때는 면사무소에 자전거를 타고 다니며 서기로 일하는 사람이 살았다. 내가 어릴 때 듣기로는 동네 사람들이 그 집을 들가운뎃집이라고 불렀다. 그런데 거기에 살았다는 일본인에 대한 평이 나쁘진 않았다.

일본 식민지시기에 극한적으로 발달한 지주제(地主制, 이것의 한 폐해로 가령, 조선총독부는 일본인 지주와 조선인 지주에게 고율의 소작료 보장, 5할 이상 수취케 하여 조선 농민들을 착취함.)로 해서 그 일본인이 우리 동네의 대지주가 되었다는 말은 듣지 못했다. 다소 농지를 가지고 있었다면 해방 후 미군정기에 귀속재산으로 농지 분배가 되었을 것이다. 더구나 내가 살았던 내지리는 분지 형태로 개울이 흐르는 중앙의 들판을 제외하면, 골골마다 농경지가 협소했다. 그래서 일제강점기에 형성된 지주다운 지주는 없었다고 본다. 문중(門中, 가령 東萊 鄭氏)이 있다고는 하나, 종중산이나 종중답宗中畓 혹은 시향·시사답(時享·時祀畓)과 같은 정도의 산이나 농지를 가지고 있는 경우이지 문중의 지주로서 크게 행세하는 사람은 없었다.

토지 개혁은 8·15해방 후 1946년에 북한이 먼저 단행하였다. 북한은 사회주의에 근간을 둔 공산주의 체제를 받아들였다. 그 사상은 경제적 재화와 소유물이 인민들 사이에 평등하게 분배되는 것을 원칙으로 한다. 그래서 토지를 지주들에게서 무상으로 몰수하여 인민들에게 무상으로 분배하였다. 이때의 분배되는 토지는 아마도 소유권이라기보다 토지의 경작권일 게다. 그동안 북한에서는 생산성만 강조하고 분배는 국가가 통제하는 것으로 보이기 때문이다.

북한은 재화財貨의 회전이 있을 수 없는 경제 체제이다. 최근에 장마당이 선다고 방영은 되고 있으나, 북한의 경제 체제 방향이 근본적으로 달라진 것은 아닐 것이다. 북한에서 처음 공산주의를 수용한 체제는 그 뒤에 주체사상(主體思想, 조선민주주의인민공화국의 공식이념으로 김일성주의라고도 함.)을 신봉하는 체제로 변신했다.

남한은 해방 후 자유민주주의 체제를 받아들여 시장 경제로의 방향을 잡았다. 자본을 매개로한 자금의 회전이 있는 경제를 택했다. 북한보다 뒤늦게 농지 개혁에 착수하게 되는데, 지주들에게서 유상으로 몰수하여 농민들에게 유상으로 분배하였다. 먼저 미군정 말기에는 비록 완전하진 않다 하더라도 적산敵産인 귀속토지의 분배를 단행하게 되었고, 이어 정부 수립 후 1949년 6월에 농가실태조사에 착수하고 농지개혁법農地改革法을 공포하여 1950년 봄에 개정된 농지개혁법에 따라 농지 분배를 실시했다. 여러 가지 요인이 있어서 절반의 성공밖에 거두지 못했다고 해도, 식민지 하에서 양산된 수많은 소작농 중에서 자작농으로 전환된 농민이 많이 있었고 그만큼 영농 의식營農意識이 고취鼓吹되었다는 것은 농지 개혁 성과의 하나라고 할 것이다.

농지개혁법(1950. 3. 10. 공포)은 전문 6장 29조로 되어 있는데 그 주요 내용 중에 몇 가지를 대략적으로 밝히면 다음과 같다.

① 분배하기 위해 정부가 사들이는 대상농지는 '농가 아닌 자의 농지, 자경自耕하지 않는 자의 농지, 호당 3정보(3町步, 약 3ha) 이상을 초과

하는 부분의 농지' 등등이었다.

* 역우役牛를 포함한 5인 가족 노동력을 참작하여 3ha를 가경한계可耕限界로 봄.

② 농가가 매수한 농지의 지가地價 곧 농민의 상환해야 할 보상액의 평가는 해당 농지 주생산물의 평년작의 1.5배로 정했다.

③ 농지의 분배대상 농가는 현재 당해 농지를 경작하는 농가, 경작 능력에 비하여 과소한 농지를 경작하는 농가, 영농능력을 가진 피고용인 농가, 외국에서 귀화한 농가, 농업경영에 경험을 가진 순국열사의 가족 등이었다.

④ 매수농지의 지가보상에서는 지주에 대한 지가보상은 5년간 균등 상환으로 하되, 지주가 기업에 투자할 수 있도록 지가증권地價證券을 발행했다. 다만 증권의 액면은 보상액을 환산한 당해 농지의 당해 연도 주생산물의 수량으로 표시했다.

⑤ 분배농지의 지가상환에 있어서 상환액은 당해 농지의 보상액과 같게 하되 원칙적으로 5년간 균분연부均分年賦로 할 것이나 일시불이나 상환 기간 연장이 가능토록 했다.

농지개혁법 15조에 '분배 받은 농지는 분배 받은 농가의 대표자 명의로 등록하고 가산家産으로서 상속한다'고 규정하여 분배농지에 대한 소유권所有權을 국가가 인정하였다.

1950년 봄에 실시한 농지개혁(농지 분배)이 끝난 이후 자작농이나 자소작농(自小作農, 자작과 소작을 병행하는 농민)이 늘어나 50년대 중·후반의 국민학교 시절에 우리 동네에서 논 한 섬지기(논 20마지기)를 경작한다고 하면 부자라고 했다. 그런 사람은 내지리 전체에서 손꼽을 정도였다. 부자가 되고 싶은 마음에 부러워들 했다. 내지리에서 제일 많이 쌀농사를 짓는 사람이 두 섬지기를 짓는 국민학교 鄭○○ 동창의 아버지였다. 농지 소유에 다소의 차이는 있어도 많은 농가가 자작농 내지 자소작농이었던 반면에 여전히 남의 땅을 붙여먹는 소작농이 있었고 춘궁기에 장리長利 쌀을 먹고 추수가 끝나면 갚아야 하는데 여의치 않아 제 때에 못 갚아 빚더미에 눌려 사는 농민도 있었다. 전쟁 전이라고 크게 다를까마는 6 · 25전쟁 후에도 참 살기 힘든 세월들을 보냈다.

우리집에도 오래도록 보관해온 문서들 중에는 농지 분배를 받아 지가를 상환한 상환증서償還證書가 다음 쪽과 같이 있다. 단기 4283년에 농림부 장관이 농지개혁법 제11조, 제13조 및 동법시행령 제39조에 의거하여 인쇄된 직인으로 발행한 것으로 우리집 대표자 할아버지의 한자 성명(徐治國, 서치국)이 펜 잉크 글씨로 기재되어 있다.

분배받은 농지는 세 필지의 논과 밭(1,325평)인데, 각 소유주가 규암면과 서천군의 외지인으로 아마도 이사를 간 사람들이라고 사료된다. 분배 농지 중 두 필지의 밭은 원래 우리집 위쪽에 있는 농가였는데 홍수가 나 쓸려서 이사를 가고 할아버지가 그 집터를 경작했다. 나도 어려서 그 밭에 콩을 심고 가을에 거두는 일을 돕기도 했다. 현재도 그 필지(381번지, 371번지)는 고향의 내 농지로 경작되고 있다. 고향을 떠나올 때 선산先山이 있어서 남겨둔 농지 중의 일부이다. 그런 밭이나 논이 우리집 근처에 있던 것이고 보면, 필요에 의해 편의적으로 이용하다가 단기4283년(1950년) 봄에 농지 개혁법의 ①, ③에 해당되어 분배를 받았을 것이다. 그러니까 그 전에

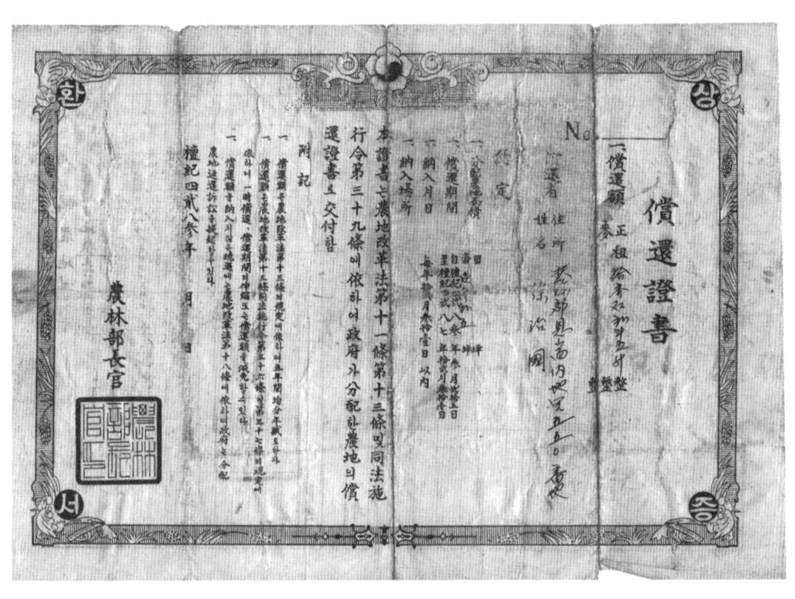

상환증서

償還證書

No.

一、償還額 正租 整

償還者 住所

姓名

規定

一、分配農地面積

一、償還期間

一、納入月日

一、納入場所

本證書는 農地改革法第十一條第十三條및同法施行令第三十九條에 依하여 政府가 分配한 農地의 償還證書로 交付함

附記

一、償還額은 農地改革法第十三條의 規定에 依하여 五年間 均分年賦로 하라

一、償還額는 農地改革法第十七條 同法施行令第三十六條 및 第三十七條의 規定에 依하여 一時償還、償還期間의 伸縮도는 償還額을 減免할 수 있다

一、償還額을 納入치 않는 境遇에는 農地改革法第十八條에 依하여 政府는 分配農地 返還訴訟을 提起할 수 있다

檀紀四貳八參年 月 日

農林部長官

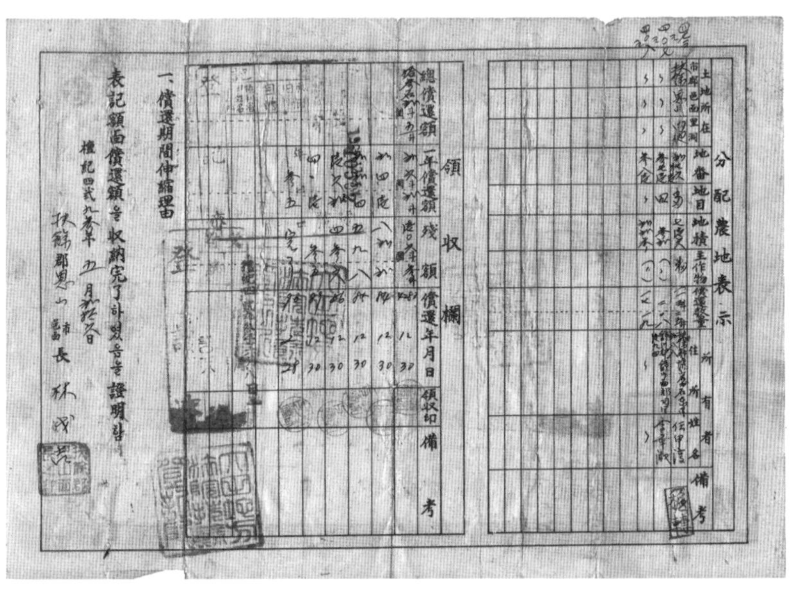

分配農地表示

土地所在	地番	地目	地積	主作物	償還穀量	所有者 住所	所有者 姓名	備考

領收欄

總償還額	一年償還額	殘額	償還年月日	領收印	備考

一、償還期間伸縮理由

表記額面償還額을 收納完了하였음을 證明함

檀紀四貳九參年 月 日

市邑面長

할아버지는 자소작농이었던 것이다. 상환 약정 기간이 그해 3월 25일부터 단기4287년(1954년) 12월 31까지로 매년 12월 31일 이내에 5년에 걸쳐 당해 지가를 분할 상환하도록 되어 있다. 그 이면의 수령 난을 보면 할아버지는 단기4283년(1950년) 12월 30일부터 단기4290년(1957년) 2월 28일까지 총 6회에 걸쳐 상환했다. 1회부터 5회까지는 매년 거르지 않고 12월 말에 상환한 것을 보면 전쟁 중에도 다행히 인민군에게 피해를 보지 않고 농사를 지어 갚아나갔다는 것을 알 수 있다. 마지막 한 번은 5회 상환 연도(1954년)에 그해 소출이 적어 분할 상환을 하지 않았겠나 싶다. 그런데 그 분할된 최종 상환을 해를 걸러 1957년 초에 완료한 것은 아마도 가정의 불행(군에 간 아들이 귀환하지 못하고, 그것을 애타게 기다리다가 며느리마저 서울로 떠난 일)과 관련되지 않았을까 한다.

본 상환증의 상환 완료를 날인하여 증명한 사람은 은산면 면장 임무길林戊吉로 되어 있다. 그는 우리 동네(안터) 사람으로 우리집 아래쪽에 살았다. 인공난리(人共亂離, 내 어린 시절 어른들은 '6 · 25전쟁이 났을 때'를 '인공난리가 났을 때'라고 말을 했음.)가 나기 전부터 면에서 아마 일을 보았을 것으로 생각한다. 그 후에 부면장을 거쳐 자유당 정권 때 지방선거에 출마하여 은산 면장으로 당선되었다. 6 · 25전쟁 중 인민군이 부여지역을 점령할 당시 부여로 끌려갔다가 구사일생으로 살아 돌아왔다고 들었다. 이 부분은 인민군 점령 기간의 동네 이야기에서 다시 좀 더 언급할 기회를 갖기로 한다.

그와 같이 농지 개혁이 이루어진 것을 보면 우리 내지리는 지주와 소작농의 갈등으로 인한 신분의 차이가 타지에 비해 크지 않았을 것으로 생각한다. 다만 문중에서 잡일을 거들며 묘지기로 사는 사람이나 머슴으로 부잣집의 일손이 되어 사는 사람들이 형식적으로나마 신분의 차이를 의식하고 처세할 수는 있었을 것이다. 그러나 그런 관계로 문제가 생겼다는 말은 들어보지 못했다. 나중에 그들도 세월의 흐름에 따라 독립된 삶을 살게 되었다. 그러니까 1950년 6 · 25전쟁 전후로 적어도 내지리 동네에는 반상의식班常意識이 거의 사라졌다고 볼 수 있다.

이런 마을에도 인민군 점령 지역이 되자 그 통치력이 미치기 시작했다. 내지리 안터에도 누구 며느리가 부녀동맹원이 되었었다는 이야기를 내가 나이가 들어서 들었던 기억이 있다. 그런데 부녀동맹원이라고 해서 무슨 특별한 활동을 한 것은 아니고 그저 시키니까 마지못해 했다는 정도로 넘기는 말이었다. 그러나 그 경우와 다른 사람도 있었다. 8.15해방 후 남로당원으로 활동을 하다 보도연맹에 가입을 했는지는 모르겠으나 전혀 내색도 없이 살아오던 내밀네(어려서 들었던 이야기인데 전쟁 당시 좌익으로 활동했던 집으로 '내밀네'라고 말들 했음.)가 좌익左翼으로 활동을 했던 것이다. 그 집의 사람(자식?)이 인민위위원회 위원인지, 민청 소속이나 자위대 혹은 치안대원인지, 아니면 농민위원회 위원인지는 몰라도 어쨌든 지방 좌익으로 인민군의 앞잡이 노릇을 한 것은 분명했다.

그해 8월로 접어들면서 지방 좌익이 붉은 완장을 차고 동네 주민들에게 이런 저런 지시를 하고 다니며 설쳐댔다. 때론 밤에 공회당으로 동원하기도 하고 동네 소위 반동분자들로 분류된 사람들을 끌어가거나 의용군 모집에 앞장서기도 했다.

그런 좌익을 보는 시선이 동네 사람들에게 곱게 보일 리 없었다. 특히 우리집은 할아버지 · 할머니의 아들이요, 어머니의 남편이며 아들 덕현德鉉

이의 아버지로서 집안의 기둥인 장남長男이 국방군國防軍으로 전선에 나가 있다는 점에서 그들과 더욱 적대적인 관계일 수밖에 없는 처지였다.

8월 어느 날 무더운 오후 할머니가 이웃집 아낙들과 감나무 밑 그늘에 앉아서 모시를 째고 있었다. 어머니는 덕현이를 데리고 나와서 그들의 시국時局 이야기를 듣고 있었다. 봄에 편지가 온 뒤로 소식이 끊기고 전쟁이 났는데도 무슨 연락이 없어 걱정과 불안 속에서 지내오고 있는 중이었다. 시부모 앞이라서 말도 못 꺼내고 그저 건강하게 잘 싸우고 있는 것으로만 믿고 지내고 있었다. 그때 좌익이 위편의 어느 집에 볼 일이 있었는지 왔다가 저만큼 밭 옆길로 지나가고 있었다. 모두들 하던 말을 뚝 끊고 숨죽이며 그를 보자, 어머니는 이래저래 분통이 터져서 한 소리를 해댔다고 한다. 앞에서 놀고 있는 어린 아들德鉉를 보며 곰곰 생각하자니 더욱더 울화가 치밀더라는 것이다. 그 옛날을 회상하며 내게 당시 상황을 한 마디 말하셨다.

"등걸이 잠뱅이 맞옷고름 짜맨 놈들이 무슨 성공을 허나 두고 보자."

하고 말하자, 건넛집의 연상인 원생 엄니가 깜작 놀라며 매꼬자('맥고모자'의 준말 '맥고자', 농립農笠으로 밀·보릿짚 모자를 당시에 우리 동네에서는 그렇게 불렀음.)를 머리에 눌러 쓰고 등걸이 잠뱅이를 걸쳐 입고서 검정고무신을 끌며 저 아래로 기세등등하게 내려가는 좌익을 보고,

"덕현 엄니, 무슨 소리 허는 거유."

하고 입조심 하라고 목소리를 죽여 말했다. 그런 말을 들었는지 못 들었는지 모르지만, 좌익은 모르는 체하고 지나가더라는 것이다. 얼마 전까지만 해도 그는 아래위 동네에서 사이좋게 지내던 사람이었다.

8월 중순이 넘어가자, 인민군 점령이 은산면 사람들에게 공포와 불안을 주는 현실적 행위로 나타났다. 그런대로 조용하던 온 동네에 갑자기 난리가 났다. 구장(지금의 이장, 통장에 해당함.)을 했던 사람, 관공서에 다니는 면 직원 또는 그것에 관계가 있거나 동네유지 행세를 했던 사람 등이 줄줄이 부여로 끌려갔다. 그 당시까지는 우리 동네에는 읍내와는 달리 아직 기독교회가 없어서 종교적인 것으로 문제가 된 사람은 없었다.

그들은 아마도 은산 분주소를 거쳐 부여 검찰소로 가서 심사를 받고 당궐기대회나 인민재판을 통해 처형되지 않았을까 한다. 인민재판에서는 모인 사람들이 "죽여라."하면 끌려나온 우익들을 창과 쇠스랑 등으로 구타하기도 하고 총으로 쏘기도 했다고 한다.

그들 중에는 더러 백마강 백사장(?)으로 가는 중에 다행히 탈출했다고도 하고 그 전에 구사일생으로 탈출에 성공하여 집으로 돌아왔다는 사람도 있으나 그 내막을 자세히는 모른다. 다만 내가 커가면서 주위 사람들이 하는 소리를 들었을 뿐이다. 그러나 처형 과정에서 미처 빠져나오지 못한 사람도 있었다. 그래서 동네 좌익과 그 집안은 원수지간怨讐之間이 되었다.

한편 인민위원회가 구성된 후, 지방 좌익들은 총궐기대회를 개최하여 '인민 군대 적극 지원' 등의 구호를 외치면서, 의용군義勇軍에 참여하자는 내용을 만장일치로 가결시켰다. 그리고 그 현장에서 곧바로 의용군을 편성하기도 했다는 것이다. 미군에 의한 본격적인 공습이 시작되자, 의용군 소집이 더욱 활발히 이루어졌다. 8월 중하순으로 접어들면서 의용군 모집이 여의치 않자, 인민군과 지방 좌익은 젊은이들을 강제적으로 동원시키는데 앞장을 섰다.

진실화해위원회(설립 2005. 12. 1. 정식명칭 '진실 · 화해를 위한 과거사정리위원회'로 항일독립운동 시절과 광복 이후 인권침해 사건 등에 대한 진실 규명을 주요 활동으로 함.) 2008년 하반기 조사보고서 1권(총론 및 민족독립규명위원회) 제1부 '부여지역의 적대세력에 의한 희생 및 강제연행 사건'에 의하면, 그 한 예로, 우리 동네 내지리가 속해 있는 은산면이 아닌 규암면 한 동네에서 다음과 같은 의용군 지원과 관련된 사건이 있었다.

'특히 유○○의 경우, 그의 일가족이 '반동'으로 분류되어 지방 좌익의 감시대상이 되었는데, 유○○의 사촌형은 일가족의 생명을 구하려면 식구 중 한명이 의용군에 지원해야 한다면서 그에게 인민군 입대를 권유했다. 이후 피해자(유○○)가 돌아오지 않자 유○○의 가족과 입대를 권유했던 그의 사촌형 사이에 불화가 잦았다. 당시 일부 마을 주민들이 그러한 사실을 알고 있었다. 이후 부여경찰서 정보과 경찰들은 마을과 유○○의 자택을 방문하여 그의 거처나 가족의 동태를 묻기도 하였다. 함께 연행된 사람들 중에는 도주하여 마을로 돌아온 사람도 있었다(이름은 밝히지 않기로 한다. 상황에 따라 이후의 기술에서도 동일하게 적용할 것임.).'

초기에는 지원 형식으로 모집되었던 의용군의 지원자 수가 목표에 미치지 못하자, 그와 같이 지방좌익들은 '반동'으로 분류된 가족들을 찾아가 의용군에 자원입대 하면 가족들이 생존할 수 있다고 협박, 회유하기도 했다. 피해자들은 1950년 8월 말경 의용군으로 징집된 후에 마을로 돌아오지 못했다.

우리 마을 내지리 안터에도 그와 유사한 의용군 지원 사건이 있었다는 이야기를 내가 철이 들면서 동네 사람들에게서 얼핏 들었던 것으로 기억한다. 의용군으로 지원하여 나간 사람은 아버지가 1949년 2월에 서울 영등포의 창설 포병부대 1기로 입대하기 전에는 한 동네 위아래에 살면서 친하게 지내던 동무였다. 옛적에 우리집 추수가 끝나고 볏가마니를 나르는데, 서로들 네가 더 잘 드느니 내가 더 잘 드느니 하며 또래들끼리 힘자랑도 하고 자별하게 지냈다는 말씀을 할머니던가, 어머니던가 내게 하신 적이 있었다.

그런데 그의 친형(당시 은산 면사무소에 근무한 것으로 추정됨.)이 다른 친척과 함께 우익 반동으로 부여에 연행되어 가자 의용군으로 지원했다는 것이다. 그래서 그의 형들이 풀려났는지는 모르겠지만, 그들은 부여에서 죽지 않고 구사일생으로 탈출하여 돌아왔다고 했다. 그런 사실 여부를 떠나서 아무튼 그는 의용군으로 입대한 후에 돌아오지 못했다.

이렇게 작은 우리 마을에도 전쟁 중에 국방군집과 의용군집이 생겼다. 그렇다고 해서 마을에 무슨 이념적 갈등 같은 것은 없었다. 인민군 점령 당시 우리 젊은이들이 어떻게 인민군에 입대하게 되었는지를 동네 사람들은 잘 알고 있었다. 또한 그 후 그의 부인를 비롯하여 권속이 당한 고통이 이루 말할 수 없이 클 것이라는 것도 잘 알고 있었다. 다만 심리적으로 그에 대한 불안한 감정을 바로 떨쳐버리기는 쉽지 않았을 것이다. 그의 아들은, 나와 함께 전쟁이 끝난 후 1954년 봄에 우리 동네(내지리)에 있는 두 칸 자리 합수국민학교(일제강점기부터 존속한 은산국민학교의 분교로 전쟁이 끝나갈 무렵 건립된 기와지붕의 학교, 후에 학생 수가 늘어나 잇대어 4칸을 늘린 양철 지붕의 학교였으나 1990년대에 급격히 학생 수가 줄어 폐교되었다. 현재는 개인이 매수해서 부여미술학교로 운영한다고 함.)에 입학하여 같이 공부하고 놀며 1960년 봄에 졸업을 하였다.

그런데 우리 부락(마을)에는 인민위원회가 주관했을 것으로 보이는 북한의 토지개혁(무상몰수, 무상분배)이 지주다운 지주가 없어서 실효를 거두지 못했는지, 그것에 대해 전해오는 이야기는 없다. 점령 기간이 짧아 그럴 시간적 여유가 없을 수도 있겠지만 혹여 실시되었다고 하더라도 이미 농지 개혁(유상몰수, 유상분배)을 하여 분배를 받은 마당에 '무상몰수無償沒收'라니 해당 주민들 거의가 황당했을 것이다. 그렇지 않았다면, 남한 점령지에서 북한 사업의 지지기반을 확보하기 위하여, 일정한 토지 소유 상한土地所有上限을 허용함으로써 우리 동네에서는 별로 영향을 받지 않았을 것이다. 다만 인민위원회의 재정 확립을 목적으로 농업현물세제農業現物稅制－국가가 소유한 토지에 대한 일종의 경작 세금에 해당하는 세제－를 실시한다니까, 자작 농지를 가진 주민들이 그것에 대한 불만과 의구심을 가질 수는 있었을 것이다.

9월 중순경이 되면서 하늘에 호주기(그때는 우리 지역에서 제트기를 '호주끼' 라고 불렀다. 이승만 대통령 영부인 프란체스카 여사의 고국이 '오스트리아'니까, 대통령이 애칭으로 여사를 '오스트리아 댁'이라고 불렀는데 사람들이 '오스트리아'와 '오스트레일리아'를 혼동하여 오스트레일리아의 한자명 濠洲호주로 여사를 '호주 댁'이라고 불렀다고 한다. 이런 민간어원의 오류로 우리가 알고 있던 호주기는 유럽의 오스트리아 전투기가 아니고 대양주에 있는 섬나라 '오스트레일리아' 공군의 제트기였음.)가 자주 굉음을 내며 군산 쪽에서 날아와 흰 구름 띠를 남기며 마을 하늘을 지나 북쪽으로 날아가곤 했다. 비행기가 날아가는 소리에 섬뜩하며 사람들은 전쟁이 매우 심각하고 치열하게 전개되고 있다고 생각했다.

9월 15일 유엔연합군사령관으로 임명된 맥아더 원수가 인천상륙작전을 펴자, 남한 점령지의 북한 인민군과 지방 좌익들은 더욱 악랄해졌다.

맥아더 원수가 인천상륙작전 시 월미도에 진입하는 모습

인민군이 퇴각할 무렵(9월 25일~27일경)에는 해당지역 지방 좌익들과 함께 우익 인사, 우익 단체 임원과 그 활동자 및 그들의 가족 등을 무자비하게 처형하기도 했다.

9월 말경에 오포 소리가 멀리 여러 곳에서 울리고, 부여 읍내 쪽에서는 산 너머 밤하늘이 번쩍번쩍하며 총격 소리가 들려왔다. 다음날 정오쯤 내지리 들 가운데서도 총소리가 들려왔다. 미처 퇴각을 못하고 뒤처진 인민군 두 명이 우리 군경에게 쫓기다가 쇠머리펀데기 황토길을 넘어 내지리로 들어와 북으로 도망을 가고 있었다. 그러나 벼가 누렇게 익은 들판을 다 벗어나지 못하고, 결국 사살되었다고 한다. 그 두 시신은 우리 동네(안터) 뒷산 능선 옆쪽 위 계곡에 묻혔다. 내가 어렸을 때 진달래를 꺾으러 산을 올라 그 계곡으로 가면 인민군이 묻혔다는 곳에 유독 소나무와 잡목이 우거지고 키 큰 나무의 진달래꽃들이 붉고 탐스럽게 만발해 있었다. 꺾고는 싶으나 무서워서 가까이 가질 못하고 주변에서 진달래를 꺾곤 했다.

어린 소견에도 인민군이 무서운 사람이라는 것은 어렴풋이 들어서 알지만 가까이 하지 못한 데는 또 다른 이유가 있었다. 어린 시절에 진달래꽃이 필 때면 용천백이가 그 꽃무더기 속에 숨어 있다가 아이가 꺾으러 가까이 오면 얼른 잡아서 간을 빼먹는다는 소문이 전해왔다. 용천백이는 얼굴이 일그러진 문둥병 환자로 듣는 약이 없어 아이의 간을 먹어야 하는데 하나만 먹어서는 안 낫고 한 스무 명쯤은 빼먹어야 낫는다고 했다. 그래서 나이가 제법 들어서도 인민군 죽은 무덤에는 가까이 가는 것이 꺼림칙하고 은근히 두려웠다. 아마도 옛 어른들이 산속 너무 먼 곳에 가지 못하게 하려는 의도에서 아이들에게 경계警戒로 삼기 위해 지어낸 이야기이리라.

유엔군의 인천 상륙작전이 성공하여 9월 28일에는 서울이 수복收復되었다. 이렇게 되자, 인민군이 북쪽으로 서둘러 떠난 지역에는 지방 좌익에 대한 보복이 따랐다. 우리 동네에서도 예외는 아니었을 것이다. 2개월 넘게 인민군이 통치를 하다가 간 뒤에 평온했던 마을에도 전쟁으로 인해 이런 저런 상흔傷痕이 적지 않았다. 그러나 일제강점기에도 그렇게 심하게 당해보지 않았던 우리 마을의 사건들과 그 충격은 하루하루 일상의 일에 파묻혀 사람들의 머릿속에서 조금씩 멀어지고 계절이 바뀌면서 서서히 가시었다. 마을이 여느 때처럼 조용한 농촌으로 바뀌어갔다.

휴전협정休戰協定 전후의 우리집

유엔군의 참전으로 통일이 되는가 싶더니, 그해 겨울에 중공군의 개입으로 밀리고 밀려 1951년 1월 4일 우리군은 다시 서울에서 후퇴를 하지

전쟁기념관 영상자료에서. 1·4후퇴 당시 눈보라가 휘날리는 바람 찬 들길에 지평선으로 끝없이 이어지는 피란민 행렬의 모습

않을 수 없었다. 또 다시 많은 피란민들이 남으로 남으로 내려와야 했다.

우리 동네에서도 오랑캐(여기서는 중공군을 말함.)가 쳐내려온다는 소식이 전해지자, 다시 공포에 휩싸였다. 그러나 충청도 안쪽에는 별로 영향이 없어서 다행으로 생각들 했다.

1952년 늦가을이었던가, 그 다음 해 초봄이었던가. 아직 전선에서는 전쟁이 계속되는 중인데도 어떤 서커스단인가 신파극단이 지방 순회공연을 하던 차에 은산恩山에도 들어왔었던가 보다. 이 정보가 내지리 함적골에 전해지자, 외갓집에서는 안터의 외손주 덕현이와 막내딸을 몹시 안쓰럽게 여겨오던 중에 바람이라도 쐬라고 남동생(외삼촌)들과 함께 은산으로 구경을 가게 했던 것이다.

다소 추웠을 것으로 느껴진 그 늦가을 아니면 초겨울은 내 나이가 집의 나이로 아마 6살이었을 것이다. 그 다음해 초봄이라면 7살일 것이다. 그러니까 8살이 되는 해인 1954년 봄, 국민학교에 입학하기 전이다. 외갓집에서 비지재 고개를 넘어 은산으로 가 시장 안의 가설무대가 설치된, 높은 장막帳幕 안에서 구경을 했던 것으로 어렴풋이나마 기억한다. 여러 가지를 보았을 텐데 다른 것은 전혀 생각이 나질 않고 오직 한가지만이 그 후 오래도록 기억의 창고 저 밑바닥에서 선명하게 떠오르곤 했다. 그것은 막간에 막幕 앞에 나와 검정치마에 흰 저고리를 입고 손에 태극기를 흔들며 노래를 부르는 처녀 가수였다. 내게 음악적 소질이 있어서 그러했는지 그 나이에 들었던 노랫가락이 오래도록 뇌리에 각인되어 있어서 그 후 나이가 들어서도 그때의 장면을 떠올리며 그 가사의 첫 소절을 읊어댔다는 사실이다. 성년이 되어 자연이 알게 되었는데 바로 금사향의 '님 계신 전선(1952년)'이었다.

태극기 흔들며 님이 떠난
새벽 정거장 기적이 울었소
만세 소리 하늘 높이 들려오던 날
지금은 어느 전선 어느 곳에서
지금은 어느 전선 어느 곳에서
용감하게 싸우시나 님이여 건강하소서

지금 전선에서는 한 치의 땅이라도 뺏거나 뺏기지 않으려고 치열한 전투가 벌어지고 있었다. 아마도 이 노래를 부르는 모습을 보고 듣는 동안은 장내의 객석이 숙연했으리라. 어머니는 그 노래의 내용이 다른 사람들보다 더욱 감동으로 다가왔을 것이다. 그리고 아직도 살아서 전선 어딘가에서 싸우고 있을 남편의 모습을 그리며 무사히 건강하게 살아 돌아오기만을 간절히 바라는 심정에서 천진난만天眞爛漫하고 아무것도 모르는 덕현이를 안고 눈시울을 적셨을 것이다.

잠자리에 들 때면 애는 할아버지와 할머니가 자는 사랑방에서 할머니 품에 안겨 자고 밤은 깊어 적막한데, 팔베개를 하고 옆으로 누운 어머니는 '……지금은 어느 전선 어느 곳에서 용감하게 싸우시나……'를 되뇌거나 속으로 부르며 눈물을 흘리었다. 한 줄기 북풍이 뒷문 풍지를 울리며 스쳐 지나갔다. 그럴라치면 '점점 추워지는데 전선에서 어떻게 지내실까', 이런 저런 생각에 잠을 못 이루었다. 설마 어떻게 되었으리라고는 꿈에도 생각할 수 없었다. 그런 상상想像을 한다는 것은 젊디젊은 어머니에게는 정말 끔찍한 일이었다.

봄이 왔다. 봄이라고는 하지만 겨울의 뒤끝이라 그런지 삼월 중순도 어린 내게는 여전히 겨울이었다. 할아버지 환갑還甲이 음력 이 월 열나흘 날(2월 14일)이었다. 그 당시에 집안의 경사 중 환갑잔치는 큰 행사에 들었다. 인생 칠십 고래희人生七十古來稀라지만 1950년대만 해도 환갑을 넘긴다는 것은 대단한 수명이었다. 요새 유행하는 가요, 이애란의 '백세인생'에는 육십의 나이를 '육십 세에 저 세상에서 날 데리러 오거든, 아직은 젊어서 못 간다고 전해라'고 노래한다. 칠십의 나이는 옛날과 달리 아직도 할 일이 많은 나이인 것이다. 그래서 그런지 최근에는 칠순 잔치도 잘 안 하고 구십 세가 되기 전 아직은 쓸 만한 나이인 80세에 잔치를 한다는 사람도 있는가 보다.

그 날은 원근의 할아버지 친구 분들이 사방에서 우리 동네를 찾았다. 내가 자라면서 기억하는 사람들 중에 할아버지와 자주 관계를 한 친구들 몇몇을 예로 들면 은산 공주여관댁(은산장날이면 할아버지가 들러 술을 드시곤 한 여관집 여주인), 들 건너 산 너머 구렁펄(구룡펄) 인근 행천 옹기점[그릇을 굽기도 하고 팔기도 했다. 동네 사람들은 김장독이 필요하면 행천 즘('점'의 충청도 말)에 간다고 하며 나무 한두 짐을 지고 가서 교환하여 큰 바탱이와 옹기그릇 등 여러 용기容器를 지고 오기도 했음.] 주인 용진 씨, 쇠머리펀데기 넘어 시냇물이 유입되는 반산 저수지 옆, 모래재 고개[이곳은 아버지가 송당('합송'의 전 자연부락 이름)의 신작로에 나가 장항이나 홍산에서 오는 버스를 타고 규암에 도착한 후, 백마강 부교를 건너 백사장 버스 종점 - 서울행, 대전행, 논산행 등 -으로 가기 위해 넘어야 했던 고개이다. 동네 사람들도 이 고개를 넘어 대처로 나갔다. 나도 성장한 후에 서울로 가기 위해 아래뜸 시냇물을 건너서 쇠머리펀데기 황톳길을 넘고, 내지리에서 내려와 반산 저수지로 유입되는 개울을 또 건너 그 고개를 넘었음.] 인근의 빼내('수목리'의 전 자연부락 이름)에 사는 구레나룻과 콧수염이 무성한 용직 씨, 구룡면 서편망해('현암리'의 옛 이름) 임승관 씨(이 분은 1970년대 초 할아버지 임종 후에 문상을 왔었음.), 그 옆 동네(중편망해) 병곤 씨, 안터 옆쪽 야산 너머 동네, 망해(동편망해)에서 한약을 조제하며 한문을 가르치고 구레나룻 · 콧수염을 한 서당 선생님 충오 씨, 각대리에 사는 국민학교 교장선생 아버지 경장 씨, 근동에서는 시조를 잘 하기로 유명한 비지재 고개(합수 국민학교 옆의 시냇물을 건너 동편 산을 넘는 고개로, 은산장을 가기 위해 여러 동네, 각대리 · 합수리 · 내지리 수수내와 함적골 등에서 그 고개를 이용함.) 너머에 산다는 민 모某 씨 등과 그 밖의 많은 사람들이 우리집에 왔다. 거기에다 동네 사람들이나 일가친척들로 집 안팎이 와글와글 했다.

그런데 지금 가만히 생각해 보면 군에 간 아들의 생사도 모르는데 어떻게 그런 성대한 잔치를 할 수 있었겠느냐는 것이다. 짐작컨대, 할아버지는 농사를 지으면서도 술과 풍류를 좋아하시어서 원근의 지인知人들이 많았다. 특히 할아버지와 어울리는 시조꾼들이 많았다. 그들만은 아니겠지만, 여러 교류로 볼 때에 체면이 있고 품위가 있지 할아버지의 성품상 환갑을 그냥 넘어갈 일은 아니었을 터이다. 아니 도저히 그럴 수는 없었을 것이다. 그리고 군에 간 장남 문제는 불가항력不可抗力이니 시운時運에 맡길 수밖에 없고, 아직 전쟁 중이니 언젠가는 돌아오겠지 하고 잠시 체념諦念했던 듯하다. 그래서인지 그 당시 내 눈에는 우리집에 불행은 없고 경사

스런 기쁨이 넘쳐났다. 또 누구도 잔칫날 아버지에 대한 얘기는 입 밖에도 꺼내지 않았을 것이다. 나 또한 그 연령에 아버지에 대한 개념은 전혀 없었고 오직 동무들과 놀고 맛있는 음식을 먹으며 마냥 즐거워했다.

특별히 칠십이 된 이 나이까지도 기억하는 음식은 할아버지 환갑 잔칫날 홍어생채무침이다. 가마솥뚜껑만한 홍어를 은산장에서 며칠 전에 사와 짚 가마니에 넣어 삭힌 다음, 썰어 무채와 고춧가루를 넣고 버무린 것으로 코가 부는데도 불구하고 그 맛이 약간 얼큰하고 새콤달콤하며 쫄깃쫄깃한 식감이 어린 나에게도 흰쌀밥하고 먹기에 그만이었다. 그래서 더 달라고 조른 기억이 난다. 아마도 평소 할아버지 밥상머리 무릎에 앉아 이런저런 음식을 심지어는 집에서 담근 약주를 드시는 중에도 더러 한 모금 살짝 먹게 하여 받아먹다 보니 입맛이 길들여져서 그런 게 아닐까 한다. 술을 받아먹은 날은 사카린을 넣고 끓인 술찌검지(술지개미를 그 당시에는 우리 동네에서 그렇게 불렀음.)를 먹던 때처럼, 잠시 알싸했던 기억이 새롭다. 지금도 할아버지의 손주에 대한 따뜻한 사랑을 느낀다.

전쟁이 나고 1953년 봄이 다 가기까지 거의 3년이란 세월이 흘러가도 아버지에게서 아무런 소식이 없었다. 그동안 할머니는 이제나 저제나 어떤 소식이 올까 하여 쇠머리펀데기를 눈이 빠져라 보며 초조한 하루하루를 보냈다. 은산 우체부(우리 동네에서는 당시 우편집배원을 '체부', '우체부'라고 불렀음.)가 동구 밖에서 자전거를 타고 올라올 때면 할머니는 사립문에 나가 기다리고 있었다. 그러나 아무 말 없이 지나가는 그 뒷모습이 야속하기도 했다. 젊은 며느리를 보며 손주 덕현이를 안고 있을 때면 더욱 가슴이

메어졌다. 그렇다고 큰 소리를 내어 울 수도 없었다.

아래뜸 오얏나무집 아들이 경찰로 근무하다 순직殉職했다는 소식이 들렸다. 1953년 6월 중순이 넘어가며 반공포로(反共捕虜, 6·25 당시 남한에서 인민군에 의해 의용군으로 강제로 끌려간 포로이다. 북한 인민군으로서 포로로 잡힌 소위 친공포로親共捕虜와는 구별됨.) 석방이 있다는 소문이 돌았다. 그러나 우리 동네에서 끌려간 사람은 돌아오지 않았다. 동네 사람들은 그가 아마도 전쟁 중에 사망했을 거라고 생각했다. 그 후 친족들은 쉬쉬하며 그의 부인이나 자식들에게 좀 냉정한 편이 아니었을까 한다. 이젠 희미하지만 내가 어렸을 때 들은 기억으로는 '누구 때문에 죽었는데'라고 하며 그의 가족은 서럽고 곤고困苦한 생활을 했다.

그해 여름이 지나가고 있는데도 전선에서 아무런 기별奇別이 없자, 우리 집안의 분위기는 점점 침잠되고 음울해졌다. 그래도 혹시나 하는 마음에서 전처럼 할머니와 어머니는 아들이, 남편이 넘어올 들 건너 쇠머리편데기 황톳길을 연일 보거나 우체부가 멀리 올라오는 것만 봐도 문밖에나 울타리 안에서 기다리곤 했다. 그러는 가운데 7월 하순이 되자 휴전협정이 조인되었다. 이 협상은 1951년도에 접어들어 미국의 제안을 소련과 중공이 동의함으로써 북진으로 한반도 통일을 염원한 온 국민의 반대에도 불구하고 동년 7월 10일부터 휴전 회담이 시작되고 그해 11월 27일 다음 사진에서 보는 바와 같이 비무장지대(DMZ) 군사분계선이 획정된 후, 2년 뒤인 1953년 7월 27일에 그 끝을 보게 된다.

그러자 포로교환이 있을 거라는 소문이 돌았다. 한 가닥 실낱같은

국방부 『국군50년사 화보집』에서. 비무장지대 군사분계선을 긋고 있는 유엔군 머레이 대령(국군이 아닌 유엔군 대표가 나선 것은 전시작전권이 유엔에 있기 때문임.)과 북한군 대좌 장춘산. 한반도의 운명이 그 두 사람의 손에 달렸다.

국방부 『국군 50년사 화보집』에서. 군사분계선에서 철조망 사이로 따발총을 든 북쪽 경비병과 철모를 쓰고 M1소총을 든 남쪽 우리 경비병의 모습

희망이 집안의 분위기를 좀 가볍게 하는 듯했다.

8월에 접어들면서 남한과 북한이 포로를 교환하여 잡혔던 군인들이 돌아온다는 소식이 왔다. 할아버지는 검은 말총갓과 모시옷에 하얀 모시두루마기로 의관을 정제整齊하고, 할머니도 머리를 감고 가르마를 타 머리카락이 긴 양쪽 머리를 빗고 쪽을 틀어 비녀를 꽂고서 아주까리기름을 살짝 바른 다음, 새벽에 다려놓은 모시옷을 입은 후 일찍 시오리 길 은산으로 집을 나섰다. 앞서가는 할아버지나 뒤따라가는 할머니나, 사지死地에서 돌아오는 아들을 맞이한다는 마음에 두근거리는 가슴을 안고, 가는 내내 아무 말이 없었다. 양주兩主 누구도 못 돌아올 거라는 불길한 생각은 아예 접은 상태였다. 그럼, 희망이 있는데.

그러나 한껏 기대를 하고 갔건만 은산 신작로에서 학수고대하며 기다리던 군용트럭이 그냥 지나쳐갔다. 그날은 허탕을 치고 무거운 발걸음으로 되돌아와야 했다. 어머니는 집에서 시부모님과 함께 낭군이 들 건너 가로고개(동네 들 건너 동편으로 은산 장을 가기 위해 넘는 고개임.)를 넘어 동네로 들어오기만을 고대하며 지내다가 해가 기울 무렵에는 뒷문 밖 전나무 울타리 사이로 몸을 가리고 눈이 빠져라 보고 또 보았다. 허나 할머니가 울음을 겨우 참으며 축 처져 들어오시는 모습을 보니, 무슨 말을 꺼낼 수가 없었다. 그렇게 며칠을 은산에 나갔으나 오지 않는 수송차를 더 이상 기다릴 수 없게 되자, 할머니는 끝내 자포자기自暴自棄에 이르렀다.

그 동안 며느리 앞이라 참고 참았던 할머니의 울음보가 냇물의 보洑 터지듯이 터져 나와 아이고땜('아이고댐', '아이고, 아이고' 하며 슬피 우는 모습을 그 당시에는 동네에서 '아이고땜 놓고 운다'고 말들 함.) 놓고 우셨다. 온 동네 사람들이 와서 위로를 했다. 할머니는 슬픔이 다하자, 한이 되어 눈물도 보이지 않고 펄쩍펄쩍 뛰며 남도 창 서편제처럼 할머니만의 애절한 창을 불러댔다. 주위의 사람들이 한동안 고개를 숙이고는 "그래유, 얼매나 맴이 아프고 한이 맺히면 저러시겄슈우."하고 더는 어쩌지 못했다.

초상집 같은 집 분위기도 가을이 다가오면서 점차 바뀌어갔다. 목구멍이 포도청이라 산 사람은 살아야 했다. 할머니와 할아버지는 가을걷이에 눈코 뜰 새 없이 바쁘게 보내셨다. 어머니는 논밭에 나가는 일은 없고 집안에서 덕현이를 돌보며 잔일을 하였다. 그해가 가기 전에 할아버지는 마음이 아파서 일이 손에 잘 잡히지 않았던지 산에 가서 나무도 하고 가을걷이도 해야겠기에 근동에 사는 먼 친척으로 열 예닐곱 살쯤 되는 조카를 얼마간의 새경을 주기로 하고 데려왔다. 삼촌은 내지리의 합수국민학교(은산국민학교 분교)가 설립되기 전에 은산국민학교에 입학하였기 때문에 은산까지 십 리 이상의 거리를 걸어서 다니고 있었다. 그 당시 아마 5학년이나 6학년쯤 되었을 것이다.

나는 유년 시절의 어머니에 대한 기억이 많지 않다. 그 만큼 할머니와 할아버지 손에서 금지옥엽金枝玉葉으로 자랐다. 물론 아버지에 대한 기억은 전무全無하고 머릿속에 아버지의 개념槪念이 아예 존재하지 않았다. 가령 그 당시 집에 아버지와 관련된 큰 슬픔이 있다고 해도 내게는 소낙비나 잠간 지나가는 폭풍이었을 것이다.

어머니에 대한 기억 중에 지금까지도 따듯하고 아련한 장면이 하나 또렷하게 떠오른다. 그것은 내가 성장하면서 어머니를 생각할 때면 뇌리에 출몰하곤 한, 한 폭의 수채화 같은 영상(映像, image)이다. 내가 1954년 봄 합수국민학교에 갓 입학하여 1학기를 다니던 때의 일이다. 때는 6월 햇빛이 쨍쨍 내려쬐는 하순경쯤으로 생각한다. 오전 수업을 마치고 집으로 오는 도중에 산 밑으로 난 길 옆의 논두렁에 앉아 벼 포기 사이로 헤엄쳐 다니는 물방개를 잡으려고 고사리손으로 안간힘을 쓰다가 앞으로 고꾸라져 물에 빠지고 말았다. 그 바람에 책보에 싼 책이 젖어서 눈물을 글썽이며 터덜 터덜 걸어서 사립문으로 들어오는데 기억에 그토록 오래 남은 상황이 눈앞에 펼쳐졌다.

처마 밑 그늘진 마당에 어머니가 갓 부화한 병아리를 손에 쥐고 앉아서 들어오는 나를 보며 아무 말씀도 없이 다정한 미소를 지으셨다. 그러고는 노란 병아리 부리에 붙은 딱지를 떼어내고 놓아주었다. 뒤집어놓은 바작(지게에 얹어 짐을 담는 기구로 싸리를 엮어 만드는데 엎어놓으면 반원형의 병아리 우리가 됨.) 안에는 열두어 마리의 병아리가 들어있고 한 마리씩 꺼내어 주둥이를 손질했다. 어미닭은 꼬오, 꼬오, 꼬오하며 그 주변을 돌고 우리에서 나온 병아리는 삐약거리며 종종종 따라다닌다.

나는 병아리가 하도 예쁘고 귀여워 어머니 곁에 가서 그 작업이 끝날 때까지 열심히 바라보았다. 그리고 어머니의 흐뭇한 표정도 읽으며 어미닭과 병아리, 나와 어머니가 모두 한 덩어리가 되는 듯한 느낌을 받고 마냥 기뻤다. 그때는 배고픈 줄도 몰라 빨리 밥 달라는 투정도 없었던 것 같다. 어머니는 일을 마치고 내게 조금만 참으라고 하고는 쌀을 퍼다 어레미(바닥의 쳇불, 그물 구멍이 비교적 큰 체)에 넣고 쳐서 내린 싸래기('싸라기'의 충청도 사투리)를 병아리 앞에 뿌려주었다.

내가 성장하면서 그 장면을 떠올릴 때마다 의문이 드는 것이 있었다. 그것은 병아리 부리에서 떼어내는 게 무엇이냐는 것이었다.

병아리는 알 속에서 부화할 때에 부리가 약하기 때문에 부리 끝에 생긴 노란 원뿔모양의 딱딱한 돌기가 붙어 있다. 이 돌기를 난치(卵齒, egg tooth)라고 한다. 병아리가 알 속에서 그것으로 쪼아(啐, 쪼을 줄) 껍질을 깬다. 병아리가 그렇게 알 속에서 쪼기 시작하면 어미도 새끼의 쪼는 소리를 알아듣고 알 밖에서 껍질을 쪼아(啄, 쪼을 탁) 준다. 만약 어미가 제때, 동기(同機, '동기'는 동시同時이다. 여기의 機는 '때'인 時를 의미함.)에 도와주지 않으면 병아리는 알 속에서 죽고 만다. 생명의 탄생이 그렇게 이루어진다. 새가 알을 깨고 더 큰 세계로 나아가기 위해서는 병아리처럼 서로 소통疏通을 하고 힘을 합쳐야 즉 합력合力하여야 한다. 이를 일러 줄탁동기啐啄同機라고 한다는데 우리가 세상의 난제難題를 풀어나가는 일에 한 지혜를 제공한다.

또한 어머니에 대한 두드러진 기억은, 긴긴 겨울 밤 손수 바느질을 하여 지은 비단 솜바지와 솜저고리를 설빔으로 내게 입혀준 일이다. 그때 옷을 만들던 어머니 옆에 놓인 오색실타래와 실패는 두고두고 잊히지 않는 것 중의 하나다. 그렇게 해서 입은 옷 중에 유독 바지의 색깔이 늙어가는 지금까지도 눈에 선하다. 바로 연보라 빛이었다. 그 바지를 입고 발목에 대님을 매기 어려워 할머니가 매주면 나가서 딱지치기, 연날리기, 쥐불놀이 등을 하며 늦도록 놀던 때가 엊그제 같다.

우리가 일학년에 들어갈 때는 6·25전쟁이 끝난 직후여서 농촌에도 전쟁 통에 제때에 취학을 못하고 뒤늦게 대거 입학을 하게 된 나이배기들이 많았다. 그래서 나이 차가 나는 남학생과 여학생이 많았다. 가령 한 집에서 연령차가 있는 오누이가 함께 입학한 경우도 있었다. 공주사범학교를 갓 졸업하고 부임한 김규대 선생님은 우리가 6학년이 됐을 때 나이 차가 많지 않은 학생도 가르쳤다. 그 전에 입학한 학생들은 20명 내외이고 그 후에 입학한 학생들도 그 정도로 적은 인원이었으나 우리 학년은 40여 명이 넘었다. 이런 것도 전쟁이 남긴 흔적이었다.

1학년 때 학교생활에서는 두 가지 사건이 비교적 선명하게 떠오른다. 하나는 꽉지 선생님(유병돈)의 수업 방식이고 또 다른 하나는 방과 후 도시락에 우유 가루를 탔던 일이다. '꽉지 선생'이란 1학년 유 선생님이 말 안 듣는 학생의 볼을, 엄지손가락과 집게손가락(검지, 人指, 둘째손가락) 사이에 끼고 당기며 꽉 조여 아프게 벌을 준다 하여 생긴 별명이다. 한국어의 조어법造語法으로 분석하면 '꽉'이라는 부사와 '지(指, 손가락)'라는 한자 어근의 결합으로 이루어진 단어(합성어)이다. 그 선생님은 어린 학생들에게는 좀 무섭고 엄격한 선생님이었다. 그분은 공부시간에 떠들지 않고 반듯하게 앉아 공부하는 어린이를 1등으로 쳤다. 점수에 반영을 한다는 말씀이 있었는지 지금 기억에는 없지만 어린 나이에도 차렷 자세로 곧추 앉아 선생님을 쳐다본 기억이 있다. 일 학년 동안 꽉지 선생님의 학생 생활 태도와 관련한 교육 방식이 그 후에도 오래도록 나의 학습 태도에 영향을 주었다고 생각한다. 세 살 버릇 여든까지 간다는 속담이 있듯이 학교교육에서 조기에 잡아주는 학습 태도가 학생들의 장래에 지속적이고 긍정적으로 작용한다는 것은 오늘의 교육에 시사示唆하는 바가 크다 하겠다.

내가 국민학교 입학 전에 할아버지께서 "하늘 천, 따 지, 넓을 홍, 거칠

황……"하고 가르쳐주시어 천자문을 다 떼었다고 들었다. 글쎄, 제대로 다 익혔는지 아니면 앵무새처럼 따라 익히다가 그만 두었는지 모를 일이다. 그 천자 책은 표지가 붉은 무늬로 된 것이었는데 국민학교 다닐 때에 책상 서랍에 들어 있었다. 그런데 내가 그 천자문을 배웠다고는 하나, 그 후 학교생활을 할 때는 한자漢字 한 자도 머리에 남아 있지 않았다는 사실이다. 신기할 정도로 할아버지한테 천자문을 배웠다는 기억조차 없었다. 하기 싫은 공부를 억지로 시키니까 그런 것이 아닌가 한다. 요새 조기 교육이라고 하여 영어를 취학 전에 가르치는데 그것이 얼마나 실효성이 있을지 궁금하다. 내 경험을 비추어 보면 그보다는 어릴 때부터 다양한 체험과 인성 교육이야말로 미래를 위해 더 중요하지 않을까 한다.

전쟁이 끝나고 나서 우리나라의 가장 시급한 문제는 먹고 살기 위한 식량을 확보하는 일이었다. 전쟁의 폐해와 그로 인한 낮은 생산성 저하로 인해 우리 국민은 배고픔을 해결하는 것이 가장 절박했다. 그 당시 국민 중에 기아에 허덕이는 사람이 일제강점기 일본 제국주의가 수탈하던 때 못지않게 많았다. 소위 보릿고개라고 불리는 춘궁기에는 많은 국민이 초근목피草根木皮로 목숨을 연명할 수밖에 없었다. 도토리묵, 고구마, 감자, 보리 · 쌀 등을 도정한 뒤에 나오는 겨를 체로 쳐서 내린 고운 겨나 싸래기에 쑥을 넣어 만든 개떡, 볏논에 피사리를 하고 난 뒤 그 이삭을 빻아 끓인 피죽 등을 먹고 살아야 했다. 이도 저도 여의치 않고 부황이 들어 얼굴이 누렇게 뜨면 울타리 밑에 자란 뚱딴지(돼지감자)를 캐서 먹기도 하고 소나무 껍질을 벗기고 하얀 속껍질을 갉아 먹거나 칡뿌리를 캐 먹고 심지어는 논에 갓 자란 독새풀을 베어다가 국을 끓여 먹기도 했다.

그때는 거지들이 하도 많았다. 심지어는 각설이 타령을 하며 구걸하는 거지도 있었다. 다른 한 편으로 6·25전쟁에서 부상을 당하여 전역한 상이군인(傷痍軍人)들이 구걸하는 경우도 꽤 있었다. 한 쪽 팔이나 다리가 없이 해어지고 누런 군복을 입고 사립문 앞에 와서 구걸하는 일이 흔했다. 동냥을 주지 않거나 적게 주면 땡깡을 부려 무서웠다. 이제와 생각하니 그들이 전역하여 불구의 몸으로 편히 살아가기에는 당시 국가 재정이 어렵고 사회 환경이 너무도 황폐하고 열악했다. 가령 군사원호법(1950년)과 같은 것들이 제정되고 시행되었다고는 하나, 예산의 뒷받침이 거의 없었다고 봐야 할 것이다. 그래서 나라를 위해 싸운 결과치고는 너무 가혹해서 가까스로 살아난 목숨을 부지하기가 정말 힘들었다. 그 사람들을 진정으로 이해하고 위로하며 도와주워야 했었는데 정작 고마워해야 할 그분들에게 가까이 하는 것을 꺼려하고 냉대들 했다. 참 부끄럽고 어리석은 일이다.

다행히 우리 동네는 전란의 피해를 별로 보지 않아서 대체로 가난하지만 적어도 보리밥이나 수제비를 먹을 정도는 되었으리라고 생각한다. 물론 일정시대처럼 여전히 봄에 장리(長利)를 얻어먹고 가을에 다 갚지 못하여 빚더미에 시달리는 사람, 노름을 하여 가산을 탕진하는 사람, 술집과 고영자(술집의 '고용자'를 우리 동네에서는 그렇게 불렀는데 술집계집이나 기생이라는 표현 대신에 사용했음.)를 좋아하는 사람, 그리고 이런저런 이유로 가난을 대물림하는 사람 등은 그제나 이제나 늘 허덕이었다. 그래서 학생들 중에는 도시락을 싸오되 아직 밑이 덜 든 새끼고구마를 쪄서 싸오는 학생도 있고, 더러는 도시락을 싸오지 못하는 학생들도 있었다.

우리 학교에도 미국의 경제 원조 손길이 닿았다. 옥수수가루를 탄 기억은 없지만 우유가루는 1학년 때부터 더러 타다 먹었다. 태극기와 성조기가 그려지고 두 손이 악수하는 그림이 있는 종이드럼통에서 학교 소사가 우유가루를 퍼서 변또(일제강점기부터 쓰이던 말로 어린 시절 '벤또'라고도 하였는데 당시 '누런 양은도시락'을 말함.)에 담아주었다. 그것을 날것으로 먹으면 설사가 나기도 해서 밀가루를 섞어 쪄서 썰어먹었는데, 굳으면 딱딱해져 씹기가 힘들었다. 우리의 우방인 미국의 구호물자가 그런 방식으로 농촌이나 산골에까지 전달되었다. 밀가루포대 혹은 옥수수가루포대인지는 모르겠으나 어린 시절에 미국의 원조 그림이 그려진 광목포대가 종종 눈에 띄었던 것 같다.

4부

타고 남은 터에 새싹은 돋는다

서울로 떠난 어머니와 전사통지서戰死通知書

전후 1, 2년이 지나면서 침잠해 있던 농촌의 사회도 차츰 변화의 바람이 일기 시작했다. 전란으로 외부와의 소통이 많아지고 힘들게 일해도 삶의 질이 크게 나아질 것이 없는 농촌 생활에 회의가 드는 것은 자연스런 현상이었다. 한 특정 시기의 유행가는 그 당시의 상황에 맞는 현실과 정감을 잘 반영한다. 1955년이었던가, 1956년이었던가. 그 즈음에 부르기 시작한 가요로 '앵두나무 처녀*處女*(천봉 작사, 한복남 작곡, 김정애 노래)'가 있다.

앵두나무 우물가에 동네처녀 바람났네
물동이 호밋자루 나도 몰래 내던지고
말만 들은 서울로 누굴 찾아서
예쁜이도 금순이도 단봇짐을 쌌다네

석유등잔 사랑방에 동네총각 맥풀렸네 1

당시 농촌상을 희화화戲畵化한 노래이다. 봄바람이 불어오자, 지긋지긋한 농가 일에서 벗어나 우물가에서 키워온 앵두처럼 곱고 부푼 꿈을 안고, 부모 몰래 밤새 기차를 타고 말로만 듣던 서울로 올라와 이른 아침 서울역에 내린다. 봇짐을 안고 서울역 광장에서 두리번거리는 처녀들의 모습을 보는 듯하다.

서울이란 지역은 전쟁 전에도 그러했지만, 전후에 비록 복구가 한창 진행 중임에도 불구하고 농촌에서는 동경의 대상으로 모든 것이 윤택하고 세련된 곳이었다. 막연하게나마 고대하고 기대했던 것들을 충족시켜 줄 것으로 생각했다. 그러나 그 당시 서울은 상상했던 것과는 거리가 먼 세상이었다. 아무나 가는 곳이 아니었다. 시골에서 올라온 사람들이 할 일이란 것이 특별한 연고가 없는 경우에는 대체로 남정네들은 서울역, 남대문·동대문 시장 등에서 지게꾼으로 생활하는 것이 고작이고 또한 여인네들은 부잣집 식모(가정부)로 들어가 월급을 받는 일밖에 딱히 할 일이 별로 없었다. 특히 아는 사람 없이 올라와 길을 잘못 든 처자處子라면 진 곳에 빠질 수도 있었다. 60~70년대처럼 다양한 일자리가 생기고 공장이나 건설현장이 많았던 시절이 아니었다. 그 때는 여러 면에서 턱없이 부족하던 시절이었다.

앞에서 제시한 유의 유행가는 한 특정 시대를 살아가는 사람들의 애환哀歡이 담겨 있다. 그래서 때로는 심금心琴을 울려 주기도 하여 가슴 속에 서려 있는 슬픔을 풀어내주고 즐거움과 흥을 돋우어주는 구실을 한다고 말들 한다. 사실 나도 유행가를 물먹듯이 무시로 울적할 때나 기쁠 때나 흥얼거린다. 심리적으로 그만한 치료약이 있을까 싶다. 어쨌든 부르고 나면 부지불식간不知不識間에 가슴이 다소 시원해진다.

지금도 그런 면이 없잖아 있지만, 과거에 노래는 학교 교육에서 배운 정통 예술 가곡만을 노래다운 노래로 인정하고 시정의 가요는 유행가라 하여 한수 아래로 보는 경향이 있었다. 그러나 전통 가요의 역할이 어떠했는지를 제대로 알아본다면 인식을 달리하지 않을 수 없을 것이다. 대학에서 내게 시론을 강의하신 은사님(김은전 교수, 6 · 25 참전 용사)은 유행가 예찬론자이시다. 가령 "나는 유행가를 사랑한다. 그러고 보니 인생이라는 것도 이 지상에 태어나 잠시 살다가 죽어서 얼마쯤 지나면 잊혀지는 유행가와 같은 존재가 아닐까."라고 하며 심명순 작사, 김희갑 작곡인 샹송풍의 '그 사람 이름은 잊었지만', 소녀들이 좋아할 듯한 심봉석 작사, 신귀복 작곡인 '얼굴' 등과 같은 노래는 예술 가곡으로 대접받아도 될 성싶다고 말한다. 그분은 유행가는 의복의 패션과 마찬가지로 그 시대나 사회상을 반영한다고 하며 '한 많은 미아리 고개'나 '이별의 부산 정거장'은 암울했던 한국동란의 한 시기를 증언하고 그 무렵의 비극의 주인공들의 슬픔과 고달픔을 달래어 주기까지 했다고 한다. 이 유행가들은 요즘 젊은이들이 부르는 랩뮤직(rap music) 유의 유행가가 아니라 그 전의 유행가들을 말한다.

사실 '단장斷腸의 미아리 고개'는 어머니가 돌아가실 때까지 당신 방에서 누워 눈물을 지으며 흥얼거리시거나 가족과 함께 약주라도 드시는 날이면, 눈물을 글썽이며 부르는 애창곡이었다. 6 · 25전쟁이 나기 몇 달 전 추운 겨울에 휴가가 끝나 군복을 입고 세머리펀데기 황톳길을 넘어 서울로 떠나간 남편을 그리고, 처지가 비슷한 '단장의 미아리 고개'의 가사 주인공인 여인에게 당신의 감정이 이입移入되어 전쟁 당시의 남편을 상상하며 부르시곤 했다. 불렀다 하면 주로 그 2절이었다.

아빠를 기다리다 어린것은 잠이 들고
동지섣달 기나긴 밤 북풍한설 몰아칠 때
당신은 감옥살이 그 얼마나 고생을 하오
십년이 가도 백년이 가도 살아만 돌아오소
울고 넘던 이 고개여 한 많은 미아리 고개

한낮 늦더위가 기승을 부리는 초가을 시동생은 놀러나가고 일꾼은 산에 가고 시부모는 논밭에 나간 날이면 덕현이는 낮잠을 자고 집안이 조용하다 못해 적막했다. 이럴 때 어머니는 신세한탄이 절로 나왔다.

그 당시 동네 분위기는 정중동靜中動이었다. 그 해 봄 옆 마을 처녀 순희가 빚에 허덕이는 아버지를 위해 밤에 몰래 돈 벌러 타동네 처녀와 함께 서울로 갔다는 소문이 돌았다. 아래뜸 오얏나무집 전몰경찰 미망인이 된 동갑내기도 늦봄에 서울로 떠났다. 자식들에게는 시부모가 있으니 돈을 벌기 위해 야밤에 소리 없이 쇠머리펀데기 황톳길을 넘어갔다. 함적골 한 과수댁(寡守宅, 석성면에서 시집왔다고 해서 '석성댁'이라고 불렀음.)도 오누이를 은산 병원에 맡겨 누이는 병원 일을 도와주고 남동생은 중등학교에 다니게 한 뒤 장래 자식 교육을 위해 돈 벌러 서울로 떠났다.

전후戰後에 다른 지방도 마찬가지이겠지만, 우리 지역도 부모는 못살지만 대체로 할 수만 있다면 자식들만은 잘 가르치어 집안을 일으켜 세워야겠다는 생각들을 하며 지냈다. 특히 농촌에서 가난을 벗어나고 출세하여 부자가 되는 길은 자식의 교육밖에 다른 방법이 없다고 생각했다. 그래서 집집마다 자식들을 가르치기 위해 힘닿는 대로 상급학교에 진학시키고자 했다. 사실 공부해서 자식이 출세하면 부자가 될 테니 부모로서는 미래의 의식주 걱정이 끝나고 호강을 하게 되는 것이었다. 지금은 우스운 얘기가 되었지만, 1950년대~1960년대에 상아탑象牙塔을 우골탑牛骨塔이라고 한 적이 있었다. 농촌의 부모들이 자식을 위해 소 팔고 논밭 팔아서 대학에 보냈다 하여 붙여진 대학의 별칭이다. 그 당시 부모들의 자식에 대한 기대는 매우 컸다. 함적골 그 과수댁은 서울에서 온갖 고생을 다 하며 돈을 벌어 아들을 일류인 Y대학교 공대에 보냈다. 그 아들은 졸업 후에 일류기업에 취직하여 집 사서 결혼하고 손자와 손녀를 낳아 어머니의 노후老後를 편안하게 잘 모셨다. 고향 동네에서는 그런 효자가 없다고 칭찬이 자자했다.

어머니도 먹고 사는 것이야 그렇다 치고 비교적 젊은 시어머니 밑에서 눈치 아닌 눈치를 보며 하루하루 지내는 일이 그렇게 즐겁고 쉽지만은 않았다. 돌아가시기 몇 년 전, 주름진 어머니의 얼굴을 볼 때마다 내 어린 시절 기억 속에 어머니의 힘들어 하시는 모습, 가령 눈물을 흘리거나 아파서 골방에 누워 나를 바라보는 얼굴이 어쩌다 스치곤 하였는데 그것도 이제 가물가물하다. 내가 나이가 들어가면서 듣던 가요로 어머니가 가끔 부르시던 '미아리 눈물 고개' 외에 어떤 상황에서 술을 드시거나 슬픔이 북받쳐 오를 때 일제강점기 이부풍 작사, 손목인 작곡, 이난영의 노래

'해조곡(海鳥曲, 1937년)'을 '목포의 눈물'보다 더 많이 부르시곤 했다.

갈매기 바다 위에 울지 말아요
물항라 저고리에 눈물 젖는데
저 멀리 수평선에 흰 돛대 하나
오늘도 아~ 가신 임은 아니 오시네

이 노래는, 어머니가 시집오기 전 처녀시절에, 함적굴 친정의 유성기로 많이 듣고 배웠던 것이다. 그래서 아마도 전쟁기간이나 그 직후부터 내내 외로울 때나 슬플 때나 베개머리에 눈물 적시며 흥얼대셨을 것이다. 이런 가요는, 그저 누구나 부르는 단지 유행가에 불과한 노래가 아니라 어머니에게는 그 가사의 주인공이 되어 뼛속 깊이 스미어든 어머니만의 노래가 되었다.

1950년대 그 시절의 상황에서 접근하기 쉽고 서민의 위로가 되는 것으로 가요만한 게 없었다. 사실 어떤 시나 예술적 작품이 그 당시 가요만큼 무시로 한을 품은 이의 심사(心思)를 달래줄 수 있었겠는가. 그것들은 대중이 부르는 가요와는 달리 현실 상황에서 비교적 멀리 존재한다. 그 만큼 전통 가요는 우리네 삶과 더불어 의미 있게 살아왔다.

딱히 언제라고 집어낼 수는 없으나 아마 내가 2학년이 되고 그해 늦가을이나 초겨울이 아니었을까 한다. 처음에는 어머니가 곁에 없다는 것을 거의 의식하지 못했다. 그 나이에도 나는 할머니, 할아버지와 의사소통을 주로 하고 그분들 틈에서 자고 일어났다. 그 당시 어머니와의 교감적인 일이 뚜렷하게 남아 있지 않다. 이상하리만치 어머니 품이나 곁에서 잠든 기억이 없다. 그런 일은 너무나 일상화된 것이어서 특별히 머릿속에 남아 있지 않을 수도 있다. 아니면 어머니에 대한 관심을 갖지 않아도 될 나이기에 그랬었던가. 그렇더라도 어머니와 관련된 한 편린片鱗이 있을 수 있겠는데 그 시절은 망각의 상태에 있다. 어머니가 자신에게 냉정할 필요가 있어서 고의로 정을 떼려고 아들을 멀리했었는지는 모르겠다. 아무튼 내가 어머니가 그리워서 찾거나 우는 일은 없었다. 그 후 3학년이 되어서도 어머니가 없다고 보챈 적은 없었다. 나는 어머니가 있었을 때나 없었을 때나 할아버지, 할머니의 손에서 주로 살았기 때문에 어머니의 애정 결핍을 별로 느끼지 않고 살았다. 아니 모르고 살았다고 하는 게 좀 더 정확한 표현이겠다. 사랑방에서 할머니, 할아버지하고 자면서도 늘 어머니는 안방에 있었기에 어머니가 눈에 보이지 않는다고 해서 크게 다를 게 없었을 것이다. 어머니는 없어도 내 곁에 있는 거나 다름이 없었다. 게다가 아버지라는 개념은 아예 머릿속에 존재하지 않았기에 의식하며 지낼 일이 전혀 없었다. 나의 어린 시절 대부분은 할아버지와 할머니의 품에서 그분들의 애정 어린 보살핌으로 자랄 수 있었다. 그러나 그런 결핍 현상이 내가 성장해가면서 나도 모르게 다양한 형태로 나타나서 나를 힘들게 했다는 것을 조금씩 깨닫기까지는 오랜 세월이 지난 뒤부터였다.

내가 성장해서 짐작한 일이지만, 어머니 친정 쪽으로 서울에 자주 왕래하는 친척이 있었다. 6·25전쟁 전야에 아버지가 서울로 외박을 나와 동무병원에서 밤을 보내며 아들 덕현이와 가정의 장래를 생각했듯이 어머니도 여러 가지 고민에 빠져 미래를 생각했던 것 같다. 무엇보다도 앞으로 덕현이의 교육이 중요했다. 주변 사람들이 다들 자식 교육에 열을 올리고 있던 때였다. 시부모님은 지금처럼 부부가 서로 도우면 농사일을 하기에는 아직 걱정을 안 해도 될 연세이었다. 시동생이 어리긴 해도 국민학교를 이미 졸업했으니 공부를 더 해야 했으나 시부모의 의중에는 그렇게 할 생각이 없는 것 같아 안타까웠다. 결국 나이로 보아 집의 잔일이나 거들게 될 것이었다. 그리고 그동안 내내 서방님이 집을 떠나 복무했다는 서울 쪽만 상상하거나 떠올리며 기다리고 살아온 터라, 일상의 집 안쪽 일에 묻혀 산다는 것이 젊은 여자 신세로는 감당하기 어려웠다. 친정에서도 억지 시집을 보내 놓고 잘 살기를 바랐건만, 방년芳年의 나이에 생과부가 된 딸 걱정을 하지 않을 수 없었다.

어떤 면에서 외로운 7년 동안의 시집살이가 어머니에게는 창살 없는 감옥이었을 것이다. 그래서 내 나이 70세가 될 때까지 늘 곁에 계신 분으로만 여겨왔던 어머니에 대하여 이 글을 쓰면서 처음으로 20대 중반을 갓 넘긴 젊은 여인으로서의 어머니를 잠시 생각해 보게 된다.

봄날 아지랑이 피어오르고 봄바람은 불어오는데, 들 건너 쇠머리편데기 황톳길을 바라보자니, 임 생각이 간절하다. 꽃잎이 눈처럼 날리던 계절이 바뀌어, 논에서 개구리 울음소리가 요란하고 소쩍새가 울어대는 밤이면, 더더욱 임 생각이 간절하다. 소슬바람이 부는 가을이 오면, 쇠머리편데기를 넘어 서울로 임을 찾아가고픈 생각이 절실하고, 가랑잎이 휘날리는 가을의 하늘을 보면, 임의 얼굴이 그려지며 애절한 마음 가눌 길 없다. 흰 눈이 펑펑 오는 겨울밤에는 이불 속에서 홀로 옛 노래를 흥얼거리며, 임 그리워 눈물을 흘린다. 아, 무정한 세월이여!

어머니도 누구나 한번은 가보고 싶은 서울, 남편이 가 있던 그 곳을 가고 싶었다. 그리고 동네 미망인들이 자식의 장래 교육을 위해서 너도나도 떠나는 판이어서 어머니에게도 분명한 명분이 생겼던 것이다. 그래서 참다 참다 조용히 친정에 가서 여러 가지 상의를 했을 것이다. 당시 살 만한 집에서 대처로 나가 자식 교육을 시킨다고 해도 공주나 대전의 사범학교(중학교 졸업 후 시험을 보아 합격하여 입학함.)에 보내는 정도였다. 판사나 검사가 되는 것은 부러움의 대상은 될지언정 언감생심焉敢生心 바라지도 않고 대체로 선생님만 되어도 큰 출세였다. 우리 동네에도 면장 아들 같은 사람은 국민학교 선생님이 되어 고향에서 교편을 잡았다. 어찌됐건 돈 많이 벌어야 대전이든 서울이든 대처로 교육을 위해 자식을 내보낼 수가 있었다. 그때는 웬만큼 산다고 해도 농촌의 현실이 녹록錄錄지 않아 대부분 자식들을 출세시키기 위해 대학까지 보낼 여력은 거의 없었다.

며느리가 어느 날 갑자기 보이지 않자, 할아버지와 할머니는 올 것이 왔구나 생각했다. 어쩌면 시부모로서 부부생활을 하기에는 홀로 지내는 젊은 며늘애가 안쓰럽기도 하고 보기 싫기도 했을 것이다. 그래서 걱정을 하면서도 한편으로는 체증이 뚫리는 듯하고 안도의 숨이 나왔다. 며느리의 앞날은 아무도 장담할 수 없기에 어디가 무엇을 하든지 잘 지내기만 바랄 뿐이었다.

어느 봄날, 나는 이웃집 코흘리개 지집애(계집애를 충청도에서는 그렇게 불렀다. 계집애 〉 기집애 〉 지집애. 우리 윗집 순식이 어머니는, 딸이 말을 안 들으면 '저 누무 지지배' 어쩌구했음.) 순식이랑 집 앞 저만큼 아래 서반챙이(서반西畔: 서쪽 밭의 지경을 이룬 두둑, 챙: '차양'으로 햇볕을 가리거나 비가 들이치는 것을 막기 위해 처마 끝에 덧붙인 좁은 지붕, -이: 사물의 뜻을 더하고 명사를 만들어주는 접미사 등으로 분석된, 이 단어는 파생어로 동네 사람들은 그 곳을 그렇게 불렀음.)이의 좁고 길게 늘어선 참나무 숲(챙, 차양 모양의 숲으로 한 쪽은 밭이고 다른 쪽은 벼랑이 있고 그 밑에 마을 도랑물이 흘러내림.) 옆의 밭 언저리에서 쑥이며 나승개('냉이'의 충청도 사투리)를 캐고 있었다. 할아버지가 입맛이 떨어진다고 해서 할머니가 나물을 캐기도 하지만, 더러는 손자를 시킬 때도 있었다. 가령 이른 봄 산 밑 양지바른 보리밭 이랑을 다니며 뾰족이 돋은 달래를 바구니에 한 움큼 캐 가지고 오면 할머니가 만들어주는 달래 간장으로 할아버지는 밥을 비벼 맛있게 잡수시었다.

한 줄기 꽃샘바람이 불어오자, 참나무에 달린 빛바랜 가랑잎들이 서로 부대끼면서 스산한 소리를 냈다. 어린 소년 덕현이는 참나무가 울어대는 소리를 알지 못했다. 그저 나물을 뜯고 캐기에 여념이 없었다. 서반챙이 참나무는 알고 있었다. 단봇짐을 안고 한 여인이 지난 늦가을 서리가 내린 이른 새벽에 바로 이 참나무 숲 샛길을 지나 쇠머리펀데기를 넘어갔던 것이다. 무슨 예감이 있었던지 소년은 나물을 찾아 뜯고 캐기 위해 숲 가장자리 밭두둑을 오르내리다 앞으로 고꾸라졌다. 그 바람에 할아버지가 왕골자리를 맬 때 쓰는, 날이 선 칼로 오른손 엄지 안쪽을 길이로 1cm(자라면서 흉터가 커져 지금은 1.5cm가 넘음.) 이상 베고 말았다. 선혈이 손에 낭자狼藉했다. 그런 뒤로도 서반챙이 참나무는 봄이 오면 언제나 전처럼 울어댔다. 지금도 이 글을 쓰면서 가만히 귀를 기울이노라면 서반챙이 참나무 가랑잎이 바람결에 내는 소리가 들리는 듯하다. 어머니는 그렇게 서울로 떠나가셨다.

사람은 보지 않고는 믿으려 하지 않는 속성이 있다. 하느님을 믿는 사람들에게는 비근한 예가 되는 도마(예수님의 열두 제자 중 한 사람)의 의심(요한복음 20:24-29, 29절에서 예수님이 도마에게 '너는 나를 보고야 믿느냐.'라고 말씀하심.)도 보통 사람의 그것에 해당한다. 큰 아들의 전사戰士가 기정사실로 받아들이지 않을 수 없는 시간이 흘렀음에도 어딘가에 살아있으면 오겠지 하는 실낱같은 마음은 늘 가슴 깊은 곳에 자리하고 있었다. 서울로 떠나기 전까지도 어머니 역시 시부모와 다를 바가 없었다. 혹시나 하는 마음에 미련이 남아 자신도 모르게 멀리 체부가 지나가도 쳐다보게 되고, 자연히 쇠머리편데기로 시선이 가곤했었다.

그렇게 세월이 흘러 내가 4학년이 된 그해 봄에 육군본부로부터 한 통의 편지를 받았다. 아버지의 전사 확인증이었다. 나는 학교에 갔기 때문에 전혀 알 길이 없었고, 또 누구도 내게 아버지가 전사했다는 통지가 왔다고 말해주지 않았다. 나는 여전히 아버지라는 존재를 모르고 살고 있었다. 휴전이 되고 포로교환 당시 들이닥친 집안의 불운이 내 머릿속에 남아 있을 것 같기도 한데 그 역시 이상하리만치 전혀 기억에 없다. 아마도 내가 어려서 그것에 대한 사태파악이 안 되었기에 강 건너 불 난 집 불구경 하듯 하고 망각忘却한 게 아닐까 한다. 아니면 그런 상황에 내가 없었을 수도 있다.

내가 그 확인증을 발견한 것은 성인이 된 뒤 집 문서함에서 아버지 유품을 살펴 볼 때였다. 그 후 2009년이었던가. 현충일에 참배를 하러 동작동 국립묘지에 갔다가 현충탑 내 대리석벽의 아버지 위패位牌에 쓰인 고인의 계급이 '이등병'이라는 것에 대하여 의문이 들었다. 물론 그 전에도 위패에 대해 세심한 관심은 갖지 않고 어찌 이등병일까 하는 피상적 생각은 했었다. 그래서 아버지의 유품에서 전사 확인증을 다시 꺼내 보니 계급이 '일등병'이었다. 이 계급 또한 의문이 들었지만 우선 현충탑의 계급에 오류가 있다는 근거는 확실했다. 다음해 현충일에 동작동 국립묘지 현충원 내에서 국방부 유해발굴감식단의 6 · 25전사자 DNA검사를 위한 채혈을 하기에 나도 해당자로 채혈에 응하면서 국방부에서 나온 관계자에게 아버지의 위패 오류에 관한 문의를 했다. 그 후에 육군 본부에 아버지의 계급 정정을 위한 여러 근거 서류를 제출하였다. 그 중의 하나가 바로 전사 확인증 복사본이었다. 그 원본은 다음과 같다.

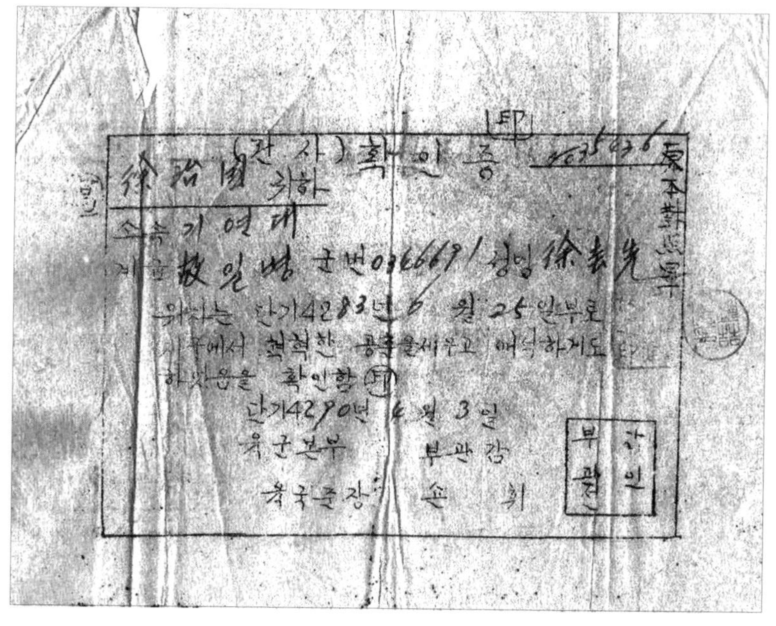
(전 사) 확 인 증

귀하

소속 기 연대

계급 故 일병 군번 0366691 성명

위자는 단기4283년 6월 25일부로 [illegible]에서 혁혁한 공훈을세우고 애석하게도 하였음을 확인함

단기4290년 6월 3일

육군본부 부관감

이 전사 확인증은 아버지가 단기 4283년 6월 25일(1950. 6. 25)에 전사하였음을, 단기 4290년 4월 3일(1957. 4. 3)자로 육군본부 부관감 육군 준장(손 휘)이 확인한 것이다. 어느 지구에서 전사했는지를 밝히지 못하고 있다. 그것을 근거로 할아버지가 그해 5월 7일자로 아들이 전사했음을 은산 면사무소에 신고하였다. 제적등본에 아버지가 '서기 1950년 6월 25일에 미상시미상지구未詳時未詳地區에서 전사 호주 서기 1957년 5월 7일 신고'로 기재되어 있다.

그 확인증의 지질紙質이 얼마나 나쁜지 마분지(馬糞紙, 질이 낮은 종이)이다. 이것으로 메시지를 등사(謄寫, 등사기로 박는 것)하였다. 그 당시 국군의 형편이 어떠했는지 짐작이 간다. 그때는 비단 군대에서만이 아니라 학교나 관공서에서도 마분지를 많이 사용했다. 그만큼 우리나라 경제 사정이 좋지 않던 시절이다. A4용지를 쓰는 지금 젊은이들은 그릇 같은 것을 쌀 때 막포장지로나 사용될 마분지를 상상하기 어려울 것이다.

얼마 후에 충남 계룡시 육군본부 병적관리과에서 온 답신答信을 보면 아버지의 계급은 '일병'으로 전사 확인증에 적힌 것과 같고 사망 구분도 전사戰死로 그것과 같았으나, 군소속이 기갑연대이고 입대 일자와 사망 일자가 1950. 6. 25로 동일했다. 그리고 군수참모부 물자처 물자과에서 군번 0346691에 대한 위패 계급을 조치하게 했다. 아버지의 위패 계급 정정 조치 내용은 원하던 바이나, 그 답신의 병적 확인내용은 아버지에 대한 병적기록부가 정확하지 않다는 것을 드러냈다.

전사 확인증에 쓰인 아버지의 군번이 '034-'로 시작한다. 나는 이 숫자의 의미를 몰랐다. 다만 아버지의 군복무 기간이 6·25전쟁 직전까지 대략

1년 4개월은 되었기에 그 확인증에 쓰인 고인의 계급이 왜 일병밖에 되지 않을까 하는 의구심이 들었다. 그래서 올 봄에 아버지의 병적기록부에 적힌 계급을 다시 확인하고자, 육군본부에 전화로 문의를 하였다. 인사과에서 아버지 군번에 대하여 의외의 설명을 하였다. '034-'로 시작하는 군번은 가번호假番號라는 것이었다. 그러니까 진번호眞番號가 아니다. 6·25 전쟁이 나기 몇 달 전, 아버지가 겨울 휴가를 마치고 귀대할 때 매형이 자전거를 타고 가 부여 백마강 백사장 종점에서 건넨 군번이 아닌 것이다. 인사과 담당자는 나의 후속 질문에 명확한 답변을 않고 얼버무렸다. 그 답변을 추려보면 6·25전쟁에서 싸우다가 산하에 묻힌 수많은 국군의 시신을 찾지 못하여 그런 순국 영령들에게 국방부에서 임시로 군번을 부여하게 되었다는 설명일 터이다. 그러니까 입대 날짜도 알 수 없기에 사망 날짜와 동일하게 처리할 수뿐이 없었을 것이고 소속연대도 그러하므로 전사통지서에 표기된 대로 기연대(幾聯隊, 몇 연대)로 표기했어야 함에도 잘못 해석하여 기갑연대機甲聯隊로 오기한 것이다. 이 글을 쓰기 위해 아버지의 원병적기록부를 찾으려고 여러 관계 기관에 전화하여 문의를 하던 차에 전쟁기념관 내 군사편찬연구소 정보자료실 남○○ 연구원에게서 6·25 전쟁 초기 서울이 함락되자 육군본부에서조차 상황판만 하나 달랑 들고 한강다리를 건널 정도로 경황이 없었는데 그 당시 병사의 병적기록부가 남아 있었겠느냐는 좀 짜증 섞인 투의 말을 들어야 했다. 그러고 보니 그 연구원에게 무안無顔한 마음이 들었다.

누구보다도 눈물이 많은 할머니는 전사 통지서를 받은 후 포로교환 때와는 달리 눈물을 참고 억누르며 속으로 새기었다. 어느 정도 예견한 일이기는 해도 막상 접해서는 한바탕 소동이 벌어질 상황이었지만 어린 손자를 생각해서 자제하라는 할아버지의 엄명嚴命이 있었다. 내가 학교에서 돌아왔으나 집에 할머니의 우는 소리는 없었다. 세월이 흘러 어느 때였던가. 내가 어머니한테 듣기로는 할머니는 아들이 휴가 올 때나 귀대할 때 크게 울어댔다는 것이다. 저 아래 들판에 아버지가 올 때 할머니는 동네가 울릴 정도로 크게 울면서 마중을 나갔었는데 밤에 '어머니가 왜 그렇게 우시는지 모르겠다'고 말하더라는 것이다. 아들로서 반가운 날에 우는 것이 어떤 예감이라도 한 듯이 좋게 보이지 않았던 것이다. 할머니는 너무 기뻐도 울고 슬퍼도 울었다. 50년대 말경 삼촌이 서울 한강에서 수영하다가 익사하였을 때도 온 동네가 떠나갈 듯하였다. 그 때는 그럴 만했다. 아들 둘을 다 잃은 어미의 심정은 당해보지 않은 사람은 알 턱이 없는 것이다. 할아버지는 서울의 며느리한테 굳이 알릴 필요가 없다고 생각했다. 마음속에서 이미 정리한 상태로 살아가고 있는 며느리에게 두 번 상처를 주는 것이 시아버지로서는 마땅한 일은 아니었다. 그렇게 세월은 흘러갔다.

그런데 1950년대 당시 행정 미비로 전사통보가 안 된 유족이 상당히 많았다고 한다. 그때 전사통보를 하고 나면 정부에서 군인사망보상금을 지급했는데 그 당시 오만 환을 유족에게 주었다. 그 가치는 물가상승률과 법정이자 등을 감안하면 지금 돈으로 사백만 원 정도이고 금으로 환산해도 근 삼백만 원은 될 거란다. 그 돈을 원 단위로 환산하여 오천 원에 불과한 돈을 국가 보훈청에서 근래 추가로 확인된 유족에게 보상금으로 지급했다 해서 문제가 되기도 했다.

우리집에도 군인사망보상금이 나왔을 텐데 전사통보를 받을 당시에는 모르고 있다가 해가 지난 얼마 뒤에야 알고서 동네 구장(지금의 통장, 이장에 해당한다. 일제강점기부터 사용된 명칭으로 어린 시절에도 그렇게 지칭하고 호칭함.)하고 대판 싸우고 강경재판소에 고소까지 했던 것으로 어렴풋이 기억한다. 할아버지와 연하인 구장은 호형호제呼兄呼弟하는 사이로 자별하게 지내며 행정상 편의를 위해 도장을 맡겨놓다시피 했다. 아마 다른 집에서도 대개 그러했을 것이다. 가끔 할아버지가 내게 산밑뜸(들과 시내를 건너 동쪽 편 산 밑에 있는 마을) 구장 집에 가서 도장을 가져오라는 심부름을 시키곤 했다. 그런 구장에게 발등이 찍힌 것이다. 어린 나는 몰랐지만, 구장이 사망보상금을 가로챈 것이었다. 이런 일이 다른 지역에도 더러 있었나본데 일부 공무원이나 이장들의 비행이 흔하게 자행되던 시절이었다. 그 후로 내가 알기로는 구장과 할아버지는 의절義絶을 하고 지냈다. 그분들도 고인이 된 지 오래고 이제 아주 먼 옛 일이 되었다.

우리집의 희망, 손자의 어린 시절 I

앞에서 이미 전체적으로 개략적인 소개를 했던 대로 내가 태어나고 자랐던 내지리 안터는 북쪽 뒷산 아래 기슭에 좌우로 낮은 능선이 감싸서 꼭 삼태기처럼 생긴 지형에 이루어진 마을로, 들 가운데 흐르는 시내를 끼고 있는 마을, 아래뜸이 내려다보이는 곳이었다. 그리고 거기에서 조금 더 멀리 떨어진 남쪽 산 동쪽 능선에 있는 다롱고개와 그 산 서쪽 능선 끝자락 기슭의 쇠머리펀데기가 보이는 곳이었다. 이 세머리펀데기는 1960년대에 그 주변에 과수원이 생기고 주막이 있었다. 그래서 사연事緣이 많은 황톳길이 과수원 길로 바뀌었다. 방학이 되면 그 길을 지나곤 했다. 지금은 그 과수원이나 주막이 사라진 지 오래되었다. 그리고 그 앞 들 가운데를 가로질러 둑을 쌓아서 만든 공주-서천 간 동서 고속도로가 지나고 있어서 내지리 들판의 아늑한 전경이 훼손되었다.

안터 동네에 봄이 오면 복사꽃, 살구꽃이 초가집 울타리나 밭가에 피고,

산에는 참나무, 소나무 숲 속에 연분홍 진달래꽃이 만발하고 밭둑에 개나리꽃이 노랗게 그리고 도랑가 버들가지에 버들강아지가 하얗게 피어났다. 그야말로 이원수의 동요 '나의 살던 고향은'에 나오는 울긋불긋 꽃 대궐 차린 동네였다. 언제부터라고 말하기는 어려우나 내가 아주 어렸을 때 그러니까 자연을 바라보고 느낄 수 있을 나이부터 왠지 모르게 그것들을 좋아해서 숲속을 헤매며 자랐다.

그때는 어린아이들이 군것질을 할 만한 먹을거리가 거의 없었다. 엿장수가 큰 가새(가위의 충청도 사투리)로 챌그랑 챌칵, 챌그랑 챌칵 하며 목판을 지고 동구 밖에서 오는 날이면 마루 밑 갖가지 고물들, 쇠붙이나 헌 고무신짝, 빈병 등을 찾아내어 들고 부리나케 달려가서 엿하고 바꾸어먹던 시절이다. 지금도 아이들이 그렇지만, 그 시절 단 맛이 그렇게도 좋았다. 사탕을 사먹으려고 해도 돈도 없지만 생기더라도, 오일장에나 가든지 아니면 학교 옆에나 산 너머 멀리 신작로 주변의 송방(우리 동네에서는 지금의 구멍가게와 같은 곳을 당시에 송방이라고 했음.)에나 가든지 해야 단맛을 볼 수 있었다. 그래서 평소에는 사탕을 먹어야 한다는 생각은 들지 않았다. 다만 본능적으로 자연에 있는 것을 찾아 그 욕구를 해소했다. 계절적으로는 봄이 어린애들에게도 말 그대로 입정거리가 별로 없는 춘궁기였다.

연분홍 진달래꽃은 씹으면 맛이 좀 뜹뜨름하고('떫다'의 충청도 사투리) 달작지근하다. 칡뿌리도 씹으면 달작지근하다. 그런 맛을 찾아 뒷산에서 진달래꽃을 꺾고 칡뿌리도 캤다. 또한 산가나 밭두렁에서 쇠기 전(쇠고서 하얀 꽃이 핌.)에 삐비('삘기'의 충청도 사투리로 띠의 새로 나는 어린 싹)를 한 움큼씩 뽑아서 그 속을 씹어대면 달짝지근하였다. 심지어는 띠의 제법 두툼하고 굵직한 흰 뿌리를 캐어 입에 넣고 씹어서 단물을 빨아먹기도 했다. 그리고 밭 언덕 덤불 속에 움터 오르는 찔레 순을 꺾어 씹으면 역시 떫드름하면서 달작지근하고 풋내음이 물씬 났다. 그럴 때면 으레 손등이 찔레가시에 찔리고 긁혀 피가 맺혔다. 그래도 성이 차지 않으면, 또래아이들과 산 너머 오장장터 옆 도랑에서 가재를 근 반 냄비 가량 잡아와서 달게 볶아달라고 떼를 썼다. 어떤 때는 숲속을 다니며 새집을 발견하고 새알을 꺼내어 가지고와 대파 잎의 텅 빈 속에 알을 채우고 묶어서 아궁이 잿불에 놓아 구워 먹기도 했다.

국회의원 선거철이 오면, 벌뜸(아래뜸) 시냇가 평지에서 '닐리리야, 닐리리야…… 니나노 얼싸 좋다……'하고 스피커에서 흘러나오는 경기 민요, 태평가 노래 소리가 바람을 타고 윗동네 안터에까지 들려왔다. 그럴 때는 동네 아이들이 그리로 몰려갔다. 스피커가 달린 차는 안방 벽장문에 붙인 달력에 있는 국회의사당 시계탑 옆의 얼굴, 부여군 국회의원 이석기[李錫基, 제2 · 3대 무소속 국회의원 당선(1950 · 1954. 5. 31.), 1958년 제4대 국회의원 선거에는 민주당 후보로 출마했던 것(?)으로 기억한다. 자유당 한광석이 당선됨.] 유세차로 검정 찦차(지프차)였다. 나는 유세에 관심이 가기보다 아니, 아직 그럴 나이도 아니고 그 차에 관심과 흥미를 가졌다. 그 차 뒤 범퍼 위에 스페어타이어바퀴를 달고 그 모서리에 가늘게 높이 올라가 휘청거리는 안테나가 마음에 들었다. 그리고 그런 검정 찦차를 가지고 놀고 싶었다.

집에 와서 곧바로 넓이가 화투짝만한 빈 비사(飛獅표 사자가 날개를 달고 나는 그림) 성냥갑을 여러 개 찾아내었다. 성냥갑이 차 만들기에 모자라면 성냥개비가 가득 들어있는 성냥갑을 할머니 몰래 비웠다. 그렇게 모은 성냥갑들로 밥풀을 발라 붙여 찦차 형태를 만들었다. 색종이가 없으므로 그 겉에 흰 종이를 바르고 먹을 갈아 붓으로 검게 칠했다. 그런 다음 박 바가지쪼가리를 구해다 칼로 동글게 도려내어 차바퀴를 만들고, 대나무를 가늘게 쪼개고 다듬어서 차바퀴 굴대(사실은 외부 힘에 의해 꿰인 바퀴가 돌아가는 동력이 없는 굴대면서 동시에 차체를 받치는 지지대임.)를 만들었다. 그리고 두꺼운 종이로 앞 범퍼와 뒤 범퍼를 만들어 붙였다. 뒤 범퍼 위에는 박 바가지스페어타이어도 붙여 달고 또한 그 모서리에 닭장 철망 철사로 안테나도 길게 만들어 꽂았다. 물론 창문도 그려 붙이고 전조등도 흉내 내었다. 이렇게 하루 종일 매달려 차 만드는 작업에 몰두하다 보면, 끼니때마다 밥 먹으라는 할머니의 재촉이 성가시게 느껴졌다. 내 차를 보고 동무들도 만들어서 한동안 함께 차 놀이를 했다.

여름이면 냇가 밭둑 원두막의 참외나 수박이 제일 먹고 싶었다. 우리집에서는 남새밭에 찬거리를 얻기 위해 오이씨를 심는 일 외에 도무지 여름철 입정거리로 그런 것을 재배하는 일은 없었다. 지금 생각하면 어린 손자를 위해 손공이 많이 가는 먹을거리까지 신경을 쓰기에는 할아버지의 연세가 많은 편이었다. 그렇기도 하지만, 그 당시에는 땅 한 뼘이라도 놀리는 일이 없고 더 일구어서 콩이든 팥이든 오곡을 심어 수확을 올리는 일에 심혈을 기울였다. 비근한 예로 논·밭두렁에다가도 콩을 심어 두렁콩(밭에서 거둔 콩보다 두렁콩을 넣어 밥을 지으면 밥맛이 훨씬 좋았다. 지금은 농촌에 일손이 부족하고 고라니가 뜯어먹어서 농부들이 두렁콩을 거의 심지 않는다고 함.)이 있게 된 것이다. 그 만큼 살기가 빠듯하던 시절이었다. 그러니 과일은 대체로 관심 밖이었다. 있으면 먹고 없으면 없는 대로 지냈다. 다만 당신이 약주를 좋아하시니까, 소주를 드실 때 물외는 좋은 안주거리였다. 그래서 가끔 손자에게 오이를 따오라고 하셨는데 오이가 주렁주렁 열려야 나에게도 차례가 와 따서 먹을 수 있으련만 오이벌레가 많아서 개수를 셀 정도로 드물게 열리었다.

비바람이 밤새 심하게 분 어느 날 아침이면 아직 덜 익은 새파란 대추가 꽤 떨어졌다. 그것을 주워서 뒤뜰 잡초들 사이에 여기저기 놓고 그 옆에 모형 원두막을 세워 원두막놀이를 했다. 내가 원두막 주인이 되고 풀섶에서 대추 참외를 따다 소꿉동무에게 팔았던 것 같다. 왠지 모르게 원두막과 그 아래 노란 참외나 둥근 수박이 열린 밭이 그저 좋았다. 그리고 어린 눈에 비친 원두막 주인은 참외를 실컷 먹을 수 있어서 좋을 것이고 잘 익은 참외를 팔 수 있어서 좋을 것이었다.

참외가 먹고 싶어 애타게 기다리던 중에 어쩌다 머리에 똬리를 얹고 노란 차미('노란 참외'의 충청도 사투리로 당시 '나이롱 차미'라고도 했음.), 초록빛의 개구리 차미를 가득 담은 광주리를 인 아주머니가 들어오는 날에는 참외를 먹을 수 있었다. 그때 농촌에서는 물물교환으로 보리 몇 되에 참외 몇 개, 이런 방식으로 참외 값을 수확한 보리로 치르곤 했다. 그러나 수박은 좀처럼 먹기가 어려웠다. 더러 백중날(음력 7월 15일, 이 날은 농가에서 머슴에게 백중돈을 주어 하루 쉬게 했다. 머슴은 백중장에 가서 돈을 쓰며 놀았음.) 은산이나 논티 백중장에 따라 가도 수박은 너무 비싸고 커서 사주지 않으셨다. 그 대신 크고 푸른 개구리참외 하나를 사주셨다.

여름철 소낙비가 많이 온 후에는 집 근처 마른 논에 물이 철철 넘쳐서 물꼬를 넘어 둑 아래로 시원하게 콸콸 흘러 떨어졌다. 그럴 때는 나도 모르게 기분이 좋아져서 가만히 앉아 있지를 못하고 무엇인가를 해야만 했다. 강아지풀의 아래쪽 굵은 줄기를 10㎝ 이상 자른 굴대나 그것이 약하면 닭의장 철망의 철사로 만든 굴대에다 보리짚대나 밀짚대를 약 5㎝ 가량씩 가위로 자른 도막들의 가운데를 끼어 물레바퀴를 만들었다. 그리고 끝이 V인 나뭇가지로 받침대를 두 개 만들어 방아굴대를 거기에 올려놓고, 물레바퀴 밀짚(대) 끝의 구멍에 떨어지는 논물의 낙차를 이용하여 물레바퀴를 돌아가게 했다. 이처럼 물레바퀴를 만드는 과정에 몰두하고 난 후, 드디어 물레가 돌아갈 때는 흐뭇한 기분이 들었다. 깜냥에는 힘들게 만들어 성공한 데서 오는 기쁨이었다.

가을이 오면 누런 들판의 벼가 익어가는 것도 좋았지만, 어린 나의 정신을 현란絢爛하게 하는 것이 있었다. 산가 가을 하늘을 담은 청징淸澄한 물이 졸졸졸 흘러든 다랭이('다랑이'의 충청도 사투리) 논에 작다란 벼가 샛노랗게 가득했다. 들판의 누런 벼와는 비교가 안 되었다. 누구도 모르게 오~직 나만을 위해 산가에 그렇게 소리 없이 물들어 나를 기다리고 있었다. 내 마음과 가슴은 그 다랭이 볏논처럼 샛노랗게 물들어갔다. 나는 그 빛깔에 욕심이 생겼다. 아니 그 샛노란 벼와 맑은 물의 논을 송두리째 갖고 싶었다. 아, 얼마나 깨끗하고 샛노랗던지! 지금 이 나이에도 그 옛날 안터 뒷산가의 샛노란 볏논배미만 생각하면 내 마음이 그 당시 어린 마음처럼 어쩔 줄 모르게 간절懇切하다 못해 애절哀切하다. 정말 슬프도록 절실

切實하다.

그것도 잠시 농부는 가을걷이를 위해 벼를 베어 논두렁에 단으로 묶어 놓았다. 산가 볏논배미가 텅 비고 벼 포기 그루터기만이 있는 바닥을 들어내어 한편으로 못내 아쉬웠으나 가슴과 마음속은 여전히 샛노랗게 물들어 있었다.

벼 베기가 끝나, 집집마다 노적가리가 지붕보다 높이 솟으면 부자가 된 느낌이었다. 우리집도 노적가리가 비교적 높은 편에 속했다. 어떤 집은 노적가리가 아예 없거나 작았다. 어린 소견에도 그 높이와 개수를 비교하며 은근히 뿌듯하거나 부러운 생각이 들기도 했다. 한 섬지기 이상의 부잣집은 노적가리가 두 개나 되었다. 이때쯤에는 원근에서 호롱구(발로 발판을 디뎌서 굴대를 돌리는 탈곡기, 족답식 탈곡기를 충청도 우리 동네에서는 그렇게 불렀음.) 밟는 소리가 와릉와릉 들려왔다. 그런데 그 당시 그것은 기능은 홀태에 비해 좋으나 가격이 비싸서 중농 이상 부농 농가에서나 타작을 위해 더러 장만했다. 안터에는 호롱구가 겨우 한 대 있었다. 일제강점기부터 주로 소작농들이 써오던 홀태(벼훑이와 비슷한데, 빗살처럼 날이 촘촘한 쇠틀을 몸체에 끼고 그것을 네 개의 다리로 받치고 있는 농기구로 충청도 우리 동네에서는 그렇게 불렀음.)는 적은 양의 벼를 탈곡할 때 사용하고 많은 양의 벼를 바심할 때는 웬만하면 이용료를 내고 호롱구를 빌려다 썼다. 지금은 논에서 직접 베고 탈곡하는 콤바인을 사용하지만.

동네에 호롱구 소리가 나면 나는 학수고대鶴首苦待하는 것이 있었다. 그것은 콩알만 한 쇠구슬로 당시에 다마('구슬', '전구' 등의 일본어로 어린 시절에는 그렇게 불렀음.)라고 했는데 다름 아닌 호롱구의 베어링 볼이었다. 그 베어링은 회전 운동을 하는 굴대를 양 끝에서 받치는 기구로 일종의 지지대인데, 그것의 내륜(축, 굴대와 함께 회전함.)과 외륜 사이에 쇠구슬이 들어있어서 마찰을 줄이고 회전을 원활하게 한다. 그래서 오래 사용한 호롱구는 베어링의 볼이 마모가 되어 튕겨 나온다. 이것을 줍기 위해 농부들이 탈곡을 하다 쉬는 참에 호롱구 옆에 떨어진 다마를 찾으려고 애타게 검불을 뒤지곤 했다. 호롱구 축받이에 잇대어 들어있는 쇠구슬이 보이건만 야속하게도 단 한 개도 빠져나오지 않았다. 나무 꼬챙이로 살짝 찔러 건드리면 똑 튀어 나올 것만 같은데 단지 하나면 족했다.

그때 나의 세계에서 가장 갖고 싶은 것이 무엇이냐고 누가 물으면 두 말없이 호롱구 다마라고 말했을 것이다. 그 만큼 그것은 내게 소중하고 그 무엇과도 바꿀 수 없는 값진 것이었다. 그 쇠구슬만 있으면 우리 학교에서 제일 오래 돌아가는 팽이를 만들 수 있었다. 그 팽이는 기계팽이보다 성능이 더 좋을 것 같았다. 기계팽이는 은산 장에나 가야 살 수 있지만, 좀처럼 소지하기 어려운 것이었다. 우리 합수국민학교 학생들 중에 한두 아이만 기계팽이를 치고, 다른 학생들은 나무를 깎아 팽이를 만들어 놀았다. 그 당시 기계팽이를 사 달라고 조른들 돈 줄 부모가 거의 없었다. 기계팽이는 기계로 나무를 깎아 팽이 모양을 만들어서 쇠 다마가 아니고 그것처럼 대가리가 둥근 반원의 못을 그 끝에 박은 것이었다. 아무것도 박히지 않은 팽이야 도는 수명이 기계팽이에 훨씬 못 미쳤다. 기계팽이가 전교를 휩쓸었다. 나도 다른 학생들처럼 자나 깨나 가장 오래 도는 팽이를 갖는 것이 소원이었다. 그런 기계팽이를.

그러나 현실은 어린 덕현이에게 그런 기회를 주지 않았다. 소나무 가지를 톱으로 자르고 낫으로 깎아 팽이를 만드나 영 신통치 않았다. 박달나무가 단단해서 좋다고 하는데 구하기 어렵고, 밤나무가 소나무보다는 단단하다 해서 장독대 옆 울타리의 밤나무 가지를 몰래 잘라 팽이를 만들었다. 그리고 기계팽이를 흉내내어 못대가리를 숫돌에 갈아서 박아 돌리면 제법 길고 오래 돌았다. 그러나 기계팽이든 뭣이든 간에 호롱구 다마를 박은 팽이만큼 썩 매끄럽게 돌 것 같지가 않았다. 아, 어쩌랴. 호롱구 다마를 구하지 못하니. 밤나무 팽이로 만족해야 했다. 그래도 학교에서 인정을 받은 팽이가 되었다. 아침 학교에 가다가 얼음이 언 논에서 팽이를 치는데 들판 외딴 오두막집에 살고 나보다 두 학년이 위인 학생이 한참을 바라보다가 탐이 났는지 이십 환(?, 1950년대 액수가 적은 화폐는 남대문이 그려진 회색의 십 환짜리 지폐였다. 그 당시 질이 좋은 크레용 한 갑은 이백 환이었다. 백 환짜리 초록의 지폐에는 머리가 하얀 이승만 대통령의 얼굴이 들어있었다. 학생들은 대개 싸구려 크레용을 사용했음.)을 줄 테니 팔라는 제의를 받기도 했다. 어떻게 만든 팽인데 턱없는 소리였다. 그리고 엄밀히 따지고 보면 기계팽이를 살 수 있는 금액도 아닐 것이었다. 나는 기계팽이가 아니라도 그런 대로 만족한 상태였다. 이 나이에도 팽이다마를 떠올리면 그 바심을 할 때 나던 호롱구 소리가 들리고, 베어링 기름과 털리는 벼 내음이 나는 듯하다.

이렇듯이 나의 어린 시절은 공부보다는 노는 일에 몰두하며 지냈다. 현실의 여건이 허락하는 한, 하고 싶은 대로 하며 살았다. 할머니나 할아버지가 놀지 말고 공부하라고 꾸중하신 기억이 전혀 없다. 그때는 내 세계에서 할 수 있는 일이라면 뭐든지 할 수가 있었다. 방 안에 틀어박혀 천장만

바라보는 일은 없었다. 틈만 나면 놀러나가거나 무엇을 만들거나 하고 싶은 방학과제를 처리했다. 심심해서 짜증을 내는 일은 거의 없었다. 설사 그렇더라도 받아줄 사람도 없었다. 더러 입이 고파 조르는 때가 있었다. 할머니가 여름에 호박잎을 깔고 찐 밀가루 단팥빵을 만들어 주시거나 보리를 볶아 주시면 그렇게 좋을 수가 없으나 대개는 나가서 애들하고 놀라고 했다. 물론 그 당시 쑥개떡이나 돔부콩을 넣어 찐 빵은 계절적으로 흔하게 가끔 먹는 간식거리였다.

앞에서 다마 이야기를 했거니와 그 시절에는 다마치기(구슬치기)도 성행했다. 손으로 하는 놀이로 팽이치기나 딱지치기, 제기차기, 자치기 등에 못지않았다. 유리구슬은 시장에서 돈을 주고 사야 하니 더러 가지고 다니는 학생이 있었으나 대부분은 흙으로 다마를 만들어 놀았다. 그런데 흙이라고 아무 흙이나 구슬의 재료가 되지 않았다. 그것은 바로 개흙이었다. 보통 갈색의 흙이 아니고 갯벌의 흙처럼 검었다. 그리고 진기津氣가 있고 차지었다. 학교에서 집에 올 때 개흙 파러 가자고 하면 여러 명이 줄을 지어 시냇물을 건너가서 어느 논두렁 밑에 있는 찰흙을 파냈다. 그것을 새알만하게 뭉쳐 양손바닥으로 새알심을 많이 만들고 굳을 때가지 음지에서 말렸다. 그런가하면 가을에는 아름드리 큰 참나무 밑에 가서 풍뎅이나 집게벌레(우리 동네에서는 사슴벌레를 그렇게 불렀음.)를 잡기도 하며 떨어진 상수리를 주워다가 다마치기를 했다.

제기는 구멍이 있는 엽전과 문종이보다 얇은 소지燒紙종이나 미농지美濃紙가 있어야 제격(문종이는 제기 술이 가늘게 쪼개지지 않고 빳빳하나 미농지는 가늘게 술을 만들어 차면 하늘거리며 올라갔다가 떨어지는 모양이 보기에 좋음.)인데 구하기도 어렵거니와 어쩌다 비슷하게 만들어도 재주가 없어서인지 오래 차지를 못해 별로 재미를 보지 못했다.

어떤 기회에 할머니를 따라 은산 장에 가게 되면 그 당시 백화점이라고 부르는 큰 잡화상회 앞을 지나곤 했는데 그 상점의 문가 기둥 옆에 세발 자전거 서너 대가 있었다. 정말 탐이 났다. 그러나 기억하기로는 당시 2천 환 이상 3천 환 정도나 되는 거금을 줘야만 살 수 있었다. 머릿속에서 어떤 음모陰謀를 상상했다. 지금 생각해도 오싹할 일이다. 다행히 그 욕망은 제어制御되었지만, 아직 철이 제대로 든 나이는 아니었다. 자아가 조금씩 자라는 나이라서 자칫하면 그것을 컨트롤(control)하지 못하고 그 음모를 실행에 옮길 수 있었으리라. 사회적인 도덕道德이나 금기禁忌 등에 관한 것들은 할아버지와 동네 어른들을 통하거나 학교에서 직·간접적으로 익히고 배웠을 것이다. 남의 물건을 훔치는 사람은 도둑놈이라는 말을 많이 들어왔고 도둑질을 한 사람은 순사가 잡아간다는 것을 알고 있었다. 그러나 남의 물건을 훔치는 일이 허용되는 것도 듣고 보고 경험을 했다. 가령 내가 어릴 적에 좀 심하기는 해도 총각들이 정월 대보름과 같은 날에 놀이삼아 어느 동네에서 닭서리를 해서 누구네 집의 닭 한 마리가 없어졌다는 소리를 듣기도 했으나 크게 문제는 삼지 않았다는 것을 알게 되었다. 그보다는 못하지만, 정월 대보름이면 밤에 이웃집 부엌에 들어가서 몰래 음식을 가져온다든지, 여름밤에 산 너머 원두막 아래 수박밭에 가서 서리를 한다든지, 가을에 학교에서 오다가 논두렁이나 밭에 들어가 콩서리를 해서 구워 먹는다든지 하는 것들은 흔히 있는 일로 가슴이 두근거리기는 해도 어른들이 크게 문제를 삼지 않았다. 지금 같으면 어림도 없는 일들이다. 그러니까 그 나이에 관습적으로 안 되는 일과 허용되는 일을 분별하고 본능적인 욕구를 통제하고 조절할 정도의 자아는 성숙되었다고 볼 수 있다. 만약에 평소에 절제를 하게 하는 도덕을 직·간접적으로 학습하지 못했다고 한다면 아마도 그런 현실 상황에서 지각 있고 나름대로의 합리적인 사고를 할 수 없었을 것이다. 그래서 심하게 말하면 어린 나는 절도죄竊盜罪를 지었을 것이다.

내지리 벌뜸의 외진 곳(적산가옥)에 사는 면서기 막내아들이 시발자전거('세발자전거'의 우리 동네 사투리)를 타면 사촌형이 밀고 학교까지 오곤 했다. 참 부러울 뿐이었다. 언감생심焉敢生心 누구한테 사달라는 말을 꺼낼 수 있었으랴. 어린 나이지만 그것을 스스로 잘 알고 있었다. 지금 이 글을 쓰면서 그때를 생각하면 여전히 아쉽다. 그렇다고 마냥 부러워만 할 수는 없는 노릇이었다. 꿩 대신 닭이라고, 무엇인가 타고 다닐 수 있는 것을 만들어야 했다. 일종의 보상심리報償心理였다. 그래서 구루마('수레'의 일본어로 어린 시절에는 그렇게 불렀음.)를 만들기로 했다.

우선 바퀴를 만들어야 하는데, 마땅한 재목材木을 찾아야 했다. 좋기로는 소나무가 구하기도 용이하고 톱으로 썰기도 쉬울 것 같았다. 밤나무와 같은 재목은 단단해서 어린 손으로 톱을 잡고 바퀴 두께로 자르기는 힘에 부칠 것이었다. 그래서 헛간을 뒤지고 집 안 구석구석을 다니며 소나무 토막을 찾았다. 다행히 쓰다 남은 오래된 토막이 있으나 그 통(굵기)이 너무 크거나 좀 작았다. 썰기에 힘은 들겠지만, 그런대로 굵은 토막을 택할 수밖에 없을 것 같았다. 구루마 바퀴가 되려면 지름이 어느 정도는 돼야 끌로 구멍을 파 굴대(호롱구의 굴대와는 다르게 동력이 없고 수레 본체 밑면에 고정시킨 축으로 외부의 힘으로 끌어야만 바퀴가 돌아감.)에 꿸 수가 있었다.

뒷산에 가거나 학교를 질러가기 위해 고개를 넘을 때마다 아름드리 소나무들을 보면 구루마 바퀴 감을 찾게 되나 그림의 떡이었다. 사실 적당한 소나무가 있어도 벨 수는 없는 일이었다. 산주가 허락할 리 만무할 뿐더러 설사 그렇더라도 어린 녀석이 감당할 수 있는 일이 아니었다. 그저 안타까울 따름이었다. 그 당시 나의 세계는 무한한 것 같았지만 실제로는 한계가 많았다. 어린 나이로는 불가항력不可抗力이니 어쩔 수 없는 일이었다. 지금도 산길을 가다가 큰 소나무들을 보면, 무의식적으로 구루마 바퀴 감을 찾게 되고 옛 생각에 미소를 머금곤 한다. 톱, 망치, 끌 등의 연장을 다루는 일이라 어린것이 한다는 게 어디 그렇게 쉬웠겠는가. 손에 피가 나기도 하고 멍이 들기도 하며 여러 날 동안 겨우겨우 만들어갔다. 지금 생각해도 윗사람이 도와준 기억은 없다. 그랬다면 삼촌일 텐데 그는 어머니를 뒤이어 서울에 가 있었다. 은산 장의 능금(사과를 어린 시절에는 어른들이 그렇게 불렀음.)궤짝 같은 것이 있으면 좋으련만 참 없는 것도 많았다. 하는 수 없이 수레 몸체를 만들기 위해 쪼가리 널빤지를 여러 개 찾아서 일정한 길이로 썰어 바퀴를 꿸 축에 대고 못으로 박았다. 그래서 앞과 뒤의 각 축 양 끝에 네 바퀴가 돌아가는 구루마가 되었다. 날이 풀려 질퍽질퍽한 동네 길을 긴 새끼로 묶어 끌고 다녔다. 은산에서 본 도라꾸(트럭의 일본말로 어린 시절에는 그렇게 불렀음.)의 바퀴에 진흙덩이가 묻은 것처럼 구루마 바퀴에 진흙이 묻어 굴러가는 것이 좋았다.

삼촌이나 할아버지가 장난감을 만들어준 적이 있었다. 그때가 국민학교 입학하기 전후가 아닐까 한다. 스스로 장난감을 만들기에는 너무 어린 나이였을 때이다. 아마도 썰매는 삼촌이 만들어주었을 것이나 확실한 기억은 없다. 그 후로는 내가 만들어서 얼음지치기를 했다. 할아버지는 새해에 방패연을 만들어 주셨다. 사랑방에서 대나무를 쪼개고 깎아 연살을 만들고 문종이(창호지) 한가운데를 둥글게 바람구멍을 냈다. 그리고 그 댓살에 풀(밀가루 풀이 없을 경우에는 쌀밥을 이기어 풀로 씀.)을 묻혀 연 종이를 붙이고 떨어지지 않도록 연 뒷면의 댓살 위에 접착지로 문종이를 잘게 베고 풀을 발라 붙였다. 그런 다음 연의 위, 중간, 아래 각 부분에 댄 연살을, 공기저항을 최소한으로 하기 위하여 그 양끝을 실로 묶고 당겨서 연 앞면이 볼록한 곡선이 되게 했다. 그리고 기억이 희미해서 확실하지는 않지만, 물감으로 태극무늬를 만들어 연 상단 중앙에 그것을 붙이는 것으로 연 만들기를 마무리했던 것 같다. 방패연이기는 하지만, 어떤 경우에는 연 아래 부분에 좌우로 짧은 종이 꼬리를 만들어 붙일 때도 있었다. 연 실을 감고 푸는 자새(충청도 우리 동네에서는 '얼레'를 그렇게 불렀음.)는 전부터 사용하던 것이 있었다. 지금 생각하니 아버지가 어렸을 적에 할아버지가 만들어준 연 자새가 아니었을까 한다. 그 시절 나는 연 자새에 대해 그런 생각을 할 나이도 아니었지만, 그 후로도 아버지에게서 물려받은 물건이라는 것을 생각해 본 적이 한 번도 없었다. 물론 벼룻돌이며 책상과 같은 것들은 내가 커가면서 아버지가 쓰던 물건이라는 것을 자연스럽게 알게 되었지만, '그런가.' 하는 정도로 무심히 넘기고 바로 잊고 살았다. 이 글을 쓰면서 이제야 그 시절 상황을 회고하고 깨닫게 되는 것이다.

할아버지는 만든 연을 들고 나가 낮은 언덕에서 바람에 날려보며 연줄을 여러 번 조절하고 잘 나른다 싶을 때 내게 주었다. 그리고 콧수염과 턱수염을 쓰다듬으며 '에헴' 하고 집으로 들어가셨다. 우리 동네에서 내 방패연이 최고로 높이 멀리 날았다. 얼마나 멀리 날아갔는지 옆 산 너머로 넘어가 잘 보이지 않을 정도였다. 참으로 신났었다. 어떤 해는 바람이 세게 불어 연줄이 끊어지는 바람에 영영 연을 찾지 못하고 만 적도 있었다. 나도 할아버지가 연 만드는 과정을 여러 번 보아왔기에 고학년으로 올라가면서 스스로 방패연을 만들어 연날리기 경쟁에 나서기도 했다. 그러나 할아버지가 만든 연만 못했다. 이렇게 한동안 연날리기에 여념이 없다가 정월 보름이 되면 연을 액맥이('액막이'의 충청도 사투리)시켰다. 낮에는 대추나무 가지에 걸리게 하여 액막이를 하기도 하고, 밤에는 뽕나무 밑 등걸을 주워 가지고 숯을 만들어 가루를 내고, 그 가루를 창호지로 만든 봉지에 담아 연 아랫줄에 매서 불을 붙여 날려 보내기도 했다. 그러면 잠시 동안이지만 불꽃을 뿌리며 멀리 사라져갔다. 그 불꽃놀이가 지금도 눈에 선하고 아련하다.

어릴 적에 누구도 다 온갖 장난감을 만들고 놀았을 것이다. 나도 앞에서 제시한 것 이외에 여러 가지가 있으나, 다 밝히지는 못하고 한두 가지만 더 들려 한다. 그만큼 평생토록 기억에 남아 그 시절을 회상하면 꼭 뇌리 저변에서 떠오르는 것이다. 그 하나가 바로 꽃장구를 만든 일이다.

명절 때 혹은 동네나 집안의 경사가 있을 때 어른들이 풍장을 치고 놀았다. 동네 필요 경비를 마련하기 위해 걸립을 할 때에도 걸립패乞粒牌

들이 풍장을 치며 가가호호家家戶戶 다녔다. 지신밟기를 할 때에는 풍물패風物牌들이 집 안팎을 돌며 풍장을 치고 마당에서 한바탕 놀았다. 또 농번기에 모를 심을 때나 김을 맬 때에도 더러 두레꾼들이 풍장을 쳤다.

우리 동네 임○○ 부면장이 면장 선거 시 자유당 입후보자(이승만 대통령 재임 시의 지방선거, 은산면 면장 선거에 자유당, 민주당 등등의 후보들이 있었음.)로 지방선거에서 당선되었을 때에도 동네에 경사가 났다고 풍물패들이 은산에서부터 풍장을 치며 내지리에 와서 한바탕 놀 때에 꽃나비(무동舞童을 우리 동네에서는 그렇게 불렀음.)로 안터 사람(김○○)이 어깨에 올라가 춤을 추었다. 그럴 때마다 나의 관심과 흥미를 끄는 풍물은 뭐니 뭐니 해도 장구였다.

할아버지 환갑 때에도 어른들이 풍물을 쳤었는데 서울양반(전쟁 통에 서울에서 고향으로 내려와 잠시 있었던 분으로 장남이 국민학교 동창임.)이 유독 장구를 잘 쳤다. 그의 양장구(넘겨치기)는 근동에서 당할 자가 없었다. 돌무를 돌려가며 꽹과리를 치는 깽메기잽이(머리에 전립을 쓰고 돌무를 돌리며 꽹과리를 치면서 전체를 휘어잡는 사람을 '상쇠잡이'라고 하는데, 우리 동네에서는 '깨갱깨갱깽깽' 하는 소리를 내며 맨 앞에 서서 이끄는 사람이라 하여 그렇게 불렀음. 한 동네에서 보통 고수高手로 인정받는 사람이 꽹과리를 잡음.)의 꽹과리 소리의 장단에 맞춰 양 북면 중 왼쪽 궁편의 궁굴채와 오른쪽 채편의 열채(채)를 두드리다가 한참 신이나면 왼쪽 궁채를 오른쪽 채편에 갔다 왔다 하면서 쳤다. 그러다가 더욱 신명이 나면 쇄잽이(상쇠잡이)하고 굿판 중앙에서 맞붙어 꽃이 달린 고깔을 쓴 머리를 까딱까딱하면서 양팔을 서로 넘겨 반대편 북면에 갔다 왔다 숨넘어갈 정도로 양장구를 쳐댔다. 어려서 목격한 일이지만 그 모습을 나는 잊지 못했다. 참 멋있었다. 그 후에도 장구를 치는 사람을 보면 서울양반과 비교를 하곤 했다.

그리고 무엇보다도 그 장구를 만들어 놀고 싶었다. 장구 중에서도 꽃장구를 만들고 싶었다. 그때가 내가 어느 정도 자란 국민학교 4학년 때쯤이던가. 여름이 다가고 가을로 접어들 때에 장구를 만들어 동네 아이들과 놀고 싶었다. 그래서 바가지 쪼가리를 적당한 넓이로 둥글게 베어 약간 곡선의 북면(궁편과 채편)을 만들었다. 그리고 굵은 나무 가지를 잘라 칼로 깎아 장구통(울음통) 모형을 만들었다. 그런 다음 붉은 에노구(수채화 물감을 그 당시 학교에서 일본어로 그렇게 불렀음. 병뚜껑 같은 데에 담은 물감인데 붓으로 이겨서 그림을 그렸음.)를 장구통에 칠하고 양 북면에도 칠하였다. 마지막으로 양 북면 각각의 가장자리에 일정한 간격으로 구멍을 뚫고 굵은 실로 조임줄을 삼아 양 북면을 팽팽하게 연결하였다. 그리고 장구 조임줄들을 중앙에서 허리띠처럼 조여 잘록하게 묶어줌으로써 짬뿟해졌다(어린 시절 '느슨하지 않고 팽팽하여지다'는 의미로 사용했었음.). 지금 생각해도 참으로 앙증맞고 맵시가 나는 꽃장구였다. 만들고 나서도 얼마간을 심취해서 밥 먹는 일도 잊어버릴 정도였다. 그것을 가지고 동네 아이들과 소위 사물(꽹과리, 장구, 징, 북)놀이를 하며 온 동네를 싸다닐(싸돌아다닐) 때도 내가 멘 꽃장구가 자랑스러웠다. 누가 가르쳐주워서 만든 것이 아니었다. 오래도록 양장구를 치는 그 멋진 모습을 그리며 갖고 싶고 놀고 싶다는 생각이 간절한 나머지, 내 나름대로 궁리하고 모방해서 그런 것을 만들 수 있었다.

한 겨울 창호지문 밖에 찬바람이 세차게 불어대고 눈이라도 오는 날이면 따뜻한 사랑방에서 문풍지 울리는 소리를 들으며 마른 수숫대의 껍질을 벗기고 그 심인 수수깡으로 안경을 만들거나 팔랑개비방아를 만들었다. 처음에는 물레방아를 생각하며 바람으로 팔랑개비를 돌리면 쉽게 풍차風車방아를 만들 수 있을 것 같았다. 그래서 우선 수수깡을 네 기둥으로 하여 방앗간 틀을 만들고 수수깡공이를 만든 다음에, 공이가 꿍덕꿍덕 절구(확)를 박으려면 팔랑개비 굴대를 만들어야 했다. 그러나 그 작업이 쉽지가 않았다. 놀이용 팔랑개비는 동력을 생산하지 못했다. 그 자루(손잡이)가 돌아가지 않는 굴대가 되기 때문이었다. 호롱구의 굴대처럼 돌아가는 팔랑개비굴대를 만들어야 하는 일은 장비 부족에 어려웠거니와 내 능력에도 부치었다. 어떻게 할 수 있을 것 같아서 시작하였으나 잘 안 되었다. 결국 끝을 내지 못하고 만 일이지만 지금도 그때를 생각하면 어린 것이 혼자 골똘히 궁리하는 모습이 눈에 선하다.

어린 시절 장난감에 대해서는 비단 앞에서 열거한 것들 말고도 많이 있겠으나 이만 줄이려 한다. 아무것도 없던 시절에 모방하고 나름의 연구를 통해서, 고 어린 것이 그러한 욕구를 충족하며 싫증이 나고 따분하고 짜증스러운 시간들을 벗어나려 한 것이 아니었을까 한다. 오늘날 어린이들은 만들어 놓은 것을 사서 놀기가 쉬운 환경에서 자라고 있다. 시대가 많이 변했다고나 해야 할까.

나는 어린 시절의 대부분을 할아버지, 할머니와 함께 지냈지만 그 분들은 부모의 입장과 처지에서 나를 대했다기보다 어디까지나 조부모로서 나에게 관심을 보이셨을 것이다. 물론 눈에 넣어도 아프지 않을 손자이지만,

역할이 다를 수밖에 없는 것이다. 가령, 본능에 따라 비교적 자유분방하게 사는 어린 시절의 처신을 현실에 맞게 좀 더 구체적이고 적극적으로 통제하고 조절하기 위하여 가정에서 행동거지行動擧止 하나하나 세세하게 지적하고 가르치는 것은 그 정신세계에 절제하는 습관을 형성시키고 길들여 나가는 일이 된다. 그것은 일반적으로 누구도 부모를 능가할 수 없는 것이다.

이렇게 생각하고 보니 부모로부터 직·간접적으로 교육받는 도덕의 결핍缺乏이 나에게 있지 않았을까 한다. 세월이 흘러 내가 성장하고 성인이 되는 과정에서 나는 그것으로 인해 형성된 절제節制 부족에 시달려야 했다. 그 결과 나 자신과의 싸움에 괴로워야 했고, 좌절挫折과 절망絶望을 맛보아야 했다. 남들은 무난하게 넘어갈 일이었을 것들(?)이었다. 아무튼 나의 발전에 시간과 노력을 쏟지 못하고 빙 돌아서 가야만 했다. 그리고 채워지지 않는 텅 빈 마음 한구석을 안고 살아야 했다. 나도 한 가정의 가장인 지 오래 되었지만 지금 생각하여 보면 가정에서 아버지라는 존재가 어린 자식에게 미치는 영향이 얼마나 큰지를 이제야 조금 알 것도 같다.

앞에서 관련 있는 언급을 조금씩 했지만 어린 시절에는 사회적 환경이 중요 변인으로 작용하여 정신적인 성장에 지대한 영향을 준다고 생각한다. 그 시절 우리 동네의 사회적 환경을 고려할 때 특별히 정신적 지주로서 동네에 뚜렷한 인물은 없었다. 내가 국민학교에 들어가고 얼마 안 되어서 대고모님이 산 너머 오장장터의 절에서 내려와 함적굴 아들집에서 시름시름 앓다가 돌아가셨다. 다급하거나 위급한 일이 생기면 그래도 절이라고 빌러들 산 너머에 가곤 했다. 그 분이 동네 정신적 지주는 아니라도 다소나마 의지할 수 있는 역할은 했다. 그렇다고 개인의 신념이나 사상에 직접적인 영향을 주지는 못했다. 멀리 은산에는 개신교인 기독교가 오래전에 들어와 목사가 목회 생활을 했다. 그러나 그 활동이 우리 동네에까지 미치지는 못했다. 사실 기독교가 무슨 종교이고 예수가 누구인지 아는 사람이 없었다. 그러다가 6·25전쟁 후 1950년대 후반에 은산 교회에 나가는 사람이 한둘 있었다. 국민학교에서 같이 공부하던 백생(이름 '백상'이의 충청도 사투리)이 어머니가 더러 집에 들를 일이 있을 때 예수 얘기를 하는데 어린 내가 듣기로도 꿈속에나 나오는 어느 도사님을 말하는 듯했다. 후에 그런 사람들을 예수쟁이라고 말하는 걸 들었다. 내가 기독교에 대해 조금 알게 된 것은 6학년 교과서에 나오는 찰스 디킨스의 '크리스마스 캐럴(1843)'을 학예회에 연극으로 올리면서부터였다. 주인공인 고리대금업자 스크루지 역은 아니지만, 나도 아들 역이었던 것으로 기억하는데, 단역을 맡게 되었고 성가 '고요한밤 거룩한밤', '기쁘다 구주오셨네' 등을 배우고 연기했다. 공주사범학교를 졸업하신 젊은 담임선생님(김규대)이 은산 교회에 다니신 걸로 알고 있다. 그래서 기독교와 관련된 것을 어렴풋이나마 조금 알게 되었다. 우리 동네에 교회가 선 것은 1960년대 초중반이었다. 처음에는 동네 골짜기(이목골)에서 종을 울리며 소규모로 예배를 보다가 그 후에 들 가운데 냇가 근처로 나와 합무내 성결 교회가 신축되고, 대대적으로 목회가 시작되었다. 그러면서 동네 사람들의 정신세계가 서서히 바뀌어 나가기 시작했다. 그러니까 그 전까지는 이렇다 할 정신적 변화가 없이 토속 신앙과 더불어 옛날부터 전래하는 '부위자강父爲子綱'이라든지, '장유유서長幼有序, 부자유친父子有親'이라든지 하는 삼강오륜三綱五倫이 우리 동네

도덕의 바탕이 되었다고 본다.

그 당시 뿌리 깊게 지배한 '효孝' 사상의 근간은 바로 '부위자강'과 '부자유친'일 것이다. 아버지가 자식의 벼리(그물의 위쪽에 코를 꿰어 잡아당길 수 있게 한 줄로, '본, 모범'을 이름.)가 되어야 아버지는 떳떳하게 자식에게 사랑을 베풀 수 있고 자식은 부모를 받들고 섬기게 된다. 그래서 부모와 자식이 서로 가까워져 정이 두텁게 되는 것이다. 이런 의미에서 비롯된 효가 과거에는 오직 부모를 모시고 받드는 쪽으로만 강조되어온 감이 없지 않았다. 아무튼 부모를 공경恭敬하는 일은 그리스도교(기독교) 성경 10계명에도 있듯이 동서고금을 막론하고 인륜의 중요한 덕목德目인 것이다.

내가 고향에서 자라던 시절은 가부장적인 사회로 아버지라는 존재는 절대적이었고 한 가정의 중심이었다. 명절이나 제삿날을 제외하고 한 가정의 가장 중요한 날은 바로 아버지의 생신生辰이었다. 그때는 자기를 낳아 길러주신 아버지를 위하여 원근의 자식들이 다 집에 모여 생일상를 차려드렸다. 지금은 아버지의 위치가 많이 흔들리는 사회가 되었다.

나는 할아버지의 사랑을 받고 자랐다. 설날이면 동네 어른들을 찾아 빠짐없이 세배를 드리라고 했다. 가족이나 주변사람들은 할아버지가 성격이 괄괄하고 께까드럽고('까다롭다'의 충청도 우리 동네 사투리임.) 완고하며 엄격한 편이라는 여러 가지 평들을 했다. 그래서인지 여자처럼 세심하고 자상하진 않으셔도 지금 생각하면 손자에게 당신이 할 수 있는 정성은 다 기울여 보듬어주셨다고 생각한다. 내게 아버지가 옆에 없어도 그것을 모르고 어린 시절을 나게 하신 것이다. 얼마나 내밀內密한 사랑이신가. 그렇게 인도해주셔서 오늘의 내가 있게 된 것이다. 생전에 할아버지께

감사한 표현을 직접 하지 못한 것이 가슴에 맺힌다.

삼춘('삼촌'을 우리 동네에서는 그렇게 불렀음.)이 크면 할아버지가 하는 일을 당연히 거들어드려야 했다. 그러나 어머니가 서울로 떠난 후 그 다음 해였던가. 나도 모르는 사이에 삼춘이 서울로 갔다. 물론 어머니의 영향이 없을 수 없었겠으나 그 당시 동네 총각들도 앵두나무 우물가 처녀들처럼 바람이 나서 너도나도 서울로 일자리를 찾아 떠나갔다. 우리 안터 동네만 해도 오쟁이, 원출이, 용간이, 사뿔이 등 네댓 명이나 되었다. 농촌의 일이란 것이 어디 그렇게 쉽고 만만하겠는가. 나이가 나이인지라 외도外道를 할 수도 있겠으나, 젊은이들이 힘든 일을 싫어하는 것은 그때나 이때나 마찬가지일 것이다. 그런 탓도 있지만, 그들이 떠나간 것은 근본적으로 농촌의 한계 때문일 수도 있었다. 일정한 농지에 성장하는 자식이 많으니 먹고살기 위해 자연 일자리를 찾아 나설 수밖에 없었던 게 아닐까 한다. 이런 풍조에 편승하여 삼춘도 아줌니(아주머니, 형수의 충청도 사투리)가 서울에 있으니, 일도 하고 야간 학교라도 다닐 수 있지 않을까 하는 생각을 가졌을 것 같다. 할아버지는 환갑도 지나고 노쇠해지는데 둘째마저 보내기가 어려웠을 것이다. 그러나 자식의 성화에 못 이겨 어쩔 수 없이 객지로 보낸 데는 서울에 있는 며느리를 믿고 시동생을 잘 돌봐줄 거라는 생각이 들었기 때문이리라.

학교에 다니면서 집안의 잔심부름은 자연히 내가 하게 되었다. 안팎으로 궂은일을 돕던 인척 아저씨도 떠난 지 오래되었다. 할아버지가 자잘한 일은 말할 것도 없고 커다란 일, 가령 모내기를 한다든지, 밭에 김을 맨다든지, 땔감을 위해 나무를 한다든지, 오곡을 수확한다든지 등을 도맡아 하게 되면서 힘들어하셨다. 물론 할머니도 늘 따라다니며 도왔다. 그래도 노년의 나이는 피할 수 없었다. 젊어서부터 워낙 일로 다져진 몸이라지만, 어려워서 어떤 때는 휘 하고 길게 숨을 내쉬곤 하셨다. 그런 모습을 보면서 할머니가 시키기도 했겠지만, 언제부턴가 나도 무논에 들어가 꾸부려 모심기를 배워가며 일을 하게 되고, 여름에는 할머니를 따라 뜨거운 콩밭에 나가 잡풀 뽑는 시늉도 했다. 깜냥에 몹시 힘든 일이었다. 집에 작은 지게가 있어서 질퍽한 논에 베어놓은 볏단 두엇을 지고 논둑으로 나르기도 하고, 콩이나 팥을 거두어 묶어놓으면 집으로 나르기도 했다. 이럴 때 할머니가 볏단을 양손으로 들어 나르시다가 내가 끙끙거리는 모습을 보고는 웃으면서 '네 애비는 가을 베(벼) 바심(타작)을 하고 나면 벳('볏'의 충청도 우리 동네 사투리)가마니를 번쩍번쩍 들어서 날랐다'고 말씀하셨다. 아버지라는 분은 동네 또래에 비하여 힘이 세셨던가 보다. 그러나 나에게는 어렴풋하게나마라도 머릿속에 떠오르는 아버지의 상像은 없고, 종잡을 수 없는 소리로 들릴 뿐이었다. 우선 당장 일이 힘들어 나가서 놀고 싶은 생각이 앞섰다. 다만 아버지가 있었을 거라는 생각은 들었다.

비록 내가 거드는 일이 작고 적지만, 백지장도 맞들면 낫다고 한창 바쁠 때는 어린 손자의 행위가 할머니, 할아버지에겐 심적 부담을 덜어드리는 일이 되었을 것이다. 힘들게나마 내가 할 수 있는 만큼 일을 하다가 지친다 싶으면 할머니가 그만하라고 하시면서 칭찬하여 주셨다.

가을걷이가 끝나면 더 추워지기 전에 서둘러 김장김치를 담그려고 무며 배추 등을 뽑고 다듬는다. 겨우내 먹을 반찬이므로 김장감이 좋아야 하는데, 배추는 그 질이 형편이 없었다. 포기마다 벌레가 먹고 속이 차지도 않고 시퍼렀다. 어느 부잣집 밥상에나 오르는 노오란 배추김치가 늘 먹고 싶은 게 그 시절 동네 사람들의 심정이었다. 그래서 집집마다 김장철이 되면 노오란 속이 꽉 찬 배추를 얻으러 멀리 이십 리 길, 딴펄(내가 나뭇짐을 지고 산등성이에 올라 쉬면서 멀리 바라보던 백마강 둑 너머 마을로, 구룡펄이 다한 곳, 그 끝자락에 단지를 조성해 집단으로 배추를 재배하던 곳)에 가곤했다. 그해도 동네 남정네, 부녀자 등이 모여 짚토매[벼를 베어 묶은 단 즉 볏단을 하나하나 풀어 바심할 때 벼의 낟알이 털려 쌓이는 볏짚을 일정한 양으로 묶은 단. 즉 볏짚단을 충청도 우리 동네에서는 그렇게 불렀다. 벼타작이 끝나면 집집마다 볏짚단을 높이 쌓아 누리('가리', '노적더미'의 충청도 사투리)를 만들어 놓고 초가지붕의 나래('이엉'의 충청도 사투리)를 엮을 때에나 겨울용 땔감으로 할 때에 짚누리에 가서 짚토매 몇 개 더 가져오라고 말들 했음.]를 한 짐씩 지거나 여러 단을 묶어 이고 주욱들 길을 나섰다. 우리집도 내가 대표 자격으로 짚토매 두서너 단을 지고 그 일행에 끼었다. 기억이 아물아물한데 아마도 할머니가 40대이시니까 역시 동행하셨을 것이다. 배추 한 포기에 볏짚 한 단의 물물 교환이었을 것으로 생각한다.

지금은 딴펄에서 재배한 배추처럼 속이 노란 배추가 일반적이지만, 그때 농촌에서는 아주 귀한 김장거리였다. 밥상에 푸른 배추김치가 오르느냐, 노오란 속이 찬 배추김치가 오르느냐에 따라 밥맛이 달랐다. 그리고 노란 배추김치는 대개 읍내 부잣집 식탁에나 오르는 것으로 여겼다.

우리집도 노오란 배추김치를 담그려는 욕심에 그 먼 곳까지 가게 되었으나 한 포기가 한 아름이나 되는 배추를 두 포기는 너무 낯간지러워서 세 포기를 지고 오는 일은 참 멀고도 힘이 드는 길이었다. 줄지어 신작로를 따라 오면서 쉬고, 오면서 또 쉬고, 그리고 모래재 고개를 힘겹게 넘어서 지게를 받쳐놓자 나도 모르게 털썩 주저앉았다. 오금이 저리고 가슴이 발딱발딱 뛰었다. 어머니 친정 사촌언니 딸로 한 동네에 사는 현희 엄니(누나)가 "무거워 힘들지?"하며 딱하고 애처롭게 내려다보았다. 그러고 보니까 동네에서 어린이는 나 혼자였다. 아마도 동행하는 어른들은 나를 불쌍하게 보았을 것 같다. 다들 자기 자식들은 누구도 따라오지 않았으니까. 그러나 나는 그런 감정을 거의 느끼지 않았다. 장시간 지고 오느라 기진맥진하였지만, 깜냥에 그들의 축에 들었다는 것이 우쭐했고, 그들과 같은 욕심으로 노오란 배추를 가져온다는 데 뿌듯한 마음이 들었던 것이다. 쇠머리펀데기 황톳길을 넘어서며 들 건너 우리집이 빤히 보이자 짐이 가벼운 듯했다.

그런데 정작 힘에 부치는 일은 따로 있었다. 그것은 나무하기였다. 대개 음력 7월로 접어들면 농촌일이 좀 한가해지면서 농부들이 푸장나무(충청도 우리 동네에서는 7월에 땔감을 장만하기 위해 산에 가서 하는 나무를 그렇게 말했음.)를 하러 산으로 들러붙었다. 비교적 큰 나무 아래 우북이 자란 나무(도토리나무, 떡갈나무, 싸리나무, 진달래나무 등등)와 잡풀을 베어서 깔아놓았다가 마르면 며칠 후에 묶어서 한 짐씩 지게에 지고 내려왔다. 그런 일은 어른들이 했다. 내가 산에 가서 하는 나무는, 가을 수확기 전후에 단풍이 든 나무와 풀이었다. 자주는 아니지만 토요일이나 일요일에 가끔씩, 살아생전 아버지가 군에서 휴가 와 마실을 갔던 건넛집 상씨(尙氏) 장손 성군이(나보다 서너 살

위로 나를 데리고 산에 다니며 나무하는 방법, 꿩약을 넣은 흰콩으로 꿩을 잡는 방법, 산토끼를 잡기위해 올가미를 만들거나 덫을 만드는 방법 등속을 가르쳐준, 인정 있고 자상한 사람으로 친구처럼 형처럼 지냈음.)를 따라 산 너머 오장장터 부근에 가서 나무를 했다. 동네에서 좀 거리가 있는 곳의 산이 나무도 많고 나무하기가 용이했다. 청년기에도 몸이 약체라 지구력이 떨어지고 무거운 일은 힘이 들었는데 그때도 나이에 비해 연약한 편이었다. 아직도 고사리 같은 손으로 낫을 잡고 거친 나무나 풀을 한 움큼씩 휘어잡아 베노라면 긁히고 찔리어 손등에서 피가 맺혔다. 아침에 가서 한나절 나무를 했다고 하나 성군이는 어른 나뭇짐(두 팔로 안은 나무단을 한 7단쯤 지게에 쌓아 묶은 나무 한 짐)인데 나는 어른이 두 팔로 꽉 안으면 한 단이나 될까 말까 한 정도의 나무를 칡넝쿨로 두세 개의 작은 단으로 만들어 지게에 올렸다. 이럴 때는 성군이가 와서 도와주었다. 그것을 지고 두어 번 쉬며 비탈길로 올라와 동네 뒷산 등성이에 작대기로 지개를 받치고 나면, 다리가 풀려 벌렁 드러누웠다. 주변에 억새꽃과 흰 산국화들(국화과의 구절초) 여기저기 피어 있고 늦가을 하늘이 참 파랬다. 그리고 멀리 누런 벌판 건너 산등성이 너머로 시퍼런 반산 저수지가 무섭고, 더 멀리 백사장을 끼고 뱀처럼 굽어 사라지는 백마강이 아스라이 보였다. 그런 때는 왠지 좀 서럽게 느껴졌던 것 같다. 기운을 차린 다음 나뭇짐을 지고 쉬어가며 비틀비틀 간신히 내려와 집 사립문을 들어서면 가슴이 뿌듯했다. 할머니가

"나무 해왔니."

하고 밝고 인자한 표정으로 부엌에서 나오시면 기분이 참 좋았다.

겨울 방학에도 종종 나무를 하러 다녔는데 그때는 주로 큰 소나무의 가지를 쳐서 단을 만들어 짊어지고 내려와야 했다. 어른들이 가을에 산판을 온통 깎아 나무를 했기 때문에 어쩔 수 없었다. 날이 추워 겨우 두어 단을 가볍게 만들어 지고 비척거리며 눈이 덮인 산비탈을 오르노라면 다리가 바들바들 떨리고 가슴이 발딱발딱 뛰었다. 만약 발을 헛디뎌 넘어지기라도 하면 산 아래로 굴러 떨어질 판이었다. 그때는 추운 것도 잊어버리고 정신을 바짝 차려 한발 한발 조심스럽게 떼어야만 했다. 성군이는 벌써 저만치 앞서가다 받쳐 놓고 염려스럽게 보고 있었다. 그 위험하고 미끄러운 비탈길을 겨우 올라와 산등성이에 이르면 무슨 큰일을 해낸 것처럼 의기가 양양했다.

그 시절은 집에서 술 만드는 것을 금지했다. 세무서인지 몰라도 누룩과 술 바탱이(密酒, 밀주) 조사가 나왔다. 또한 산림감시원이 들이닥쳐 소나무를 땔감으로 하는 것을 조사하고 엄하게 처벌하곤 했다. 밭이나 산중에 몰래 아편(양귀비)을 가는 사람도 순사가 나와 조사를 했다. 전후 식량난에 허덕이던 시절이고, 일제강점기의 민둥산에 사방공사砂防工事를 하기 위하여 나무심기를 하던 시절이었다. 청솔가지는 겨울에 화력이 좋아 아궁이에 처넣고 불을 때면 방이 뜨끈뜨끈했다. 땔 나무가 부족하면 눈에 띄지 않게 조금씩 쳐다가들 밥도 하고 군불을 때기도 했다. 생솔가지를 때는 집은 굴뚝에서 유독 짙은 연기가 높고 넓게 퍼져나갔다. 그래서 조심스럽고 두려웠다.

할머니, 할아버지의 애정 속에 칭찬을 받으며 의지하고 살다가, 어떤 경우에는 두 양반의 눈의 밖에 날 때가 있었다. 할머니는 내가 말을 잘 듣지 않을 때는 가끔

"사람이 적금성이 있어야지."

하고 말하며 화를 내셨다. 그때는 '적금성'이라는 말이 단지 혼내는 말로만 들렸다. 그런데 내가 자라고 성년이 되어서도 어릴 적을 생각하면 그 '적금성'이 잊히질 않고 머리에 떠오르곤 했다. 할머니는 그 말을 무슨 뜻으로 쓰셨을까 하는 의문이 들었다. 사전을 찾아보았으나 그런 어휘 항목이 없었다. 당시 그것이 사용된 문맥을 상정하여 그 의미를 추출하고 적절한 한자를 찾아보았다. '적금성'은 바로 '適禁性'이었다. 내 나름대로 그것을 풀이하자면, '자신의 욕망을 적절하게 억제 내지 금지할 수 있는 성질'로 볼 수 있을 것 같았다. 할머니가 내게 주신 언어 유산言語遺産이었다. 지금도 우리 애들이 지나친 행동을 한다 싶으면 할머니의 말, '적금성'을 사용하여 "사람이 적금성이 있어야지."라고 말한다. 그런데 '겪음성(경험했으면 그만큼 알아서 행해야지 하는 뜻)'의 충청도 말로 '적금성'이라고 한 것이 아니겠느냐는 의견이 있다. 내게는 '겪음성'도 초문初聞이려니와 이것의 의미로 할머니가 어린 나에게 하신 말씀도 아닐 것으로 판단된다. 할머니는 어린 손자가 욕심이나 집착이 지나친 경우, 가령 때가 되어 저녁을 먹으라고 불렀는데도 어디서 놀다가 밤늦게서야 들어오면 나무라면서 하시는 말씀이 "사람이 적금성이 있어야지."였다. 부주의한 행위를 되풀이 말라는

견책譴責 내지 경고警告의 뜻보다는 오히려 단순하게 너무 지나쳐서는 안 된다는 의미로 사용되었다고 보는 것이 온당할 것 같다.

어느 때 무슨 내용으로 그랬는지 지금은 알 수 없지만 한번은 크게 속상한 일이 있어서인지 할아버지가 눈에 불을 켜고 막 혼내며 마당가의 빗자루를 들고 때리려고 하여 다급하게 집밖으로 뛰어나온 적이 있었다. 무척 외롭고 슬펐다. 춥고 갈 곳이 막막했다. 늘 보던 하늘과 들과 산이 어두웠다. 가슴속에서 북받쳐 오르는 서러움에 눈물을 흘리며, 결국 의지할 곳을 찾아 학교 근처 함적골 외갓집으로 향했다. 학교에서 집으로 가는 도중에 가끔 외갓집에 들르면 언제나 포근하게 감싸주는 외할머니가 계셨다. 그날도 외할머니는 온화한 미소를 띠며 내 얼굴의 눈물을 손으로 닦아주시고는 뒤뜰 장독대에 가서 연시軟柿를 놋그릇에 담아다 주시었다. 그렇다고 외갓집에서 외할머니와 함께 자지는 않았다. 어린 마음이지만, 그것은 늦게라도 집으로 돌아가야 한다는 생각이 들었기 때문이었다. 외할머니는 한사코 자고가라고 말씀하셨다. 슬프고 울컥한 마음이 진정이 되고 할아버지에 대한 무서움과 두려움을 어느 정도 삭이고 나서 그분들의 화火가 가실 때쯤 집으로 돌아와 슬그머니 안방으로 들어갔다. 할머니, 할아버지도 더 이상 아무 말씀을 하지 않으셨다. 지금 이 늙은 나이에도 외갓집 외할머니를 생각하면 살이 에이는 듯한 추위 속에 먹는 동짓날 팥죽 같은 빛깔을 띤 사랑을 느끼며 인자하고 포근한 모습과 주름진 얼굴이 떠오른다.

나는 어려서 내 생활 주변의 많은 사람들에게서 도움을 받았지만 특히 할머니, 할아버지, 외할머니 등과 같은 버팀목이 있어서 춥고 외롭지 않게 지낼 수 있었다. 그래서 문득 이런 생각을 가져본다. 우리가 나는 너에게 너는 나에게 비빌 언덕이나 버팀목이 되어준다면 한 가정의 일원으로서 더 나아가 한 사회나 한 나라의 구성원으로서 어떤 경우境遇에나 서로 외롭지 않게 의지하며 성장하고 발전할 것이라고.

초겨울로 접어들면 꿩을 잡는다고 골골마다 젊은이들이 산가나 산 아래 밭에 다니며 꿩약(콩)을 놓았다. 어린 나이지만 남들처럼 붉은 쟁끼('장끼'의 충청도 사투리, 수컷의 꿩)를 허리에 꿰차고 내려오는 동네 아저씨들을 보면 부럽고 나도 꿩을 잡고 싶었다. 꿩을 잡으면 할아버지가 좋아하실 것 같았다. 그리고 고기가 귀한 때라 꿩고기를 먹고 싶었다. 성군이도 새벽마다 산가를 다니며 이 밭 저 밭에 꿩약(콩)을 놓곤 했다. 그래서 성군이한테 꿩약콩 만드는 방법을 배웠다. 은산장에서 꿩약(탁구공보다 조금 작은 둥글고 흰 약으로 청산가리의 일종으로 보이는데, 장에서 군용양철상자에 넣어 팔았음.)을 사고 적당한 크기의 못 끝을 타원형으로 납작하게 두드려 숫돌에 갈고 다른 쪽에 작은 나무 자루를 박아서 구멍을 팔 수 있는 도구를 만들었다. 그런 다음에 밤이 늦도록 흰콩 한 알에 그 도구의 끝을 좌우로 돌려서 구멍을 파고 그 속에 쌀알만 하게 약을 깨서 넣어 꿩 먹이(꿩약콩)를 만들었다. 이른 새벽에 일어나 동동구루무(화장품의 일종인 크림)병에 넣은 약콩과 꽁깍지를 가지고 서리 내린 보리밭을 서걱서걱 밟아가며 남보다 먼저 낮에 십여 마리 꿩들이 벌겋게 내린 밭이나 꿩들이 자주 출몰하는 산가를 찾아 한 곳마다 몇 미터씩 간격을 두고 꽁깍지 하나에 한 알씩 올려놓은 꿩약콩을 한 스무 방씩 여러 곳에 놓았다. 낮 동안 기다리다 해가 질 무렵에 가서 꿩이 약콩을 먹어 빈 깍지만 남아있기를 간절히 바라며 확인했으나 매번 그대로였다. 어떤 때는 꿩이 콩깍지 주변에서 놀기는 했는데 약아서 먹지를 않았다. 그러나 성군이는 어쩌다 한 마리씩 잡았다. 나는 초겨울 내내 한 마리도 잡지 못했다. 마음은 간절했으나 나에게는 꿩이 걸리지 않았다. 할아버지, 할머니한테 칭찬을 받고 싶었는데 그게 안 됐다. 참 서운했다. 그 뒤로도 꿩은 내 차지가 되지 못했다. 근동에 잘 잡는 사람은 열 마리를 잡았다느니 열다섯 마리를 잡았다느니 하는 소문이 돌기도 했다. 먹고 살기 어려웠던 1950년대 중후반의 겨울 한촌(閑村, 寒村)의 이야기이다.

그러나 나도 평생 잊지 못할 한 건을 올렸다. 할아버지 말씀대로 눈먼 산토끼가 내가 놓은 덫에 걸린 것이다. 우리 동네에서 눈이 온 후의 집단 토끼몰이가 아니고, 개인이 토끼잡이 할 때에는 여러 가지 방법이 사용되었다. 철사로 올가미를 만들어 토끼가 다니는 길에 놓는다든지 꿩약을 녹두알 만하게 부수어 무시래기의 잎에 여러 개 말아서 토끼가 자주 출몰하는 산길이나 산가의 밭에 매달아 놓는다든지, 덫을 만들어 토끼가 다니는 길에 놓는다든지 하여 산토끼를 잡았다. 성군이가 하는 대로 나도 올가미와 무시래기로 토끼를 잡으려 했으나 나에게만은 행운이 따르지 않았다. 그러다가 겨울 추운 어느 날 성군이와 함께 그의 집 마당에서 각각 토끼 덫을 만들었다. 산에서 곧고 베방대(베틀의 도투마리에 날실을 감을 때 서로 붙어 엉키지 않도록 사이사이 끼워 넣는 직경 2~3cm 정도의 통으로 잘라서 만든 막대, 우리 동네에서는 이 '뱁대(지역에서는 '벱대'라고도 함.)'를 '베방대' 혹은 '배방대'라고 불렀음.)만 한 굵기의 나무나 가지 십여 개와 중심축으로 삼을 좀 더 굵은 나무 두 개를 베어다가,

낫 내 엮어서 덫을 만들었다. 중심축 두 개의 막대를 ∧형으로 놓고, 아래로부터 일정한 길이의 막대를 그 위에 대고 가로(≡)로 엮어나가다 두 축의 막대가 만나는 윗부분(Δ)을 조금 남겨서 받침대가 고정대(고정대는 덫 위 가운데를 세로로 지나 덫 하단에서 덫 밑의 받침대에 묶인 미끼 줄과 연결됨.)를 괼 수 있게 하였다. 그러고 나서 그것을 끙끙거리며 들고 산에 오른 시각은 저녁놀이 질 무렵이었다. 토끼 똥을 보며 토끼가 다니는 길을 부지런히 찾아 헤매다가 산비탈 잔솔 사이로 토끼가 다니는 반드르르한 길을 겨우 찾아냈다. 오늘 밤에 틀림없이 토끼가 내릴 것 같다는 예감이 들었다. 날이 더욱 어두워지니까, 성군이는 내가 덫 놓을 자리 저 아래 토끼똥이 좀 많이 있다 싶은 곳에다 대충 터를 잡았다. 터를 고른 다음에 미끼로 칡덩굴을 끊어다가 받침대 중간에 묶고 덫 뒤로 빼어내, 밖의 고정대에 팽팽하게 묶었다. 춥고 눈이 오는 겨울이라 토끼의 먹을거리가 귀해서 토끼가 좋아하는 칡넝쿨은 좋은 먹잇감이었다. 성군이가 자기 덫을 먼저 놓고 와서 미끼 위치를 바로 잡아주고 덫 위에 돌 놓는 일을 도와주었다. 사실 그것은 나에게 버거운 일이었다. 나는 주변에서 덫 위에 올려놓을 돌을 자꾸 날랐다. 어둠이 내려 주변이 컴컴해지니까, 성군이가 이젠 되었으니 그만 나르라고 해도 더 많은 돌을 주워다 주었다. 토끼가 내려오다 덫 밑에 칡덩굴을 갉아먹으면, 고정대가 튀어 오르며 덫 위의 돌 무개로 압사되는 원리였다. 어린 소견에 혹시 토끼가 덫의 가벼운 무개로 몸부림치며 빠져나올 수 있으리라는 생각에서 그렇게 했던 것이다.

밤에 북서풍이 몰아치고 추위가 기승을 부렸다. 고단했던지 눈을 붙였는가 싶은데 벌써 날이 훤히 밝았다. 너무 늦었다 싶어 서둘러 성군네 집에 갔다. 그도 그제야 나와 아침 해가 떠오를 즈음에야 뒷산에 올랐다. 산 중턱에 올라 덫 놓은 근처로 가는데 벌써 한 바퀴 하는 동네 청년 둘이 넘어가다가 공교롭게도 우리가 덫을 놓은 주변에 앉아 쉬며 이야기를 나누고 있었다. 아차 싶었다. 혹시나 했는데 성군이가 먼저 덫에 가서 보고 "잡았다!"하는 것이었다. 그들과 함께 서둘러 조금 위로 올라 내 덫에 가니 납작하게 눌려 이미 추위에 뻣뻣한 토끼를 덫에서 꺼내어 들고 있었다. 내가 덫에 치인 토끼를 꺼내는 기회를 놓쳐 아쉬웠지만 어쨌든 내가 토끼를 잡은 것은 분명했다. 나보다 성군이가 더욱 기분 좋아했다. 어린 나이지만 그 동안 꿩이나 토끼를 잡으려고 무진 애를 쓰고 다녔는데 한 마리도 못 잡고 따라만 다니는 것이 미안하고 동정이 갔던가 보다는 생각이 들었다. 잿빛 산토끼로 아주 큰 어미 토끼였다.

그렇게도 한 계절 간절하게 원했던 것을 얻고 보니 내가 좀 성숙한 느낌이 들었던 때문이었을까. 묵근한('묵직하다'의 뜻으로 우리 시골 동네에서 사용했음.) 토끼를 들고 집으로 오면서도 막상 기분은 왠지 날아갈 것 같지가 않고 오히려 좀 차분하고 덤덤했다. 그러나 집에 가까이 오면서 가슴 깊은 곳에서는 은근하게 기쁜 마음이 샘솟고 있었다.

도저히 생각지도 못했던 산토끼를 어린것이 잡아오니까, 어안이 벙벙해서일까 손주가 대견해서일까, 호들갑스런 칭찬은 하지 않으셔도 할아버지는 웃으면서 눈먼 토끼 이야기를 하시고 할머니는 흐뭇한 표정을 지으셨던 것 같다. 누가 토끼 가죽을 벗기고 어떻게 먹었는지는 전혀 기억에 남아있지 않다. 그 후로 학교에서 산토끼 노래를 부르고 산토끼 동화를 들을 때면 내가 잡은 산토끼 생각이 나서 마음에 그늘이 지는 듯한 감이 좀 들기는 했으나 얼마 안 가서 잊어버렸다. 다만 지금도 그때를 회상하면 어린 내가 산토끼를 잡았다니 유쾌하고 스스로 대견스러워질 뿐이다. 내 생각이지만 생존해 계셨더라면 아버지께 대상大賞을 받을 일이었다. 꿩이든 토끼든 잡아보겠다는 일념으로 정신일도精神一到하니 하사불성何事不成이었다. 이 고사 성어는 성인에게만이 아니라 어린 나이에도 통용되는 말이라고 할 수 있을 것 같다.

우리집의 희망, 손자의 어린 시절Ⅱ

내 어린 시절은 푸른 들 푸른 하늘을 마음껏 날아다니는 파랑새처럼 정말 자유자재自由自在로 살았다. 학교에서 공부하는 일보다 노는 데에 더욱 열심이었다. 그래서인지 2학년 말경인가 백일기 선생님이 숙제를 해오지 않았다고 그랬는지 모르지만, 아무튼 몇 학생이 교단 옆으로 불려 나가 매를 맞았다. 그런데 나만은 열외로 했다. 희미한 기억이지만, 좀 측은한 듯이 보며 아버지가 안 계시니까 봐준다고 말한 것 같고 그런 느낌을 받았다. 매를 맞지 않아서 좋기는 했겠지만, 선생님의 동정에 좀 서러움을 느꼈을 것 같다. 평소 거의 그런 의식이 없이 지내고 있는데 갑자기 그런 차별적인 대우를 받는 것이 나 자신을 자각하는 순간이 되었을 것이다. 그해로 생각되는데, 학교에서 필통과 울긋불긋한 책받침을 탄 적이 있다. 이 역시 아버지와 관련된 것으로 희미하게 기억하고 있다. 그러나 머릿속에 아버지가 들어있지 않은 나에게 그런 자각 증세는 곧 사라져

버렸다.

3학년이 되기 전이었던가. 그해 긴 겨울에 막내외삼촌(정용규)이 사진을 찍자고 해서 교실 앞 화단 옆에 나와 사진을 찍었다. 그분은 국민학교 졸업할 때까지 나를 무척 아껴주셨다. 그 후 오십을 갓 넘기고 얼마 안 있어 돌아가셨다. 지금 생존하여 계시다면 여유를 가지고 같은 늙은이들끼리 살아생전 변변히 대접하지 못했던 약주라도 서로 나누련만 세월이 참 야속할 따름이다.

필자의 2학년 말(1955년) 9세 때 모습

위 사진을 보고 아내와 둘째 용원이가 이런 느낌을 말했다. "천진난만天眞爛漫할 나이에 밝지 못하고 너무 심각하다. 그리고 아이치고는 의지가 있고 좀 추워 보인다."라고. 그래서 아마도 어릴 때 눈이 아팠던 후유증으로 햇빛을 보면 눈이 시리고 부셔서 그런 표정을 한 것이 아니겠느냐고, 내 나름대로 변명을 했다. 사실 그런 점이 없지 않았다. 지금도 백태가 꼈던 오른쪽 눈은 상흔이 있고 독서에 지장을 줄 정도로 실명失明에 가깝다. 그래서 짝눈(양쪽 시력이 다른 눈)으로 공부하거나 일할 때에 장시간 읽지 못하고 자주 쉬어야 했다. 조금 무리해서 독서를 하게 되면 쉬 피로가 오고 머리가 아팠다. 그러나 그 나이에 비해 좀 어두운 표정이라는 것은 나도 인정했다.

3학년이 되어 학교에서 누구를 탓할 수도 없고 오직 자책하며 부끄러워했던 나만의 사건이 있었다. 매년 한 번씩 은산의원에서 학생 건강검진을 하러 어릴 적 눈 치료를 해주었던 그 의사가 학교에 왔다. 때는 5월 하순경이 아니었을까 한다. 그것은 내가 학교 뒤편 냇물에 들어가 때를 밀 때 한기를 느끼고 떨었던 기억 때문이다. 그 시절 내가 얼마나 게을렀는지 노는 일은 좋아도 때를 닦는 일은 무척 싫었다. 내일 건강검진이 있으니 몸을 깨끗하게 하고 오라고 담임선생님은 틀림없이 학생들에게 주의를 주었을 것이다. 나는 아침 등교할 때부터 꺼림칙한 마음이었다. 그날따라 옷 속으로 때가 덕지덕지 붙은 몸뚱이가 가렵고 개운하질 않았다. 무르팍도 때가 검게 딱지처럼 붙어 있었다. 평소 세수라고 해봐야 얼굴에만 물을 찍어 바르는 정도였다. 여름이라면 학교 뒤쪽 물레방앗간 근처 냇물 미끄럼판에서 물놀이를 하니까 자연 목욕을 하지만, 겨울과 봄에 시냇물에서 목욕할 수는 없었다. 늘 그렇게 지내왔건만 건강검진을 한다니까, 전날 때를 닦는 일을 미루다 아침이 되었는지 아니면 선생님 말씀을 잊고 잠을 잤는지 알 수는 없다. 아침 첫 시간에 1학년부터 검진이 이루어졌다. 3학년은 11시경부터 시작될 것이었다. 공부를 하면서도 불안해서 참을 수가 없었다. 만약 이대로 옷을 벗고 의사 선생님 앞에 서면 그 까다롭게 생긴 사람이 그냥 넘어갈 리 없을 것이고, 등짝을 두드리며 당장 씻고 오라고 할 것이다. 또한 학교 선생님이나 동무들, 아래 학년 학생들이 어떻게 보겠는가 생각하면 부끄러워 도저히 가만히 있을 수는 없는 일이었다. 수업

중 내내 똥 밑이 졸밋졸밋한 채 2교시가 끝나자마자, 바로 냇가로 가서 사리마다(일본어 '사루마다'를 그렇게 불렀는데 그 당시 '빤쓰'라고도 했다. 이것들의 표준어는 '팬티'임.)만 입고 흐르는 물 가운데로 들어가 온 몸과 다리에 물을 적셨다. 늦봄이라고는 하지만 오전의 시냇물은 차가웠다. 고사리 같은 손으로 잘 닿지도 않는 등짝이며 가슴, 배 등을 문질러도 때가 쉽사리 벗겨지지 않았다. 시간은 자꾸 가는데 덕현이가 정말 발등에 불이 떨어졌다. 다급한데 때가 잘 벗겨지지 않았다. 그것도 시간을 가지고 때를 불려서 밀어야 술술 벗겨지는 법인데, 억지로 살갗을 비벼대니 몸뚱이와 손바닥이 아프고, 팔에 기운도 떨어지고 몸에 힘이 빠졌다. 발이 얼듯이 마비가 되는 듯하나 무릎의 때도 벗겨야 하니 딴 정신이 없었다. 지금 생각해도 한 30분은 족히 걸려 끝도 없이 밀리고 밀리는 때를 대충 벗겨내고, 깜냥에 남이 게으르다고 보지 않을 정도에서 물에서 나와 덜덜 떨며 난닝구(일본에서 넘어온 영어의 잘못된 표현으로 '러닝셔츠'를 말함, 해방된 지 얼마 되지 않아서 그 당시에는 어른들이 쓰던 일본말을 자연스럽고 익숙하게 사용했음.)로 물기를 대충 닦고는 옷을 걸쳐 입으며 와글와글한 검진교실로 달려갔다. 천만다행으로 아직 내 차례가 아니었다. 교실의 화끈한 열기가 좋았다. 그리고 점차 마음이 진정이 되며 조금은 옆 동무들을 당당하게 바라볼 수 있었다. 내 차례가 되자 흰 가운을 입고 머리의 이마에 반사경(헤드 미러)을 단 의사는 배에 청진기를 댄 후 입안을 비추고는 아무 말 없이 다음 하고 다른 학생을 불렀다. 조마조마한 마음으로 잔득 움츠리며 의사의 검사를 무사히 통과하고 나자, 어린것이 속으로 안도의 숨을 내쉬며 긴장된 마음이 확 풀렸다. 의사 보조원의 시력 검사는 당당한 자세를 취했다. 남들은 모르는 나만의 비밀스런 사건이었다.

그 뒤로 부지런하게 미리 때를 닦는 습관은 갖지 못했다. 그런 일이 있고서도 이내 예전의 나태한 생활이 이어졌다. 물론 할머니가 간혹 때 닦으라는 말씀은 하셨겠지만 그런 일로 해서 크게 혼났던 기억은 없다. 사실 할머니나 할아버지께 공부하라는 소리도 들어본 적이 없다. 학교에서 오면 밥 먹고 심부름하고 신나게 노는 일이 중요했다.

내가 5학년 때였던 것 같다. 학교에서 선생님이 학생들을 훈계하고 가르치는 일이 어디 한두 번이었겠는가. 그런데도 유독 긴 세월 동안 잊히지 않는 사건이 있었다. 뭐 사건이라고 할 것도 없는 학교에서 늘 자잘한 주의를 듣는 것들 중의 하나일 것이었다. 3학년 황권익 선생님께서 방과 후 나를 불러 무슨 기록한 것을 불러달라고 했다. 지금 생각하면 아마 생활기록부 같은 것을 작성하느라고 그랬는지 모르겠다.

내가 기록지를 보고 '……것을……'을 '……거슬……'로 발음하여 부르지 않고 '……걷을……'로 글자(음절) 하나하나를 독립적으로 읽었는데 언제 왔는지 뒤에 서 있던 다른 학년 이○○ 선생님이 내 머리에 군밤을 주며 '거슬'로 읽어야 한다고 말했다. 잠시 침묵이 흘렀다. 나는 어린 마음에 글자 한 자라도 틀리지 않고 받아쓰시도록 한 글자 발음, 소위 철자발음 綴字發音을 한 것이었다. 내 딴은 분명하고 바르게 듣도록 선생님을 배려해서 부른 것이었다. 얼굴이 화끈했다. 그러나 변명은 할 수 없었다. 아니 감히 못했다. 황 선생님께서는 아무 말씀이 없고 부르는 대로 받아쓰셨다. 세월이 흘러가도 이상하리만치 이 군밤만은 내 머릿속에서 사라지질 않았다.

1970년대 이화동 서울대학교 사범대학 부속국민학교에서 교생실습을 받던 중에 초등학교 1, 2학년 학생들이 '하는 거슬 보니'로 읽는 것을 듣고, '하는 것을 보니'로 어떻게 쓸 수 있게 되었느냐고 그들에게 물은 적이 있다. 책에 그렇게 쓰여서 알게 되었다고도 하고 받아쓰기를 많이 하여 그렇게 바르게 쓸 수 있었다고 하는 대답을 들었다. 물론 선생님의 읽기와 쓰기의 가르침이 있었을 것이다. 나도 국민학교 시절 그 학생들과 크게 다르지 않게 '거슬'이라고 읽고 '것을'이라고 썼을 거라는 생각이 들었다.

어린 나이이지만 그와 같이 무안無顔을 당했다고도 볼 수 있는 나에게 5, 6학년 때였던가 경우는 다르지만 주눅이 든 일이 있었다. 어느 날 교장선생님이 교실에 들어와 한 시간 동안 주판 놓기를 가르치셨다. 칠판에 큰 주판을 걸어 놓고 덧셈과 뺄셈에 주판알을 올리고 내리는 방법을 가르쳐 주셨다. 그때 나는 수리 개념이 부족하여 무척 헤매었다. 주판알의 자리 단위가 쉽게 머리에 들어오지 않아 익숙해지질 않았던 것 같다. 그래서 두렵고 답답하고 부끄러운 감마저 들었다. 좀 천천히 반복해서 가르쳐 주면 좋겠는데 한번 놓고 나면 바로 다음으로 넘어가는 식이었다. 그러면서 교장선생님의 얼굴 표정이 '너는 이것도 모르느냐'라고 말하는 것 같았다. 나는 바로 열등감에 빠져 공부하고 싶은 의욕이 푹 꺼졌다. 어린 나이라서 그 표정과 태도를 보고 느낀 감정을 표현할 만한 용어를 찾아 말하기는 어려웠겠지만, 너무 무시를 당하는 기분이 들었다. 교장선생님은 본심이 아니었을 것이다. 그러나 그 얼굴에 드러난 웃는 듯한 표정은 나에게는 비웃음처럼 보였다. 교장선생님은 모처럼 학생들 앞에 서게 되자,

의욕이 넘친 나머지 너무 자신감에 찬 연기를 한 것이 아닐까 한다. 이 교장선생님은 통학거리가 먼 우리들을 위하여 분교인 합수국민학교를 동분서주며 설립한 분이었다.

이제 그 주판 시간을 생각하자니, 나 또한 교직 생활을 돌아보게 되고 매거할 수 없는 부끄러움을 느낀다. 그러면서 통상 교사가 교단이라는 무대에 서서 학생들을 가르친다고 할 때에 학습 효과(학습목표 달성)를 극대화하기 위해 그 교실 상황에 맞는 마스크(mask : 적절한 언어 선택, 알맞은 표정, 어울리는 머리모양과 복장, 그리고 화장 등)를 쓰고 연기를 한다는 것이 참 그렇게 쉽지만은 않은 일이란 생각이 드는 것이다.

앞에서 할아버지의 시조와 관련한 풍류 이야기를 조금 했지만 전쟁 중이나 그 후 군대 간 큰아들의 생사生死를 알지 못하는 상황에서도 한동안 할아버지는 내색 없이 전과 같은 삶을 이어가셨다. 날이 추워지면 할아버지는 사랑방에서 왕골자리를 매거나 안방에서 모시로 노를 꼬았다. 그러면서 평소에 시조꾼들과 술을 드시며 노래하던 시조時調를 부르셨다. 흥이 나실 때에는 곁에 있는 손자에게 시조를 가르쳐주셨다.

시조는 고시조古時調와 현대시조로 나뉘는데 고시조는 시조창(時調唱, 우리나라 고유 정형시의 창)이라는 음악의 악곡구조에 담아 실현됨에 반해 현대시조는 음악과는 상관없이 언어의 내적 질서에 기반을 가진다. 시조창은 시조시를 가사로 하여 노래 부르는 것을 말하는 것이다. 그러니까 고시조는 노래하는 시이다. 고시조를 비롯한 우리의 모든 고전시가는 '노랫말(가사)'과 '악곡(음악의 곡조, 가락)'의 상호 제약적 관계 속에서 관습적으로 형성되고

향유되어온 것이라고 한다. 할아버지가 부르는 노랫말이 바로 고시조였던 것이다. 할아버지가 애송하는 시조는 '청산리 벽계수야'였다. 그날도 밖엔 눈이 내리는데 소주 한잔에 마늘 한 조각을 안주삼아 고추장에 찍어 드시고 노를 꼬면서 한 수首 뽑으셨다. 이럴 때에는 소주와 마늘 냄새가 물씬 풍겨 내 코를 찔렀다.

청산리 벽계수야 수이 감을 자랑마라
일도창해하면 다시 오기 어려워라
명월이 만공산하니 쉬어간들 어떠리

-황진이(생몰년 미상, 조선 중기)

그동안 가끔 들어온 시조이지만, 어린 내가 듣기에도 학교 노래와는 다르게, 급하지 않고 느릿하며 시원스럽게 벋어나가는 것이 할아버지의 취흥醉興에 알맞다 생각했던 것 같다. 할아버지가 선창을 다 하고 난 후에 초장부터 한 마디씩 먼저 부르면 이어서 내가 후창을 했다. 숨이 짧아 할아버지처럼 유장悠長하게 부르지 못하니까 다시 불러주시고 제대로 따라하게 했다. 그렇게 하노라면 어느새 저녁상이 들어왔다. 젊은 시절 내가 교단에서 학생들에게 시조를 가르칠 때에 황진이의 '청산리 벽계수야' 초장 두 마디를 창으로 불러 고시조를 설명할 수 있었던 것은, 어린 시절 할아버지가 가르쳐주신 그 시조창이 한 조각이나마 남아 있었기 때문이었다.

어느 날인가는 다른 시조를 부르시는데 '철령 높은 재에 자고 가는 저 구름아, ……'를 부르시었다. 그 시조가 듣기에 처량하게 들리었다. 그때 '철령'이 어디냐고 물었다. 오성(이항복이 오성부원군의 직함을 얻은 후, 오성대감이라는 호칭으로 불리게 된 것임.) 이항복이라는 신하가 귀양을 가면서 넘은 산이라고 말씀하신 것 같다. 무척 험한 산일 거라고 생각했다. 세월이 흘러 학교에서 고시조를 배우게 되면서 '철령 높은 재'는 조선 중기 광해군 때 영의정을 지낸 백사(白沙, 호) 이항복이 인목대비 김 씨 폐모를 반대하다 함경도 북청으로 유배를 가면서 넘은 고개라는 것을 알게 되었다.

할아버지는 시조창을 가르치다가 기지機智와 해학諧謔이 담겨 있는 오성과 한음(漢陰, 이덕형의 호로 조선 중기의 문신)의 이야기를 여러 가지 들려주셨다. 그 이야기의 몇 개가 희미하게 기억나는데 그 중에서 비교적 뚜렷한 것 하나만 재구성해서 소개하면 다음과 같다.

조선 선조대왕 때 어느 여름날 퇴궐하여 오성대감과 한음대감이 앉아 술을 마시면서 더위를 식히고 있었다. 서로 정담을 나누던 중에 무더운 날에는 조복朝服을 입고 입궁하여 집무를 보기가 어렵다는 이야기가 나왔다. 한음이 옷을 겹쳐 입으니 땀이 나서 못 견디겠다는 것이다. 이 이야기를 들은 오성이

"자네, 참 딱도 하네그려. 왜 그렇게 지내나."

하고 천연스럽게 말했다. 한음이

"아니, 그럼 무슨 좋은 방도라도 있단 말인가."

하고 정색을 하고 물었다.

"아, 있다마다."
"제발 좀 알려주게나."
"그래, 그러면 내가 이르는 대로 할 텐가."
"누구 말이라구, 여부가 있겠나."
"나는 요새 매일 입궁할 때, 속옷은 다 벗고 조복만 걸치고 조례朝禮에 나간다네. 얼마나 시원한지 몰라~."

다음날 오성이 조금 일찍 입궐하여 선조대왕을 알현謁見하고 난 뒤에 '요즘 날이 무더워 신하들의 체력이 많이 저하된 듯하니 전하께서 조례에 참여한 신하들에게 잠간 동안 체조를 시키심이 심신에 좋지 않겠느냐'고 넌지시 권유勸誘를 했다. 왕도 생각하니 오성의 말에 일리가 있다 싶어 쾌히 승낙을 했다.
조례가 시작되자, 임금이 오성의 말대로

"오늘은 우리 모두 아침 체조를 한번 하는 게 어떻겠소."

하고 제안을 하였다. 아무도 이의가 있을 수 없었다. 체조를 편하게 하려면 예복을 벗어야 한다며 임금부터 시작해서 모두가 속옷 차림인데 한음인들 어명을 거역할 수는 없는 일이었다. 한음은 '아차, 내가 오성한테 당했구나' 라는 생각이 번뜩 들었다. 믿고 한 말인데 어제 괜한 소리를 했나 싶어 후회스러웠다.

오성이 신하들 앞에 서서 구령口令을 했다. 자, 모두 앞으로 굴러 하니 한음의 됨박(박을 쪼개지 않고 꼭지 근처에 구멍만 뚫어 속을 파낸 바가지로 '뒤웅박'을 일컫는 표현으로 보이는데, 할아버지는 이것을 '뒘박'이라고 발음했다. 그것이 아니면 '됫박'을 일컫는 표현일 수도 있음.)만 한 불알이 앞으로 출렁 구르고, 뒤로 굴러 하니까 그 큰 물건이 뒤로 출렁 구르고 했다. 그 광경을 보고 임금부터 온 신하와 내시들이 한바탕 웃어댔다. 궁궐이 들썩들썩 떠나갈 듯했다.

이 이야기를 들으며 됨박(어린 나는 좀 작고 둥근 박을 연상했던 것 같음.)만 한 불알이 뒹구는 모습을 상상하자 웃음이 터져 나오고 흥이 났다. 그래서 다른 이야기를 더 해 달라고 졸라댔다. 할아버지는 다음에 하마고 웃으며 노를 계속 꼬시었다. 창호지문에 붙은 유리로 내다보는 밖에는 마당의 벼 퉁가리(가을에 추수하여 탈곡한 벼를 저장하기 위해 앞마당에 둥그렇게 볏짚을 엮어 만들고 지붕을 한 저장고) 위에 흰 눈이 소복소복 내리고 있었다.

그해 섣달그믐이 다가오자 할아버지는 '어느 가난한 동네 효자 이야기'를 해주셨다.

동네가 하도 녹두밭머리라 농사로는 먹고살기가 어려웠다. 내일이 설날인데도 목구멍에 거미줄을 쳐야 할 판이었다. 섣달그믐날 눈이 오는데 그날도 나무를 해서 다음날 새벽에 짊어지고 장에 나가 팔아야 먹을 것을 장만할 수 있었다. 다행히 나무를 팔고 늦게 터덕대고 동구 밖에 당도할 즘이면 목은 벌써 집에 와 있었다. 그만큼 배고프게 살았다.

지게를 지고 산에 올라 눈을 맞으며 갈퀴로 솔가루(말라서 땅에 떨어져 수북이 쌓인 솔잎으로 '솔가리'의 충청도 우리 동네 사투리임.)와 가랑잎을 긁으면서 혼잣말로 신세한탄을 하였다.

"설날은 오고 설밥은 없는데 죽은 애비(아비) 제사는 고사하고 산 에미(어미)는 어이 봉양하리."

하니까, 저쪽 산에서 "설날은 오고 설밥은 없는데 죽은 애비 제사는 고사하고 산 에미는 어이 봉양하리." 하는 것이었다. 사방을 두리번거렸으나 아무도 없었다. 그래서 계속 갈퀴로 나뭇잎을 긁는데 개금('개암'의 충청도 우리 동네 사투리임.) 한 알이 땍대구르(의성과 의태를 동시에 나타내는 표현인 듯한데, 할아버지는 개금이 떨어져 내리는 모습을 그렇게 표현했음.) 굴렀다. 그러자 쪼르륵 소리 나는 배를 참으며,

"이건 울 어머니 갖다 드려야지."

하니까, 또 저쪽에서 "이건 울 어머니 갖다 드려야지." 했다. 역시 그쪽에

아무도 없었다. 다시 갈퀴를 드르륵 긁으니까, 개금 하나가 또 땍대구르 굴렀다.

"이건 내 마누라 갖다 줘야지."

하니까, "이건 내 마누라 갖다 줘야지." 했다. 하도 이상하다 싶어 흉내를 내는 곳으로 가보니, 큰 바위 꼭대기에 웬 남생이 한 마리가 추위 속에 눈을 맞으며 앉아 있었다.

"으음, 네놈의 짓이로구나."

하니까, 따라서 "으음, 네놈의 짓이로구나." 하는 것이었다. 녹두밭머리 동네 효자는 바위로 올라가서 그 남생이를 잡았다.
그는 바로 산에서 내려와 부자 동네로 다니면서,

"말하는 남생이를 구경하시오."

하니 많은 구경꾼들이 모여 들었다. 말 한마디 흉내에 엽전 한 냥씩 받아 금세 한 자루가 되었다. 그 후 남생이의 재주로 더 많은 돈을 벌어 그 효자는 큰 부자가 되었다.

아주 오래된 이야기이지만 할아버지는 내게 산신령님이 효성스런 마음에 탄복하여 그 효자에게 남생이를 보내서 부자가 되게 한 것이라고 말씀하셨던 것 같다. 그 이야기를 듣고 어린 소견이지만 이해가 안 되는 말이 있어서 '동네가 녹두밭머리'라고 하는데 '녹두밭머리'가 무슨 뜻이냐고 물었었다.

산가 녹두밭에 녹두가 익으면, 거두기 전에 밭 맨 위쪽 녹두밭머리의 녹두는 벌써 따가운 가을햇살에 녹두 깍지가 벌어지고 비틀려서 깍지 속에 든 녹두알이 다 튕겨나가 땅에 떨어진다는 것이다. 그러면 그 밭머리 소출은 없게 되므로 그것에 빗대어 가난한 동네를 녹두밭머리라 한다고 했다. 그래서 거지들이 길을 가다가 "저 동네는 독두밭머리야."라고 하며 얻어먹을 것이 없어서 그냥 지나간다는 예까지 들어서 설명하여 주셨다. 내가 지금까지 살아오면서 여러 책을 읽어보았으나 그런 비유를 아직 보지 못했다. 이 글을 쓰면서 할아버지의 진한 애정을 느낀다.

열 살쯤이던가. 어느 무더운 여름날 저녁 모깃불 옆 멍석에 누우신 할아버지께서

"이 동네에서 우리집이 제일 크게 지었다."

하고 말씀하셨다. 어린 마음에는 큰 집이 가장 좋은 것으로 생각되었고 자랑스러웠다.

한편으론 속으로 과연 그러한지 따져보기 시작했다. 밭가운뎃 집은 오두막이니 우리집과 비교도 안 되고 윗집 순식이네는 골방이 없으니 방 칸수가

모자라고, 건너 왕소나무 아래 양철지붕 대문 집은 우리집보다 큰 것 같은데 ……그리고 골방이 있고 ……우리집은 사립문이 아닌가. 아무래도 마음이 걸린다. 그래도 할아버지의 말이니까.

그런 일이 있은 뒤로 실제 확인을 하기 위하여 산에 오르기까지 했다. 집터로 보면 양철지붕대문집이 크지만, 어디까지나 안채로 재어보아야 한다. 둘 다 겹집이나 양철지붕대문집이 가운뎃 방이 하나 더 있다는 생각이 났다. 아! 그러나 지붕의 넓이로 보면 비슷한 것 같다. 아니 우리 집이 쬐끔 더 커 보인다. 소년의 갈등은 계속 되었고 다른 산등성이로 가서 보기도 했다. 시각을 달리해서 보면 우리집이 더 클 것이라는 기대를 가지고 그랬던 것이다.

이제 와 생각하면 양철지붕대문집이 분명히 더 크다. 내가 나이를 먹어 감에 따라 그때 일을 회상할 때면 할아버지의 말씀이 귓가에 새롭게 들리곤 하였다. 할아버지는 손자에게 무엇을 심어주려고 그런 말씀을 하셨던 것일까.

우리는 아직도 '크다'는 개념이 가치 기준이 되고 있는 시대에 살고 있지만 할아버지께서는 그 이상의 말씀을 하셨던 게 분명하다. 사실 집이라는 것이 크고 주변 환경이 뛰어나다면 누구도 그런 집을 제일 좋다 할 것이다. 그러나 어디 세상에 좋은 집만 있겠는가. 물론 내 집이 크면 더욱 좋겠지만 내가 편이 쉴 곳이 있다는 것이 얼마나 다행한 일인가. 성년이 되어 할머니께 들은 바로는 할아버지께서는 일제강점기에 당신이 직접 남포(? 충남 보령시의 한 지명)에서 재목을 싣고 오셔서 고향의 옛집을 지으셨다고 한다. 그 전에는 그렇게 변변한 집이 아니었던 모양이다. 당신께서 손수 더 나은 집을 지으셨으니 얼마나 가슴이 뿌듯하고 자랑스러우셨겠는가. 그러니 내 집이 가장 클 수밖에 없으셨을 게다. 남의 집이 아무리 좋고 크다 한들 내 집만 하셨겠는가. 내가 터를 닦고 주춧돌을 놓고 집을 지어보지 않고는 집에 대한 소중함을 제대로 알 수 없을 것이다.

생각해 보면, 할아버지께서 하신 말씀은 내게 두 가지를 주신 것 같다. 첫째는 '크다'는 개념이 주는 가치를 심어주신 것이다. 작은 것에서 큰 것으로의 지향 의지는 저 산 너머의 세계를 동경하게 하고 끝내는 나를 고향을 떠나 넓은 세계로 나아가게 하였던 것 같다. 살아오면서 그 개념은 여러 면에서 긍정적으로 작용하여 나를 좀 더 크게 살도록 하지 않았나 생각한다. 둘째는 내 것의 소중함을 깨우쳐 주신 것이다. 6·25전쟁 후에 그토록 살기 어려웠던 시절, 남의 것이 부럽게만 느껴지던 시절, 자칫 나를 잃고 살기 쉽던 시절, 그래도 작고 적지만 내가 지닌 것, 내가 사는 집이 얼마나 귀중한 것인가를 알고 자존自尊을 가지고 지금까지 살아오게 한 것은 바로 할아버지의 그 말씀이 아니었겠나 생각한다.

몇 학년 때인지는 기억에 없지만 아침 일어나자마자 식전에 할머니가 닭 둥지에서 달걀을 하나 들고 들어와 바늘로 똑똑 구멍을 내서 홀짝 마시게 했다. 그날은 학예회에서 내가 독창을 하는 날이었다. 지금 생각하면 할머니가 주변 사람들에게서 들었는지, 목을 어떻게 관리해야 노래를 잘 부른다는 것을 아셨던 것 같다. 손자가 많은 사람 앞에 나가 노래를 한다니까 목이 매끄러우라고 먹인 것이다. 내가 그 학예회에서 무슨 노래를 불렀는지는 전혀 생각이 나질 않는다. 다만 식전 할머니가 내게 노래 잘하라고 먹인 계란 기억만 또렷하게 떠오른다. 그러니까 내가 어린 시절

학교에서 노래는 잘 하는 편이었다고 생각한다.

3학년 때 음악 시간에 이철순 선생님 곁에서 풍금에 맞추어 '푸른 바다 건너서 봄이, 봄이 와요. 제비 앞장 세우고 봄이, 봄이 와요.'를 불렀다. 내가 노래를 잘 해서인지 가끔 나오라고 해서 반주에 맞춰 불렀다. 그러면 학생들이 따라 불렀던 것 같다. 당시에나 그 후 나이가 들어 고향을 떠나 도시에 살 때에나 콧노래로 그 동요를 부르노라면 정서적 안정을 가져다 주는 '마음의 고향'을 그리워하게 하며 허전한 마음을 달래주었다.

이런 현상은 5학년 때 부른 '고향땅'에서 더욱 심하게 일어났다.

고향땅이 여기서 몇 리나 되나.
푸른 하늘 끝닿은 저기가 거긴가.
아카시아 흰 꽃이 바람에 날리니,
고향에도 지금쯤 뻐꾹새 울겠네.

고개 넘어 또 고개 아득한 고향.
저녁마다 놀 지는 저기가 거긴가.
날 저무는 논길로 휘파람 불면서,
아이들도 지금쯤 소 몰고 오겠네.

그 시절, 나는 이 노랫말에 나오는 단어들이 만드는 환경 속에서 자라고 경험을 했다. 가령, 5월이면 비둘기, 꾀꼬리, 뻐꾸기 등이 우는 소리가 간간이 들리고 우리집 뒤의 아카시아 나무 언덕에 아카시아 꽃이 흐드러지게 피어 그 향이 집안에 그윽했다. 이때 제비는 처마 밑 안쪽 마루위에 진흙을 물어다 부지런히 둥지를 지었다. 이런 때 내가 푸른 들판 도랑이나 냇가에 소를 끌고 다니며 풀(꼴)을 뜯기다가 저녁놀이 지는 서쪽 하늘을 보며 집으로 몰고 오는 일 따위는 다반사(茶飯事, 예삿일)였다. 그럼에도 불구하고 물론 정도의 차이는 있겠지만, 나는 어느 누구보다도 그 노래를 부르며 어린것이 일반이 겪는 향수병(鄕愁病)과는 또 다른 향수병에 시달려야 했다. 아득하고 먼 마음의 고향, 거기는 포근하고 평화로운 곳, 그곳을 나도 모르게 끝없이 동경(憧憬)하게 되었다. 그럴 때면 어수선한 마음이 왠지 한없이 서글퍼지며 안정이 되었다. 한정동 작사, 윤극영 작곡의 동요, '보일 듯이 보일 듯이 보이지 않는/ 따옥 따옥 따옥 소리 처량한 소리/ ……'에 나오는 따오기가 날아가는 그 어디메('어디'의 평안도 · 함경도 방언)로, 나 자신은 깨닫지 못했지만, 어쩌면 아버지와 어머니가 있는 따뜻한 곳(家庭?)을 찾고 있었는지 모른다. 이와 같은 노래가 아니라도 그런 정감(情感)은 교실에서 뜸북새(뜸부기)가 뜸북뜸북 우는 푸른 들판 건너 멀리 산 너머 푸른 하늘을 볼 때에도 일어났다. 저 산 너머 푸른 하늘 아래 어딘가로 가고 싶었다.

삼월이 오면 학교에서 3 · 1절 기념행사를 하고 전교생이 3 · 1절 노래를 불렀다.

> 기미년 삼월 일일 정오/ 터지자 밀물 같은 대한독립만세/
> ……/ 한강물 다시 흐르고 백두산 높았다/ ………

그때 나는 이 소절 '한강물 다시 흐르고'를 부르면서 아직 가보지 못한, 도도히 흐르는 한강물을 그리고는 전신이 오싹함을 느꼈다. 그 뒤로 세월이 흘러가도 사그러들지 않고, 매년 3 · 1절에 또는 그날을 생각할 때에 그 소절에서 오싹한 감정이 되살아나곤 했다. 이는 아마도 아버지의 영혼이 어린 아들 덕현이에게만 주는 영감(靈感, telepathy)이 아니었을까. 지금 곰곰이 그런 생각을 해본다.

그 시절은 전쟁이 끝난 지 몇 년 안 되어서 그런지 6 · 25 관련 반공 표어 리본을 왼쪽 가슴에 달고 다녔다. 그때 표어로 '상기하자 6 · 25!'나 '무찌르자 공산당!' 등이 떠오른다. 6월 25일에는,

> 아아 잊으랴 어찌 우리 이 날을/ 조국의 원수들이 짓밟아 오던 날을/
> 맨 주먹 붉은 피로 원수를 막아내어/ 발을 굴러 땅을 치며 의분에 떤 날을/
> 이제야 갚으리 그날의 원수를/ ………

하고 6 · 25의 노래를 불렀던 것으로 기억한다. 그럴 때면 교과서에 실린 6 · 25전쟁발발의 글과 삽화(소년이 산 너머로 신작로를 따라 공산군의 전차가 포를 쏘며 남하하는 장면을 바라보는 모습)가 어김없이 생각나고 탱크를 앞세워 포와 총을 우르르 쾅, 우르르 쾅, 탕 탕 탕 쏘며 내려오는 인민군이 무서웠다.

그런데 나는 그 노랫말에 드러난 내용처럼 아버지가 붉은 전쟁터에서 맨 주먹 붉은 피로 원수를 막아내다 산화하신 것을 전혀 모른 채 전교생의 일원으로서 가사가 조성하는 분위기에 따라 좀 울컥한 심정에서 의례적으로 6 · 25의 노래를 불렀던 것이다.

6학년 어느 여름날엔가는 방과 후에 집으로 가서 숙제를 하지 않고, 혼자 학교 옆 냇가로 나가 흐르는 냇물 가운데로 들어가서 낚시질을 한 적이 있었다. 학교 근처 송방(충청도 우리 동네에서는 구멍가게를 그렇게 불렀음.)에서 낚싯바늘을 하나 사고 비료포대를 박은 실을 풀러 낚싯줄을 했다. 낚싯줄은 가게에서 파는 가느다란 고래 낚싯줄(투명한 나일론 줄을 어린 시절에는 그렇게 말했음.)이어야 제격인데 돈을 주고 사야 하니까 좀 굵고 튼튼한 비료포대실을 사용할 수밖에 없었다. 급하게 몰래하니까 낚싯대도 없고 낚시자새(얼레)도 없는 맨손 견지낚시였다. 미끼로 냇가 풀섶에서 메뚜기나 작은 땅개비('방아깨비'를 우리 동네에서는 '땅개비'라고 불렀음.)를 잡아 낚시에 끼웠다. 쨍쨍 내려쬐는 햇볕에 치리('피라미'와 구별하지 않고 우리 동네에서는 피라미도 '치리'라고 불렀음.)가 잡히기를 고대하며 눈이 빠져라 흐르는 물을 응시하고 낚싯줄을 당겼다 놨다 했다.

한참을 하고 있는데 옆 둑 위에서 누군가가 나를 보고 있었다. 바로 김규대 담임선생님(천안 직산초등학교 교장선생님으로 재직한 후 퇴임하심.)이었다. 내 건너 저 아래쪽 공판재(침쟁이가 사는 골)로 다리에 침을 맞으러 가시는 중이었다. 몸이 장승처럼 굳어지고 얼굴이 화끈거렸다. 아무 말도 못하고 건성으로 떠내려가는 낚시 줄만 계속 당겼다. 시골 학교라지만 담임선생님은 상급학교 진학률을 높이기 위하여 회초리를 들고 입시지도에 골몰하며 지내셨다. 그런데 한가롭게 낚시질이나 하고 있으니 어린 소견에도 이건 아니었다. 당장 물가로 튀어나와 집으로 가고 싶지만 선생님은 얼른 가질 않고 잠시 바라보시는 것이었다. 그리고 말없이 다리를 약간 절며

둑길을 가시었다. 야속하게도 물고기는 한 마리도 걸리지 않고 뜨거운 해는 서산마루에 걸리고 있었다.

그 시절은 물고기 잡는 것이 그렇게 좋았다. 우리 논이 냇가 물레방앗간(외할아버지가 운영하는 방앗간은 학교 위쪽이고 이것은 들판에 있는 방앗간임.) 뒤쪽에 있어서 방앗거리논이라고 했다. 벼가 누렇게 고개를 숙이면 집 옆 텃밭 가장자리에 자란 단수숫대(사탕수수 대)를 꺾어 토막을 내어가지고, 새보러 방앗거리논에 가곤했다. 새보기가 싫증이 나면 논두렁 밑이나 도랑가나 냇가로 가서 참게를 잡겠다고, 뱀이 나올까 무섭기는 하나 구멍에 손을 넣어보기도 하고 냇가 좀 깊은 곳의 물풀 사이로 가서 제법 큰 말다리(다리가 말 다리처럼 긴 민물새우를 그렇게 불렀다. '징거미새우'의 우리 동네 사투리 '징개미'의 별칭으로 보임.)를 잡겠다고 뒤지고 다니기도 했다. 그러나 산토끼 잡을 때와는 달리 조황釣況은 신통치 않았다. 참게 한 마리만 잡아도 할머니가 오갈투가리('오가리뚝배기'의 충청도 우리 동네 사투리)에 붉게 양념을 해서 보글보글 끓이면 할아버지가 맛있게 잡수실 텐데 그게 안 되었다. 손이 걸어서('손이 걸다'는 관용구로 '일하는 솜씨가 좋다'의 뜻이 있는데 우리 시골 동네에서는 물고기를 잘 잡는 사람에게 쓰였음.) 게나 물고기를 잘도 잡는 이이들이 있었다. 여자애들은 냇물 속에서 돌에 붙은 고동('고둥'의 충청남도 우리 동네 사투리로 '다슬기'를 그렇게 부름.)을 잡았다. 물 깊은 곳에 사는 메기나 붕어는 무서워서 생각지도 못했지만 나는 적어도 고동, 송사리보다 치리나 모래무치 따위의 물고기를 원했다. 장에 가서 물고기병을 사오면 치리를 제법 많이 잡을 것 같은데 마음은 간절했으나 어린것이 호주머니 사정이 늘 그랬다. 할머니를 졸라본들 들어줄 리 만무했다. 못내 아쉬웠다.

그래도 내가 자신 있게 잡아서 집에 가지고 갈 수 있는 것들은 있었다. 가을 벼 베기가 끝나면 논바닥에서 우렁('우렁이'를 그렇게 불렀음.) 구멍을 찾아 꼬챙이나 손가락으로 쑤셔서 파내어 우렁을 잡았다. 집게손가락이 얼얼하게 한나절 잡으면 근 한 주전자는 되었다. 저녁에 할머니가 우렁 된장찌개 오갈투가리를 아궁이 잿불에 올려놓고 보글보글 끓여서 저녁상에 올리면 할아버지가 참 좋아하셨다. 그리고 물이 짜작짜작한 이곳저곳에 논 새우가 모여 있어서 골을 타고 물길을 낸 다음 여러 물길이 합류하는 아래쪽에 얼개미(체의 한 종류인 '어레미'를 우리 동네에서는 그렇게 불렀음. 쳇불 즉, 체 밑바닥의 그물코가 큰 체)를 대고, 물길 따라 내려오는 새우를 잡기도 하고 논가 둠벙('웅덩이'의 충청도 사투리)의 가장자리 풀섶을 얼개미로 들춰서 새우를 잡기도 했다. 이렇게 긁어모은 새우가 한 사발까지는 아니더라도 한 보시기는 족히 되었다. 역시 할머니께서 늙은 호박을 썰어 넣고 보글보글 새우찌개를 끓이면 불그스름한 그 찌개의 달짝지근한 맛은 할아버지 환갑날 홍어회 맛보다 더 좋았다. 지금도 그때를 생각하면 그 호박 새우찌개 맛을 잊을 수 없다. 식재도 식재이지만 할머니의 손맛은 동네에서 알아주었다. 우리집에 일하러 온 일꾼들이 우리집 장맛과 할머니의 음식 솜씨가 좋다고 저마다 한마디씩 했었다.

어린 시절 학교생활 가운데 얽힌 이야기는 많이 있지만 그 중에서 뭐니 뭐니 해도 가을 운동회에 있었던 일은 빠뜨릴 수 없는 이야기이다.

폭 들어간 학교의 운동장 위로는 파란 하늘에 만국기가 펄럭이고 그 주변으로는 키보다 크고 꽃이 활짝 핀 코스모스가 빽빽이 둘러싸인 울

너머로, 멀리 벋어나간 누런 들판이 산들 바람에 출렁이었다. "청군 이겨라. 백군 이겨라."하고 학생들의 응원이 한창이었다. 점심때가 가까웠는지 운동장가 플라타너스 밑에 이곳저곳 포장을 치고 음식을 파는 곳에서 국말이 냄새가 진동했다.

우리 학년 달리기 시합이 있다고 준비하라는 마이크쟁이의 격格 있고 구성진 목소리가 확성기에 연신 울려 퍼졌다. 한 번이라도 그가 안 나오면 맥 빠진 운동회가 되었다. 그만큼 은산면 내 여러 학교 운동회의 프로그램 진행 방송에 빠질 수 없는 유명한 사람이었다. 한 번에 여섯 명씩 출발선에서 잔뜩 긴장하고 준비 자세로 서 있다가 탕 소리에 뛰었다. 내 차례에는 늘 학교대항 달리기 대표 선수(이○○)가 있었다. 그는 은산국민학교 운동회 때 5개 학교 달리기 대항전에서 우리학교 대표로 나가 우리 팀을 우승하게 한 견인차牽引車 역할을 했다. 키는 땅달하지만(왜소하지만) 그의 달리기를 당할 자가 없었다. 정말 총알같이 달려 나가 다른 학교 대표 선수들을 한참 앞서서 달렸다. 나는 대표 선수까지는 아니지만 아주 못 달리는 축에 속하진 않았다. 그 아이만 끼지 않으면 비교적 앞줄에 속하는 우리 조에서는 일등이었다. 그리고 5개 부락대항달리기에는 내대리(큰 동네 내지리를 둘로 나누어 안터가 있는 동네를 그렇게 부름.)의 대표 선수로 나갔다. 그런데 그날따라 출발선에 설 때까지 그 경렬이가 나타나지 않았다. 그래서 내가 이등이 아닌 일등을 할 수가 있었다. 공책 세 권을 탔다. 그 후로 그날 운동회를 생각하면 걔가 떠오르고 아마도 나를 생각해서 슬쩍 피한 것이 아닐까 하는 생각이 들기도 했다.

오후가 되어 운동회가 한창 무르익어갈 무렵, 학생 부락대항 달리기 시합이 있었다. 나는 자신이 있었다. 각대리 팀에 학교대표선수가 있다고 해도 우리 내대리에는 여자인 학교대표선수(송○○)가 있었다. 그녀는 정말 여학생들 중에서 출중하게 잘 달렸다. 다른 여학생들을 거의 반 바퀴는 떼어놓았다. 한 팀에 남녀 각각 2명씩 총 4명이 계주(이어달리기)를 하는 경주로 한 사람이 트랙 한 바퀴를 온전히 돌아 출발선에서 바통을 이어 받았다. 경렬이가 아무리 잘 뛴다 해도 각대리 여자 선수들은 거북이였다. 그러니까 학교대표선수로 각대리 팀 마지막 주자인 걔가 아무리 날고뛴다고 한들, 학교대표선수 종례가 있는 한, 내대리 마지막 주자로 나선 나를 도저히 앞지를 수는 없었다. 그리고 나도 웬만큼은 달리기 때문에 한몫은 했다. 내가 마지막 주자로 바통을 받아들고 트랙을 돌 때에 우리 동네 내대리 어른, 아이 할 것 없이 모두가 일어나 운동장이 떠나갈 정도로 "와!"하고 환호를 하여 주었다. 그때 내 몸은 하늘을 나는 것 같고 붕 뜨는 기분이 들어서 오히려 잘 달려지질 않는 것 같았다. 경렬이는 저만치 뒤에서 나를 쫓아오려고 기를 쓰고 있었다. 마침내 결승선에서 가슴에 흰 테이프를 걸치며 일등을 했다. 온 힘을 다해 뛰느라 지쳐서 호흡이 가빠 기침이 나고 가슴이 발딱발딱 뛰었다. 누가 내게 얼굴이 창백하다고 말했다. 그 만큼 몸이 약했다. 그렇거나 참 신나는 일이었다. 역시 공책 세 권을 상으로 받았다. 내 생전에 그런 쾌감은 아직 느껴보지 못했다.

학교대항계주가 끝나고 운동회가 거의 끝나갈 무렵이면, 학생들이나 지역 주민들의 가장 큰 관심은 어른들의 부락대항달리기였다. 은산국민학교 운동회에는 면내 각 부락의 신청을 받아 달리기 경주를 했다. 가령 대양리, 오벌리, 경둔리, 가중리, 은산리, 내지리 등등 여러 부락에서 남자

청년들이 팀을 이루어 나와 계주를 하였다. 그 당시 청년 부락대항달리기는 우리 부락 내지리 '영태(이 사람은 성이 김 씨로 청년기에 달리기를 아주 잘 했다. 물론 우리 동네 청년그룹 대장이었다. 그 후에는 내지리 이장으로 동네일을 보기도 했음.)'의 전성시대였다. 가시신(육상 스파이크)을 신고 출발선에서 앞서나가며 "싸싸싸싸!" 소리를 내고 달리었다. 사실 은산면에서 그를 당할 자가 없었다. 은산에 사는 그와 호형호제하는 사이로 알려진 '장곤'이라는 청년도 아주 잘 달리는 편으로 우리들의 육상 이야기에서 빠지지 않고 등장하는 인물이었다. 그러나 우리 영태를 당해내지는 못했다. 은산국민학교 부락대항 달리기에서 장곤이가 이끄는 은산 팀은 영태가 이끄는 우리 내지리 팀을 이기지 못했다.

우리 합수국민학교 운동회에서도 역시 영태였다. 그가 마지막으로 바통을 받아 트랙을 돌 때 "와!"하는 환호성과 함께 그 주변 운동장으로 사람들이 몰려들었다. 사각진 얼굴에 콧날이 오똑하고 검은 팬티 아래 드러난 통통하고 뽀얀 허벅지가 퍽 인상적이었다. 달리고 나서는 그렇게 큰 키도 아니면서 스파이크를 신고 턱을 내밀며 양손을 좌우 허리춤에 대고 자신감 있게 운동장을 걷는 모습이 모든 학생과 구경하는 지역주민들을 압도했다. 모두들 "영태! 영태!" 했다. 그는 우리 학생들의 진정한 영웅이었다. 이제는 그런 운동회도 없고 어린 학생들의 영웅도 사라진 시대에 우리는 살고 있다. 그때가 그리워진다.

인간의 마음은 여러 가지가 있다. 그 중의 하나가 경쟁심이다. 이것이 살아가는 환경에서 자연스럽게 유발되고 이로 인해 인간 자신을 긍정적으로 발전시켜 나갈 수만 있다면 교육에서 그런 경쟁 심리를 도입하고 이용하는 것은 바람직한 일이다. 가령 어린 시절 운동회 때 우리의 영웅, '영태'를 보고 우리도 그렇게 되고 싶은 마음에 동네에서 아이들과 벼를 벤 마른 논에서 경주도 하고 알통이 나오도록 기구를 가지고 팔다리 운동도 하며 서로 그것이 얼마나 나왔는지 견주었던 것은 결국 우리의 건강을 챙기는 일이 되었다. 교육적으로 보면 학교 운동회 자체도 그것을 이용해 학생들의 심신을 단련하는 데 기여하는 면이 없지 않다.

왜 이런 생각을 밝히느냐 하면 국민학교 5학년 때였던가. 여름방학 과제를 처리하여 제출한 것을 전시하고 선생님들이 평가하여 상을 준 적이 있었다. 그 과제물 중의 하나가 종이를 찢어서 물에 불려 가지고 풀을 넣어 되디된 종이죽을 만들고 판지나 널빤지에 지도를 그린 다음에 그것을 가지고 지도 모형을 만드는 작품이었다. 그 당시 어느 선생님(아마 김규대 선생님이 아니었나 생각함.)이 우리나라 지도를 전지(全紙, 1절지)에 그려 복도 벽에 붙여 놓았었다. 나는 그 전도全圖가 마음에 들었다. 함경도부터 시작하는 우리나라 지형이 남쪽은 동고서저東高西低로 태백산 줄기는 황토색으로 서쪽 평야는 초록색으로 칠하고 리아스식 해안을 절묘하게 그려서 미적 감각을 자아내는 지도였다. 나도 그렇게 감성적인 부분을 살려서 멋있게 우리나라 지도를 그려보고 만들고 싶었다.

그 시절 나는 미술시간에 운동장가 플라타너스 그늘 아래서 푸른 들판과 멀리 산 밑 버드나무 등이 있는 풍경화를 크레용으로 그렸는데 실제처럼 들과 먼 산을 아련하게 그렸다고 눈을 가늘게 뜨고 내 그림을 감상하며 서정식 담임선생님이 감탄(?)을 한 적이 있다. 이것을 옆 교실에서 놀러

오신 김규대 선생님(4학년 담임)이 보시고 한 말씀 해 주셨다. 원근 표현을 분명히 하면 더 좋았겠다며 도화지에 그림을 그릴 때 먼저 가장 가까운 중심 대상을 잡고 그려나가면 원근이 보다 잘 드러난다는 것이었다. 그분은 다음해에 우리 담임선생님이 되셨고 나에게 좀 더 그림 그리기를 연습시켰다. 그때 그린 내 그림, 정물화(화분에 옥잠화 잎들이 퍼진 그림)가 학교 환경미화로 복도에 선생님 지도처럼 붙어있었다. 그런 후에 부여지구 국민학교 사생대회에 나갔다. 규암 수북정 가까이 삼거리 언덕에서 들과 멀리 산이 있는 배경을 그렸었는데 내 그림의 중심은 가까이에 있는 전봇대였다. 스케치는 잘 한 것 같았다. 장암국민학교 선생님이 아마 우리 선생님 공주사범학교 동기였던지 나의 스케치를 보고는 고개를 끄덕이시었다. 그린다고 그렸으나 에노고 물감만 사용하다가 처음으로 비싼 츄부 물감을 쓰는 바람에 어색하고 서툴러서 결과는 좋지 못했다. 지금도 생각이 난다. 가령, 전선줄을 붓으로 검게 칠하는데 그것이 어려웠다. 굵기도 하고 가늘기도 하여 고르게 선이 그어지지 않았다. 단 하나의 붓마저도 끝이 뭉뚝하여 문제였다. 학교에서 수고했다고 공책 3권인가를 상으로 주었다.

이러한 나였기에 선생님의 지도처럼(제법 미적인 감각을 살려) 그린다고 널판에 지도를 그리고, 풀 먹은 종이죽으로 지형을 만들어 말린 다음, 물감으로 칠을 하였다. 산맥은 황토색을, 평야는 진초록과 연초록색을 바다는 푸른색을 칠하였다. 물론 섬들도 색을 칠해 제법 지도다운 모형을 갖추었다. 그런데 이상하게 경쟁에서 탈락하여 공책을 타지 못했다. 여름방학 내내 고심하여 만든 작품이었다. 담임은 아니지만 호리호리한 문종환

선생님(1학년 담임)이 무슨 일이 있어서인지 우리집 앞으로 지나가시다가 사립문으로 저만치 쪼그리고 앉아 무언가를 하고 있는 나를 발견하고 잠깐 들르셨다. 굴뚝 뒤 사랑방옆문 앞 뜰팡('토방'의 충청도 사투리임.)에서 모형 지도를 만들고 있는 것을 한참 보시더니 지도에 대해 아무 말씀은 없으셨고 "잘해."하고 가셨던 것 같다. 그리고 기억하기로는 지도 모형을 제출한 학생이 한둘뿐이었다. 나는 도무지 이해가 되지 않았다. 지금은 과제의 강조점을 알게 되어 그 평가에 서운한 감정이 어느 정도 사그라들기는 했으나 아직도 완전히 사라지진 않았다.

입선을 한 학생은 반장이었다. 걔의 지도 모형은 그 당시 내 눈에는 내 것에 비하면 형편이 없었다. 우선 지도 모양이 복도에 붙은 선생님 지도와 같지 않았다. 그리고 섬도 별로 없고 강도 없고 오직 두드러진 산맥만 황토색으로 굵게 표시한 단순한 모형이었다. 그래서 도무지 감각적으로 지도 같지가 않았다. 내심 몹시 서운하고 허탈하고 좀 창피하기까지 했다. 이건 아니었다. 차이가 있다면 반장의 것은 지도 모형이야 어떻든지 산맥만을 확실하게 표시한 것이었다. 그래서 무미건조한 모형이었다. 내 것은 그것이 약했다. 그러나 선생님 지도처럼 정감적이었다. 모형을 만들 때 각 산맥을 좀 더 솟게 했더라면 뚜렷하게 표시가 났을 텐데 선생님의 복도 평면 지도를 너무 의식한 나머지 전체적인 지도 모양과 여러 지형을 고려하다 보니까 상대적으로 산맥이 약화된 것이었다. 그렇다고는 해도 단지 산맥만을 기준으로 평가하여 입선시킨다는 것은 너무한 처사라고 생각되었다. 지금 생각하면 선생님들이 다양한 기준을 가지고 평가하지 않았다는 것이 그렇게도 어린 가슴을 아프게 하였다. 그 뒤로 두고 두고 늙은 이 나이가 되어서도 여전이 아쉽고 서운함을 떨쳐버릴 수가 없는 것이다.

어린 시절 이야기를 끝내야 할 시간이 다가왔다. 그러자니 마지막으로 내가 무척 애석하게 생각했던 일이 하나 생각이 나서 이야기를 조금 더 하려고 한다.

지금은 화장火葬이 대세이지만 내 어렸을 적에는 음택(陰宅, 묘 자리)을 보기 위해 지관(地官, 풍수사, 풍수전문가)을 불러다 그 길지吉地를 찾곤 했다. 그런데 대체로 훌륭한 풍수사風水師를 만나기가 쉽지 않다는 것이다. 그것은 풍수전문가가 풍수지리風水地理에 대한 지식이나 현장 경험의 부족으로 풍수지리의 지식을 잘못 적용하는 경우가 많기 때문이란다. 그래서 지관을 통하여 '터'를 선택하였음에도 소위 발복發福은 기대하기가 어렵다는 것이다.

할아버지가 일제강점기에 어느 지관의 말을 듣고 집에서 건너다보이는 들판 서쪽 끝의 여수('여우'의 충청도 우리 동네 사투리)고개 아래 한 산을 차지하기 위해 엄청 고생을 하셨다고 들었다. 산세山勢가 그 산을 중심으로 앞이 트이고 한 봉우리에서 벋어 내려온 능선이 좌측과 우측에 양 팔이 감싸 안은 듯한 소위 좌청룡우백호의 지형이었다. 그렇게 어렵사리 장만한 그 산 아래쪽에 조상의 묘를 썼다. 짐작컨대, 음택을 잘하면 자손만대가 성한다는 믿음 때문이었으리라. 할머니와 합장된 당신의 산소도 지금 그곳 선영에 있다.

글쎄, 그 지관의 묘 자리 선택이 후손에게 이로운지 어쩐지는 잘 모르겠다. 어쨌든 할아버지는 생전에 아들 둘을 잃었다. 그런데 정작 내가 말하고자 하는 것은 할아버지가 한 지관(옛날에 묘 자리를 잡아줬던 그 지관인지는 알 수 없음.)의 말을 듣고 안마당과 바깥마당 사이의 담 옆에 있는 아름드리 살구나무를 벤 일이다. 이 지관은 떠돌이 생활을 하는 사람으로 이삼년마다 한 번씩 와서는 며칠 동안 사랑방에서 식객노릇을 하며 할아버지와 지내다가 훌쩍 떠나가곤 하는 김삿갓 같은 사람이었다.

어느 해던가. 추수도 다 끝나고 초겨울로 들어설 즈음 땅거미가 질 때, 그 떠돌이 지관이 "서 주사!"하고 들어오는 것이었다. 상투를 틀어 올린 머리에 갓을 쓰고 허름한 두루마기를 걸치고서 들어오는 행색이 좀 초라했다. 물론 할아버지는 오랜 벗이 찾아주니 반갑게 맞이했다. 하룻저녁을 자고나서 이튿날 아침에 지관이 배가 아프다고 사랑방에서 대굴대굴 구르며 신음을 하였다. 그러면서 사탕가루(그 당시 충청도 우리 지역에서는 설탕가루를 그렇게 말했음.)를 달라고 하였다. 우리집에는 평소에 누런 설탕보다 사카린을 더 많이 사용하였는데 그날따라 똑떨어졌다. 어쩔 수 없이 어린 내가 심부름을 하게 되어, 건너 서울양반 집에 가서 사정을 말하고, 설탕을 얻어다가 주었다. 그것을 물에 타서 한 대접 마시고 이내 배가 진정이 되었는지 사랑방이 조용했다. 할머니가 횟배(회충으로 인한 배앓이) 때문이라고 말했다. 그때는 그런 배앓이가 흔했다. 그러고 나서 하룬가 더 묵고 떠났다.

그 후 얼마 지나지 않아 할아버지가 담장 옆 그 아름드리 살구나무를 베어버렸다. 가득 찬 마당이 휑했다. 할아버지의 갑작스런 행동이 어린 마음에 충격으로 다가왔고 도무지 이해가 안 되었다. 지관의 말을 듣고 그렇게 했다는 것이다. 사탕가루도 얻어다 주었는데 그 지관이 그럴 수는 없었다. 미웠다. 다시는 오지 말았으면 좋겠다는 생각까지 하게 되었다. 지금 생각해 보니까 사랑방에서 할아버지와 지내면서 집안의 불운不運을 듣고는 아마도 밥값을 한다고 액운을 피하도록 지관 나름으로 생각해서 처방을 내린 것이 살구나무를 없애는 것이었으리라. 그렇게나마 해서라도 할아버지는 속으로 찢기고 응어리진 아픈 마음을 달래고 싶었을 것이다.

봄이 되면 마당가에 환하게 핀 연분홍 살구꽃을 보는 것이 마냥 즐겁고 주황색의 살구가 익어가는 유월이 되면 비바람에 마당에 떨어진 살구를 주워 먹기도 하고 장대로 따 먹으며 흥겹게 놀았다. 앞으로는 더 이상 볼 수도 없고 살구를 먹을 수도 없었다. 두고두고 참으로 안타까운 일이었다. 어른들(지관과 할아버지)은 어린 마음을 너무도 몰라주었다.

이제 이쯤에서 어린 시절 이야기를 접어야 할 것 같다. 할머니께서

"사람이 적금성適禁性이 있어야지. 아직도 그러냐."

하시는 거 같다. 사실 하고 싶고 할 이야기는 끝이 없이 많다. 그러나 그 긴 세월의 사건들을 이 지면에 다 토해낼 수도 없거니와 돌이켜 보면 너무나 먼 과거의 여행이요 이야기이다. 내 지금의 나이에 머릿속에 비교적 선명하게 저장된 것들을 잡히는 대로 대충 추려서 아버지를 잃어버려 전혀 모르고 덕현이가 어린 시절을 어떻게 보낼 수 있었는지를 확인하는 작업을 한 것으로 만족하고자 한다. 과거 나의 정체성(正體性, identity)이 분명하질

않아서 시작한 일이다.

그런데 지금 갑자기 떠오르는 사람이 하나 있다. 앞서 인민군 점령 시 우리 동네 이야기에서 밝힌 바대로 처지處地는 다르지만 6·25남북전쟁에서 나처럼 아버지를 잃어버리고 어렵게 어린 시절을 보낸 소꿉동무이다. 늦가을 집 앞 아름드리 감나무 밑에 할아버지가 콩깍지 동을 몇 개 묶어 놓았는데 추위를 피하여 그 가운데를 헤집고 들어가서 둘이 소꿉장난을 하며 성냥으로 불을 붙이다가 콩깍지에 옮겨 붙었다. 불은 순식간에 활활 타올라 콩깍지 동을 모두 태웠다. 우리는 너무 놀라고 두려워서 도망갔다. 그래도 할아버지한테 혼난 기억은 없다. 그 뒤로 밑동이 시커멓게 그을린 감나무가 서서히 죽어갔다. 올해 가을 재경在京 합수국민학교 5회 동창 모임이 있어서 나갔다. 청소년기에 서울에 올라와서 1960년대, 1970년대 살기 힘들 때 참 고생을 많이 한 그 소꿉동무를 만났다. 그 동창은 한 아파트 동대표를 하고 있는데 옥상에 상추, 가지, 오이 등을 심고 심지어 복숭아나무와 살구나무도 심어서 따 먹는다고 했다. 스마트폰에 복숭아꽃, 살구꽃을 영상으로 담아서 보여주었다. 그것을 보며 그에게서 동병상련同病相憐을 느꼈다. 그도 나처럼 나이 70에 여전히 '또 다른 마음의 고향'을 찾고 있다고 생각했다.

기왕 국민학교 동창 얘기를 한 마당에 그 시절의 내 성정性情에 대해 한마디 하고자 한다. 내 성격이 좀 까다로웠다는 말은 이미 명절날 '수저 이야기'에서 나왔다. 여기서는 그 시절 학교생활 가운데서 그것과 관련된 예를 하나만 든다. 참 아련한 추억이다.

여름날 학교 운동장가 매미소리 시원한 나무그늘 아래에서 몇 명의 단발

머리 꼬마 아가씨들이

아가야 나오너라 달마중 가자
앵두 따다 실에 꿰어 목에다 걸고
검둥개야 너도 가자 냇가로 가자

하고 노래 부르며 고무줄 위로 팔딱팔딱 뛰며 놀고 있을 때 개구쟁이 소년들이 심술부리려고 고무줄을 냅다 당기며 달아나곤 했다. 그럴라치면 그 소녀들 중에 꼬맹이 왈가닥(?)이 얼굴을 붉히며 막 쫓아오다가 턱을 쳐들고 뭐라고 쏴부치며 나무랐다. 나는 그런 짓궂은 장난에 끼어들지는 않고 저만치서 웃으며 바라만 보았다. 그런 정도로 나는 비교적 온순한 편이었다.

이 글을 마치려는 순간이 다가오면서 장시간에 걸쳐 나의 어린 시절을 찬찬히 확인할 수 있어서 나에게 흐릿하고 어수선했던 가족이라는 개념이 좀 더 확실하게 자리 잡았고 그 구성원의 관계가 더욱 선명해졌다.

내게는 없던 아버지를 찾은 것이 제일 큰 위안慰安이다. 어린 시절 형성되는 정체성의 결여缺如는 내가 성장하여 어른이 되어서도 육신적인 것보다 정신적으로 심리적으로 더욱 수많은 장애와 걸림돌이 되었다. 바로 이 한 문장의 말을 하기 위해 글을 쓰기 시작했다고 해도 과언은 아니다. 이 글을 쓰기 전까지는 나에게 그렇게도 낯이 설고 어색했던 단어 '아버지'라는 말과 그 개념이 단지 상징적인 것에 불과했었으나 이제는 '아버지'라는 존재存在가 텅 비었던 내 마음속에 들어와 계신 것 같다.

또한 어머니에 대해 아예 몰랐거나 놓쳐버린 부분을 좀 더 이해하게 되니 그 사랑을 더욱 확실하게 느끼고 깨닫게 된다.

국민학교를 졸업하고 난 후에 어렵고 힘들었지만 오뚝이처럼 커갈 수 있었던 것은 조부모님과 많은 주변분들 및 그 밖의 도움(이 도움에는 국가와 하느님도 포함됨.), 버팀목이 있었기에 그리고 그 중심에 아버지의 음덕陰德과 어머니의 보름달같이도 동그란 사랑, 동짓날 추위도 이기는 사랑이 있었기에 가능한 일이었다.

유해발굴遺骸發掘과 헌사獻詞의 노래

동작동 국립현충원내 국방부유해발굴감식단에서 매년 산하에 묻힌 6·25전쟁 호국용사의 유해발굴과 유가족 찾아주기 사업을 2000년부터 전개하고 있다.

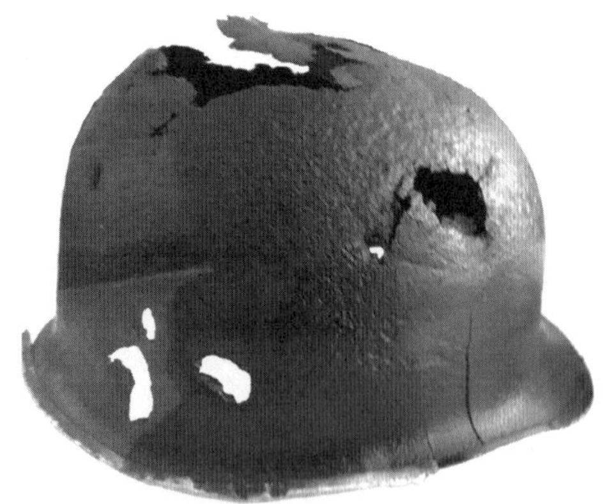

백마고지 전시관 철모

국방부 유해발굴단이 필자에게 보내준 「**연하장**」(2015. 12. 23.)에서. 왼쪽 사진은 산하에 묻힌 유해를 발굴하는 장면이고, 오른쪽 사진은 발굴한 유해를 상자에 담고 태극기로 감싸서 옮기는 모습인데, 그 주변에 발굴 장병들이 거수경례를 하고 있다.

"국가를 위해 희생하신 분은 국가가 책임진다."라는 국가의正體性 무한책임無限責任을 다하겠다는 것이다. 뒤늦게나마 시작한 일이지만 참으로 다행스럽게 생각한다. 100년이 걸릴지, 1,000년이 걸릴지 알 수는 없으나, 국가가 초연硝煙이 쓸고 간 산골짝 어딘가에 묻혀 있을 용사들을 찾는다는 것만으로도 우리 유가족들에게는 큰 위안이 된다. '국가가 우리를 버리지 않았구나' 하는 생각에 그저 감사할 따름이다. 소위 구천九泉이라는 곳에서 떠도는 호국영령護國英靈들도 고마워할 것이다.

올해도 어김없이 국방부 유해발굴감식단에서 발굴한 유해로 국방부 과학수사연구소에서 유전자검사(DNA 분석)를 실시하였으나, 전에 6월 6일 현충일 동작동 국립현충원에서 채취한 내 혈액과 일치하지 않는다고 고故 서규선 유가족님徐德鉉께 통보가 왔다. 이번 기회에도 찾아드리지 못하여 가슴 아프게 생각한다고 하며 향후 발굴되는 유해와 계속 비교·분석하여 전사자 신원확인을 하는 데 최선의 노력을 경주하겠다고 한다. 참 고마운 일이다.

어제(2016. 11. 9) 미국 대통령선거에서 제45대 대통령으로 공화당의 트럼프가 당선되었다. 그는 유세에서 미국이 초강대국 경찰국가로서 세계 안보를 책임지는 일보다 미국의 국익을 우선시하는 보호무역주의의 정책을 펴나가겠다고 했다. 오늘 박근혜 대통령과의 통화에서 한국의 방어를 굳건히 유지할 것이며 끝까지 한국과 함께 하겠다는 당선자 트럼프의 말이 TV화면에 자막으로 나온다. 6 · 25전쟁 당시 풍전등화風前燈火의 대한민국을 지키기 위해 수많은 피를 흘리며 도와준 미국의 차기 대통령이 지금 핵폭탄을 머리에 이고 있는 한국 국민의 불안한 마음을 안심시켜주니 우선 그나마 다행이다. 우리나라가 어려울 때 (미국에) 기대왔는데, 위기관리危機管理가 큰일이라는 어느 노정치가의 말은 나라 안팎으로 힘든 이때 깊이 새겨들어야 하겠다.

오늘(2016. 11. 12) 광화문 광장에 사상 처음 경향 각지에서 모인 100만 시민(다양한 계층)이 촛불집회를 평화적으로 열었다. 박근혜 대통령이 국정國政을 농단壟斷했다고 그것에 대한 책임을 물어 '하야下野하라'는 국민의 엄중한 함성이 온 나라와 세계로 퍼져나갔다. 정치 형태로서 자유민주주의自由民主主義라는 제도를 수용하여 피와 땀과 눈물로 세우고 지키며 발전시켜온 대한민국인데, 6 · 25전몰군인유자녀戰歿軍人遺子女로서 이 나라의 현실과 미래가 참으로 큰 걱정이 된다.

이제 먼 과거로의 긴 여정을 끝내고 이 글을 마침에, 지그시 눈을 감고 옛 고향을 생각한다. 문득 우리집 뒤편 아카시아 나무 언덕, 덤불가의 찔레꽃과 함께 어머니의 다정한 미소가 떠오른다.

어머니!

제가 성년成年이 되면서부터 지금까지 오랜 세월, 힘들 때에나 슬플 때에나 외로울 때에나 어머니에게 감정이 이입移入이 되어, 나도 모르게 흥얼거리며 힘이 되어왔던, 6·25전쟁 가요, 심연옥의 '아내의 노래(1952)'를 어머님께 헌사獻詞합니다.

님께서 가신 길은
영광의 길이옵기에
이 몸은 돌아서서
눈물을 감추었소
가신 뒤에 님의 뜻은 등불이 되어
바람 불고 비 오는
어두운 밤 길에도
홀로 가는 이 가슴에
즐거움이 넘칩니다

님께서 가신 길은
빛나는 길이옵기에
태극기 손에 들고
마음껏 흔들었소

가신 뒤에 제 갈 곳도 님의 길이니
눈보라가 휘날리는
차가운 밤하늘에
달과 별을 바라보며
무운장구武運長久 비옵니다

어머니!

생전에 참 고생 많으셨습니다.
하늘나라에서 아버지와 함께 마음 편히 쉬시옵소서.
어머니, 고맙습니다.
아버지도 고마워하실 것입니다.

돌아오는 주말에는 동작동 국립묘지 현충탑 안에 가서 아버지께, 그리고 용인 천주교공원묘원에 가서 어머니께 참배를 드려야겠다.

운명을 수용하는 방법에 대하여

– 서덕현 교수의 〈잃어버린 아버지를 찾아서〉에 덧붙이는 글

우한용禹漢鎔(서울대 명예교수)

1.

봄이 화사하게 펼쳐지기 시작할 무렵이었다. 서덕현 교수가 전화를 해왔다. 계절이 바뀌었는데 오래 못 만났으니 한번 만나 일잔 하자는 연락이었다. 나는 당시 심한 감기를 앓고 있어서 기침을 하면서 전화를 받았다. 컨디션이 안 좋아 보이니 뒤에 만나자는 걸, 우리가 만날 때는 감기 떨어질 거라면서 약속 날짜를 받아 만났다.

만나서 가족의 근황을 묻고, 정년 후 하는 일들이 뭔지를 물었다. 가정은 화평하고 건강은 그런대로 유지한다면서 그 동안 숙원처럼 생각하던 아버지 이야기를 썼다는 것이었다. 마무리를 하면 연락을 달라고 했다. 소설가가 한번 읽어 준다면 좋겠다는 이야기를 덧붙였다. 물론 그렇게 하겠노라고 쾌히 승낙을 했다.

서교수가 다시 전화를 해왔을 때는 감기가 거의 물러가는 즈음이었다. 사당동 홍어집에서 만나 막걸리를 마시면서 서교수의 아버지 이야기를 들었다. 서교수의 어머니는 정신대에 끌려가지 않으려고 일찍 결혼을 했다는 것이었다. 나의 모친 또한 그런 경우라고 이야기하는 가운데, 일종의 역사적 동류의식이 돋아나기 시작했다.

그러고 보니 20대에 만나서 50년이 다 되어가니 서로가 70을 헤아리는 나이가 되었다. 서교수가 본문에서 자주 쓰는 표현 가운데 하나가 '이 나이에'라는 것이다. 그러니까 그 나이가 되도록 서교수가 아직 풀지 못한 숙제가 '아버지'를 찾는 일이었던 것이다. 서교수가 전해주는 원고는 A4 용지로 115페이지에 달하는 대작이었다. 내가 못하는 일을 서교수는 해냈다, 대단한 일이다, 그간의 정리를 생각해서라도 어떤 내용이든지 글을 하나 써 보겠다는 약속을 하고 원고를 받아가지고 와서 읽었다.

머리말에 이런 대목이 나온다. "이 글은 사실에 바탕을 두고 썼다. 그러나 그 기억의 편린片鱗들이 희미하거나 아예 없거나 내가 경험할 수 없었던 것들은, 우리 가족을 포함한 여러 경로를 통해서 그 시대상황에서 얻을 수 있는 사실과 정보를 가지고 상상하거나 추정하여 재구성하여 써 나갔다." 심상치 않은 대목이었다. 나는 요즘은 사실을 전달하는 글은 없다, 모든 글은 허구적으로 재구성되는 것이다, 그런 주장을 하는 터라서 서교수가 드디어 소설을 한 편 썼다는 생각으로 글을 읽어나갔다. 내용은 아버지에 대한 간절한 그리움과 깊은 인간적 이해로 가득하였다.

2.

심혈을 기울여 쓴 글은 운명적 속성을 지닌다. 현대소설을 공부하는 나로서는 '운명'이라는 말을 거들기를 심히 주저한다. 현대는 인간의 삶을 운명의 질곡에서 풀어냄으로서 인간의 정체성을 확보하고, 이 세계의 주인으로서 개인의 생애는 물론 세계 자체를 나름대로 구상하고 실현해 나아가는 과정으로 의미매김할 수 있기 때문이다. 팔자가 그래서 그런 생애를 살았다는 식의 이야기 구성은 근대소설답지 못하다. 인간을 이해하는 방법으로도 적절치 않다.

그런데 한편으로 자신의 의지대로 세계를 마름질하고 실천해 나갈 수 있는 게 아무에게나 가능한 것이 아니라는 생각을 할 때도 있다. 식민지라든지 6·25 같은 전쟁에 휘둘린 인생은 어떻게 이야기해야 하는가 하는 데 이르러서는 개인이 허약하고, 그 개인이 소속되어 있는 집단의 성격이 개인의 살길을 터무니없는 비극으로 몰아넣기도 한다는 생각에 이르게 된다. 식민지치하에서 전쟁에 끌려가 성노예가 되지 않기 위해 덜 여문 몸으로 결혼을 하고 아이를 낳는 것은 일부 개인의 선택이지만, 일부는 역사의 수레바퀴에 얽혀 들어간 결과 도무지 어쩔 수 없이 상황에 매몰된 결과이기도 하다.

전쟁도 마찬가지이다. 전쟁에서는 논쟁과 회의나 자성이 있을 수 없다. 제도가 미비된 상태에서 장비와 무기가 갖추어지지 않은 부대의 병사들이 전쟁에 임해서 할 수 있는 최후의 방안은 포탄을 안고 적군의 탱크에 달려들어 그야말로 바람에 흩어지는 꽃잎처럼 산회散華하는 길밖에는 없는 것. 그런 절체절명의 순간이 개인에게 강요되는 경우도 있는 법이다. 이를 개인의 자율적 의지와 선택과 책임 등으로 설명하려 들면 허위 담론에 기울 공산이 크다. 그렇게 본다면 개인과 전체를 아울러 보아야 한다는 평이한 결론에 이른다.

이 글을 읽는 방법을 달리해야 한다는 생각에 이르게 되었다. 그러면서 이 글의 마지막에 나오는 다음 구절을 주목하기로 했다. "내 지금의 나이에 머릿속에 비교적 선명하게 저장된 것들을 잡히는 대로 대충 추려서, 아버지를 잃어버려 전혀 모르고 덕현이가 어린 시절을 어떻게 보낼 수 있었는지를 확인하는 작업을 한 것으로 만족하고자 한다. 과거 나의 정체성이 분명하질 않아서 시작한 일이다(280)." 자기 정체성을 찾기 위한 글쓰기란 운명의 색채를 동반하는 것이 필연이 아닌가 하는 생각을 하는 중에 다시 이런 구절을 만나게 되었다.

"내게는 없던 아버지를 찾은 것이 제일 큰 위안이다. 어린 시절 형성되는 정체성의 결여缺如는 내가 성장하여 어른이 되어서도 육신적인 것보다 정신적으로, 심리적으로 더욱 수많은 장애와 걸림돌이 되었다. 바로 이 한 문장의 말을 하기 위해 글을 쓰기 시작했다고 해도 과언이 아니다. 이 글을 쓰기 전까지는 나에게 그렇게도 낯이 설고 어색했던 단어 '아버지'라는 말과 그 개념이 단지 상징적인 것에 불과했었으나 이제는 '아버지'라는 존재가 텅 비어 있던 내 마음속에 들어와 계신 것 같다(282)."

고희에 달한 필자가 제일 큰 위안으로 삼은 게 '아버지를 찾은 것'이라는 고백은 예사롭지 않다. 그것은 자신의 실존과 연관된 과제를 글쓰기를 통해 달성했다는 의미이기 때문이다. 이는 달리 말하자면 자신의 근원을 찾아가는 글쓰기가 현실적 분만憤懣과 역사적 질곡을 벗어나 훤칠한 자아 성취의 길로 들어섰다는 실증이 된다. 자기를 찾는 것, 아버지를 찾는 과정을 통해서였건 자기 성찰을 통해서였건 생애의 과업으로 여기던 일을 해냈다는 점에서 삶의 성공 그 정점에 다다른 것이 아니겠는가.

이러한 운명적 속성을 내보이는 글을 놓고 그게 소설가로서의 입장이라 하더라도, 이러니 저러니 하는 것은 망발에 속할 터라서 이 글에 필자가 쓰지 못한 내용을 독자가 이해하는 데 도움이 될까 해서 서교수와 나의 생애연관에 대해 몇 가지만 이야기하기로 한다.

3.

불과 두 달 상관이지만 서교수는 나보다 한 해 먼저 태어났다. 그런데 대학에 들어간 해는 내가 한 해 앞선다. 대학에서는 흔히 있는 일이다. 그래서 서로 아무개 선생이라고 호칭하는 걸로 일관해 왔다. 여기서도 서선생으로 지칭하고자 한다. 우선생과 서선생의 이 맹물같이 무덤덤한 친구관계가 거의 오십 년을 헤아린다.

서선생과는 같은 직장에 근무하는 것이 계기가 되어 더욱 가깝게 지내게 되었다. 그 이전에는 어떤 중학교, 어느 고등학교를 나왔는지를 잘 몰랐다. 그런 소소한 일을 캘 필요가 물론 없었다. 지금도 마찬가지다. 그리고 중간에 내가 군대를 가는 바람에 만날 기회가 많지 않았다. 그런데 70년대 후반 내가 오류중학교에 초임교사로 근무할 때 서선생이 그 학교로 발령을 받아 왔다. 당시 그 학교는 술꾼과 공부꾼들이 뒤섞여 다소 마찰음을 내기도 하면서 부산하게 돌아갔다. 또 한편으로는 부동산을 공부해서 강남으로 진출하려는 선배도 쉴 시간 없이 책을 읽었다. 그리고 한국에서 살아봤자 무슨 희망이 있겠느냐면서 이민을 가겠다는 몇몇은 영어공부에 열을 올렸다. 그 동료들은 각각 자기 길을 가기에 부지런을 피웠다.

나는 대학원에 공부하러 가기로 작정을 했다. 숨막히고 답답하기 짝이 없는 70년대 말, 시대를 이겨내는 방편으로 공부를 선택한 셈이었다. 동료들과 같이 술마시고 밤새 언성을 높여 시대를 논하고 진리를 질타하는 것은 호쾌한 일이기는 했으나 소득 없는 청춘고백이 될 수밖에 없었다. 이럴 때 공부해 두자고 서선생의 옆구리를 질러 같이 대학원에 나가자고 촉구했다. 그 당시 우리는 낮에는 가르치고 밤에는 술마시는 주교야음晝敎夜飮의 세월을 이어가며 나름 인생을 뜨겁게 끌어안고 살았다.

어느 토요일이었다. 서선생은 술자리에서 자꾸 엉덩이를 달싹거리면서 좌불안석이었다. 왜 그러는지 물었다. 내일 지도교수와 낚시를 가기로 약속했는데 그러자면 좀 일찍 일어나야 하겠다는 것이었다. 동석했던 친구들이 낚시 좋아하시네, 자기가 무슨 강태공이라고 하면서 일부러 술을 강권했고, 마침내는 학교 근처의 우리집에 가서 밤새워 통음을 하다가 새벽이 부옇게 밝아올 때서야 서선생을 놓아 보내는 방송放送을 했던 터였다.

당시 서선생의 지도교수는 국어학을 전공하는 제효선생이었다. 선생은 성격이 깔끔하고 생활에 절도가 있는 분으로 당시 학계에 선편을 쥐고 있던 분이었다. 서선생이 집에 들어가 배낭을 챙겨 걸머니지고 약속장소로 나갔을 때는 약속시간에서 한 시간 반이 지난 때였다. 지도교수와 약속을 그렇게 어긴 서선생이 이후 낚시 일정이 어떻게 구겼을지는 불문가지다.

그런 일이 있은 뒤 어느 날 강의를 듣기 위해 학교에 갔다가 제효선생을 만났다. 제효선생은 나를 한참 쳐다보더니 우선생 오늘도 술먹었어? 그렇게 닦달을 했다. 그 뒤로 제효선생께서는 농반진반으로 우선생 오늘도 술먹었지? 하는 이야기를 해서 부지런히 공부하라는 이야기와 함께 서선생 데리고 다니면서 술 너무 퍼마시지 말라는 애정어린 충고를 하곤 했다. 짐작컨대 당시 서선생은 지도교수의 사랑을 담뿍 받고 있었던 모양이다. 어쩌면 아버지 모르고 자란 서선생이 제효선생에게 애틋한 부정을 느끼고 있었을지도 모른다.

이런 일도 떠오른다. 당시 우리가 근무하던 그 학교에는 성악을 전공한 의리 있는 음악선생이 전근을 해왔다. 푸치니의 오페라 '투란도트'에 출연하기도 하는 실력파였는데 서선생이 그 김선생과 함께 노래를 배운다고 음악실에서 '목련화'를 연습하고 있었다. 처음에는 어설프더니 어느 술자리에서 노래를 자청하여 멋지게 불렀다. "추운 겨울 헤치고 온 봄길잡이 목련화는/ 새시대의 선구자요 배달의 얼이로다"하는 대목에 가서는 목을 빼고 손을 양편으로 들어올리며 한껏 멋을 냈다. 서선생의 글을 읽으면서, 그 때 그 노래가 잃어버린 아버지의 이미지를 담고 있었던 것은 아니었을까 짐작해 보았다.

석사를 마치고 박사과정에 갈 무렵, 서선생은 내둥 잘 지내던 학교를 돌연 그만두었다. 이유는 간단했다. 학문을 제대로 하기 위해서는 가르치는 일을 그만두고 공부에 전념해야 한다는 것이었다. 그러나 주변에서 보는 사람들로서는 불안하기 짝이 없는 결정이었다. 겨우 박사과정에 들어간 처지에 금방 전임으로 나갈 것도 아니고 평생 시간강사로 '보따리장사'를 하면서 청춘이 늙어야 할지도 모르는 행로에서 직장을 그만둔다는 것은 엄청난 우행이거나 만행에 가까운 결행이었다.

서선생이 박사학위를 받을 무렵 해서 모교의 현대문학 담당 운당선생께서 정년을 하게 되었다. 나는 당시 전북대학교에서 모교인 서울대학교 사범대학 국어교육과로 운당선생의 후임이 되어 자리를 옮겼다. 인간적 유대가 자별하고 안정된 직장에서 편히 지내려는 생각이 솔솔 고개를 들 무렵이었다. 그런데 운당선생께서 이런 기회 다시 안 올 터이니 서류를 내보라고 강력하게 추천을 하셨다. 그래서 지도교수의 뒤를 이어가는 행운과 함께 모교에 대한 부담을 동시에 끌어안게 되었다.

모교로 자리를 옮기면서 가장 먼저 생각한 것은 운당선생의 경력단절, 정년 이후 어디 강의를 나갈 것인가 하는 걱정이었다. 그러나 그런 걱정은 기우에 불과했다. 운당선생께서는 서경대학에 다시 자리를 잡아 가시면서 서선생을 비롯해서 다른 제자 둘, 그렇게 넷이 한꺼번에 취직을 했던 것이다. 가히 불가사의한 일이었다. 그렇게 해서 서선생은 교수의 길을 가게 되었다. 아버지에게서 받지 못한 사랑을 은사를 통해 대신 받은 셈이었다. 그것은 단지 은사의 사랑을 받은 것이라기보다는 서선생이 아버지 없는 자리에서 할아버지한테 받은 교육이 서선생의 앞날을 그렇게 예비했던 것이란 생각도 든다. 사랑과 교육은 대를 이어 내려가는 법이기 때문이다.

4.

이 책에서는 서선생의 생애 가운데 자신의 탄생과 부친의 군대생활과 전사하기까지 그 후 가족들의 생활과 자신의 성장을 다루고 있다. 후반부에 가면 시골에서 청상으로 살아가는 처지가 곤고하고 자식의 교육을 걱정하던 어머니가 서울로 가고, 그 뒤 어떻게 가족이 다시 만나 생활했는지 하는 이야기는 생략되어 있다. 다만 끝에 가서 심연옥의 '아내의 노래'를 전선에서 산화한 아버지에게 헌사로 바치고 있을 뿐이다.

나는 서선생의 자당어른과 조모를 여러 차례 같이 뵈었다. 그 가운데 기억에 남는 것은 서선생 집에 가서 제사에 참여했던 일이다. 시골에서는 장례는 물론 대소상, 나아가 기제사까지 가까운 친지들이 참여해서 절을 하고 잔을 올린 다음 고인의 추억담을 주고받는 자리가 마련되었다. 그런 풍습이 서선생 집에 남아있던 걸로 짐작이 되는데 당시 하루도 빠지지 않고 술을 마셔대던 김아무라는 영어선생이 나한테 슬그머니 제안을 했다. 서선생네 제사가 있는데 같이 가서 제사에 꾸벅 절이나 하고 술 얻어먹고 오자는 것이었다.

아무튼 남의 제사에 감놔라 배놔라 하는 소리 않기로 작정을 하고 노량진 본동에 있던 서선생 집을 찾아갔다. 서선생은 우리 손을 잡아 주면서 따뜻하게 환대를 했다. 할머니는 머리를 단정하게 빗고 하얀 치마 저고리로 소복단장을 한 모습이 얼굴에는 인자한 웃음을 머금었지만 전체적인 인상은 엄한 남편 모시고 고달프게 살았다는 것과 그렇게 생각해서 그런지 아들 둘 앞세우고 청상 며느리와 손자 데리고 사는 생애가 소슬하다는 분위기가 배어나왔다.

제사가 끝나고 서선생의 어머니는 우리와 함께 앉아 음복 삼아 소주를 거침없이 마셨다. 우리를 향해 얼굴은 웃고 있었지만, 그리고 와주어 고맙다는 이야기는 자분자분 하고 있었지만 뭐랄까 역사에 대한 분노 같은 것을 안에 감추고 있었다. 그 어머니가 세상을 떴을 때 상가에 가서 마시는 소주잔에 짜디짠 소금기가 느껴졌다. 그분의 삶이 진한 소금기로 점철된 것이었기 때문이었으리라.

5.

이 글을 쓰는 오늘이 마침 선친의 제삿날이다. 전에 어디선가 밝혔지만, 나는 나의 부모에 대한 글을 쓸 준비가 되어 있지 않다. 준비가 되어 있지 않다는 것은 일종의 변명일 게 분명하다. 육십을 넘기지 못하고 세상을 뜬 아버지는 근면하고 성실했다. 그리고 생활에 용감했다. 그런데 할머니 말대로 한다면 든직하지를 못해 방황이 심했다. 한 가지 일을 오래 하는 성격이 아니었다. 그게 아마 맹자 말마따나 항산恒産이 없어서 항심恒心이 깃들지 않는 데 까닭이 있는 게 아닌가, 나는 이제 아버지의 방황을 그렇게 이해한다. 식민지에 태어난 아버지가 세 살이 되었을 때 할아버지가 훌쩍 세상을 떴다. 할머니는 생활을 감내할 수 없어서 아들 둘을 가까운 친척에게 맡겨두고 개가를 했다. 큰아버지와 아버지 그 두 형제는 이북으로 방황했고 이남 여기저기 떠돌면서 갖은 고생을 다했다. 그런 아버지와 정신대 끌려가지 않으려고 아버지와 조혼을 한 어머니의 삶을 복원할 자신이 없다. 그런 나에 비하면 서교수의 글은 내가 할 수 있는 일을 한결 앞질러 나아간 셈이다.

아버지는 결국 내가 아버지가 되었을 때 인간적 의미가 완성되는 것이라 생각된다. 아버지에 대한 기억을 복원하고 그 아버지를 나의 정체성과 연관지어 의미화하는 일은 아버지가 된 나의 삶을 복원하는 데서 의미 완결성을 나타내게 된다. 그런 뜻에서 내가 나의 자서전을 쓰는 일은 나 자신은 물론 아버지의 삶에 완결성을 부여하는 데에도 기여할 수 있는 작업이다. 바라건대, 이 작업에 후속되는 어머니의 삶을 복원해 보길 바란다. 서울에 갔던 어머니가 어떻게 살았고, 나는 그 어머니를 따라 어떻게 서울로 왔는가 하는 일을 다시 검토하고 학교 공부를 하던 과정을 복원해 보는 중에 내 삶의 정체성은 더욱 견고해질 것으로 믿는다. 그리고 내가 내 후예들에게 물려줄 수 있는 삶의 유산은 무엇인가도 아울러 숙고한다면 내 삶의 총체적인 정체성이 확실해지지 않겠나 싶다.

그렇지 않겠는가, 글쓰기는 힐링의 과정인 것은 물론 미래를 설계하는 방법이 아니겠는가. 글쓰기에 대한 이러한 믿음이 원융한 삶의 구도를 그리는 데 기여할 수 있다면 이는 우리들에게 남은 매우 확실한 가능성이 아닐까 생각된다.

전에 어른들은 그렇게 말했다. 오르지 못할 나무는 쳐다보지도 말라. 이제는 바뀌어야 한다. 올라가려고 애쓴 만큼 더 멀리 바라볼 수 있었다고. 그러니 내 삶의 남은 시간 가운데 어슬렁거릴 수 있는 여벌의 시간은 없는 셈이다. 운명은 탓할 게 아니라 내 삶의 가닥으로 적극 수용하고 의미를 부여하는 데서 그 운명이라는 것은 의미생성의 코드로 되살아난다.

추기追記

이 글의 끝 부분을 쓰면서 '헌사의 노래(아내의 노래, 1952)'를 누구에게 바쳐야 할지 잠시 고민에 빠졌었다. 그 가사 내용을 보면, 아내(어머니)가 전선의 남편(아버지)을 그리며 부르는 노래이다. 그러니까 아버지에게 바치는 노래가 마땅하다. 또한 소제목 (아버지의) '유해발굴'과 관련해서 보면 더욱 그러하다. 그런데 잃어버린 아버지를 찾아서 과거로의 멀고 긴 여행을 하고 난 후, 아버지의 실존實存을 비교적 확실하게 느끼고 간직하게 되니까, 이젠 상대적으로 어머니가 왜소矮小해져 좀 불쌍해 보였다. 그래서 어머니를 건너뛰고, 나와 옆에 계신 아버지, 남자끼리만 그 노래를 주고받을 수는 없었다. 그것은 내 마음에 도저히 내키지 않는 일이었다.

이 글의 원고를 본 우공于空이 쓴 발문 4에 "심연옥의 '아내의 노래'를 전선에서 산화한 아버지에게 헌사로 바치고 있다"는 구절이 있기에 이 글에서는 왜 '아버지에게'가 아니고 '어머니에게'인지 그 이유를 간단히 밝히며 어머니와 아버지에 대한 나의 애절한 마음을 표현하고자 몇 줄 덧붙인다. '아내의 노래'를 어머니에게 헌사하게 되면, 하늘나라에서 당신의 영혼이 이 노래를 아버지의 영혼을 만나 그 앞에서 부르거나 전할 수 있을 것이다. 그렇게 되면 그 노래는 결국 아버지에게 헌사하는 셈이 된다. 따라서 어머니도 부자父子 사이에 동참하여 외롭지 않을 것이다.

아버지도 천상天上에서 남편 없이 한 평생을 살아준 아내를 생각하면 아들, 德鉉이의 처사를 이해하고 고맙게 생각하실 것이라고 믿는다.

2017. 6. 6. 동작동 국립묘지(현충탑) 참배를 다녀와서

서덕현

서덕현 교수의 실기實記
잃어버린 아버지를 찾아서

인쇄 2017년 12월 20일
발행 2018년 1월 2일

지은이 서덕현
발행인 서정환
펴낸곳 수필과비평사
주소 서울시 종로구 삼일대로 32길 36(익선동 30-6 운현신화타워 빌딩) 305호
전화 (02) 3675-3885, (063) 275-4000 · 0484
팩스 (063) 274-3131
이메일 sina321@hanmail.net essay321@hanmail.net
출판등록 제300-2013-133호
인쇄 · 제본 신아출판사

ISBN 979-11-5933-144-2 03810
값 13,000원

이 도서의 국립중앙도서관 출판예정도서목록(CIP)은 서지정보유통지원시스템 홈페이지(http://seoji.nl.go.kr)와 국가자료공동목록시스템(http://www.nl.go.kr/kolisnet)에서 이용하실 수 있습니다.(CIP제어번호: CIP2017035302)

Printed in KOREA